编委会

主任　薛文斌

副主任

谭立群　刘 闳　蔡文贵

巴 岱　闫智红（常务）　李生龙

编委会成员

杨立国　惠 冰　王佐红　金孝立

吴月霞　那大庆　何志明　李亚萍

刘建英

本册主编

王佐红

编辑的文

王佐红——主编

黄河出版传媒集团
阳光出版社

图书在版编目（CIP）数据

编辑的文 / 王佐红主编. —— 银川：阳光出版社，
2019.3
ISBN 978-7-5525-4746-7

Ⅰ.①编… Ⅱ.①王… Ⅲ.①随笔－作品集－中国－
当代 Ⅳ.①I267.1

中国版本图书馆CIP数据核字(2019)第043364号

编辑的文

王佐红　主编

责任编辑　郑晨阳
装帧设计　晨　皓　魏　佳
责任印制　岳建宁

黄河出版传媒集团
阳　光　出　版　社　出版发行

地　　址　宁夏银川市北京东路139号出版大厦（750001）
网　　址　http://www.ygchbs.com
网上书店　http://shop129132959.taobao.com
电子信箱　yangguangchubanshe@163.com
邮购电话　0951-5014139
经　　销　全国新华书店
印刷装订　宁夏精捷彩色印务有限公司
印刷委托书号　（宁）0012588

开　　本　720mm×980mm　　1/16
印　　张　20.25
字　　数　270千字
版　　次　2019年3月第1版
印　　次　2019年3月第1次印刷
书　　号　ISBN 978-7-5525-4746-7
定　　价　36.00元

序

　　党的十九大报告强调指出："文化是一个国家、一个民族的灵魂。文化兴国运兴，文化强民族强。没有高度的文化自信，没有文化的繁荣兴盛，就没有中华民族伟大复兴。要坚持中国特色社会主义文化发展道路，激发全民族文化创新创造活力，建设社会主义文化强国。"习近平总书记指出："要坚持社会主义先进文化前进方向，用社会主义核心价值观凝聚共识、汇聚力量，用优秀文化产品振奋人心、鼓舞士气，用中华优秀传统文化为人民提供丰润的道德滋养，提高精神文明建设水平。"这些重要论述，为我们做好新时代文化工作指明了方向。出版工作是文化工作的重要组成部分，其本质在于文化积累、文化传承与文化创新，文化是出版的内容，出版是文化的载体。

　　黄河出版传媒集团的前身是宁夏人民出版社，成立于1959年1月1日，伴随着宁夏回族自治区已走过了第一个甲子春秋。60年来，宁夏出版人始终坚持正确出版导向，大力唱响时代主旋律，坚持"二为"方向和"双百"方针，将高远的文化理想与踏实苦干的精神相熔铸，传承优秀文明，创造先进文化，服务地方发展，出版了一大批主题鲜明、内容丰富、贴近读者需求、具有宁夏特色的精品力作，在海内外产生了广泛的影响。

　　翻开宁夏出版60年辉煌的历史，宁夏出版人筚路蓝缕，砥砺前行，奋斗不息。宁夏出版业从无到有，由小到大，经历了不平凡的历史发展时期。从初创时各地各界无私援助、艰难起步，到"文革"时期几易其名、几番波折、几近凋零，再到改革开放中解放思想、大胆创新、发展壮大，成为舆论宣传和文化建设的主阵地，产生了一批在全国有影响力的出版人，形成了独具特色的出版品牌，取得了辉煌的业绩，为推进宁夏经济社会发展和文化建设、服务全国读者做出了应有的重要贡献，是位于祖国西部的一支出版传媒劲旅。2009年8月，顺应国家文化体制改革大潮，宁夏人民出版社整体转制组建了黄河出版传媒集团，迈上了快速发展的新轨道。名称和时光的变迁与更迭，使宁夏出版在成长中变得更加成熟、坚定、强大和自信。宁夏出版的发展历程体现了党和政府对文化出版事业、产业无微不至的关怀，也彰显了几代出版人朴厚隽永、辛勤耕耘、与时俱进的文化责任与担当精神，值得被后世尊敬、书写与铭记。如今，新一代年轻人从前辈们身上传承了严谨求实的品质、风格和意志，奠定了发展之基，正以蓬勃的朝气、昂扬的锐气、铿锵的勇气，担负起更加艰巨的文化传承创新的使命与责任。

《纪念——宁夏出版60年》系列图书，忠实记录了宁夏出版发展变迁的历史风貌，聚焦发展，聚焦主业，聚焦人才，资料珍贵，有血有肉，展现了宁夏出版60年的辉煌成就，传承了宁夏出版人60年来创造积累的精神资源，展示出宁夏出版人历经探索形成的独具特色的文化出版品牌，彰显了一种质朴厚重、追求卓越、精耕细作、行稳致远的文化品格与专业精神。系列图书的出版，是对60年来宁夏出版发展史的回顾，是对历届宁夏出版前辈的礼敬，也是激励年青一代出版人不断前行的精神力量，是宁夏出版史上一件可喜可贺的大事和具有深远意义的要事。

丰碑无语，行胜于言。黄河出版传媒集团在迎来宁夏出版60周年发展的重大历史机遇期，要高举习近平新时代中国特色社会主义思想伟大旗帜，深入贯彻落实党的十九大精神和全国、全区宣传思想工作会议精神，进一步树牢"四个意识"，坚定"四个自信"，坚决做到"两个维护"，落实自治区第十二次党代会提出的"扎实推进文化繁荣发展"重大任务，抓好导向，把好关口，守好阵地，践行社会主义核心价值观，不断强化出版工作的社会责任、规则意识、奉献意识，坚持把社会效益放在首位、社会效益和经济效益相统一。按照中央和自治区党委、政府的重大决策部署，以自治区成立60周年和宁夏出版创立60周年为新的起点，不忘初心、牢记使命，勇立潮头，担当有为。相信60年来宁夏出版取得的辉煌成就和积累的宝贵经验必将成为集团发展的新起点，相信宁夏出版人将会继续乘风破浪，砥砺奋进，不断取得高质量发展新成就。希望集团上下团结一致，凝心聚力，鼓足干劲，加快推进体制机制改革，夯实产业发展基础，加大人才培养力度，深入挖掘地域文化资源，倾力提升出版质量，坚持以精品出版为核心，以出版融合为重点，以深化改革为动力，加快推进集团高水平、高质量发展，为努力打造跨地区、跨行业、跨所有制、跨媒体的大型出版文化产业集团，为实现经济繁荣、民族团结、环境优美、人民富裕的新宁夏，为建设美丽新宁夏，共圆伟大中国梦作出新的更大贡献。

薛文斌

2019年1月7日

目　录
CONTENTS

编辑手记 CHAPTER I

审读意见 CHAPTER 2

书　　评 CHAPTER 3

业务专研 CHAPTER14

CHAPTER

1

编辑手记

《梅志文集》的立项与运作

哈若蕙　戎爱军

2007年12月30日，正是北京寒风凛冽的冬日，然而，位于阜成门内西二条的鲁迅博物馆新展厅一楼大厅，却洋溢着别样的气息。包括周海婴、张晓风、牛汉、谢韬、王得后、李辉在内的数十位在京的文化界、学界知名人士，聚集在此，参加由鲁迅博物馆、宁夏人民出版社联合举办的《梅志文集》出版发行座谈会。一套套飘溢着墨香，装帧精美的四卷本《梅志文集》在与会代表手中展阅，大家的心再一次被拉回了梅志先生笔下所呈现的风云岁月，与会者的发言深情深沉，学者们在充分评价《梅志文集》文化价值的同时，也对在利润至上的时风下，宁夏人民出版社坚守文化良知，眼光深邃，坚持精品打造的出版选择给予高度评价。此时此刻，作为出版者的我们，内心充满了感动。出版立项以及编辑过程中的点点滴滴又一次浮现眼前。

一、立项

50年的发展，特别是改革开放30年来，宁夏人民出版社的图书品种结构得到了充分的丰富，在大文化的视野下，近年来广泛联系国内学界，关注学科前沿，深挖出版资源，构筑人文学术出版的新平台。目前，已有"跨文化

丛书·外国作家与中国文化"（十卷本）"人文日本新书"（20册）等一大批原
创突出，学术品格、文化价值兼具的人文社科类图书出版问世并受到肯定。《梅
志文集》以及之前宁夏人民出版社出版的《我与胡风》也正是这一视野中的
出版选择。但是，随后的立项与出版运作却并非一帆风顺。

　　2004年10月，梅志先生辞世，亲友及学界无比感伤。如何整理出版梅志
先生留下的珍贵文献是人们十分关心的大事。2005年7月，在梅志先生去世近
一周年之际，胡风与梅志的女儿张晓风女士向宁夏人民出版社提出了《梅志
文集》的出版意向。张晓风女士的这份信任是基于与宁夏人民出版社的长期
合作，此前，宁人社曾于1990年和2003年出版并修订重印了《我与胡风》。正
是这一合作，使晓风女士（两部书的编者）对出版社及其编辑有了很深的友谊。
她十分感佩于偏于西北一隅的宁人社出版人所坚守的那一份文化追求和人文
情怀，以及创品牌、求发展的精神。于是，当《梅志文集》的出版构想一俟
形成，她的目光再次投向了西部，投向了宁夏人民出版社。

梅志先生是胡风先生相濡以沫的伴侣，同时，梅志先生亦是一位富有才华和智慧的女作家，二十世纪三十年代以儿童文学创作享誉文坛。能够出版梅志先生的文集，应该符合宁夏人民出版社图书品牌可持续发展的战略需要，同时，这部文集对现当代文化思想史，更是无可替代的完整的权威的研究资料，它的文学价值和史学价值都是不言而喻的。但是，梅志先生与胡风先生的特殊境遇，尤其是胡风先生平反过程的全部复杂状况，使"胡风学"的出版始终处于某种敏感区，出版决策是艰难的。

2005年9月，国家新闻出版总署"十一五"规划重点图书项目开始申报，经过又一番论证，最后决定《梅志文集》申报国家新闻出版总署"十一五"规划图书项目。这一决定受到了国内学者专家的大力支持。上海交通大学文学研究所教授、博士生导师、所长夏中义先生，上海作家协会副主席、现代文学学会副会长、中国文艺理论学会副会长陈思和先生，慨然应允推荐本书作为新闻出版总署"十一五"规划图书项目，并郑重写下了意味深长的推荐语。夏中义先生说："《梅志文集》将问世的更大意味，恐怕还在于，评判一个民族的精神成熟与否的标志，大概是看她能否从历史的苦难中去汲取有助于国民价值觉醒的精神资源……亦即，出版《梅志文集》的意义，不仅是学术上的，更有涉民族精神的现代醒悟与成熟。"陈思和先生说："梅志先生是一位卓有成就的童话作家，早在三十年代她就是左翼作家的成员，并在胡风先生的影响下，创作了不少童话、童话诗以及有关小说散文，都是中国文学发展中值得珍惜的瑰宝。宁夏人民出版社能够出版四卷本梅志文集，我认为是非常有眼光和出版责任的举措……"经过新闻出版署的认真审查，2006年2月，《梅志文集》被列入国家"十一五"规划重点图书项目，这也是宁夏人民出版社唯一被列入"十一五"规划的图书。

《梅志文集》的编辑出版得以正式启动。

二、编辑出版

2006年9月，晓风老师将厚厚的一摞书稿寄给了宁夏人民出版社副社长、本书责任编辑之一的哈若蕙同志。旋即，一个由老中青三代编辑组成的编辑项目组成立了，成员分别是：罗飞编审，哈若蕙编审，戎爱军编辑，谭立群副编审，史芒副编审和姚发国编辑；项目总负责为哈若蕙同志，戎爱军同志担任总统筹。

《梅志文集》卷帙浩繁，总字数约180万，共四卷本。第一卷为《儿童文学卷》，包括童话长诗、儿歌、童话故事以及作者为各单行本所作的前言及后记等。第二卷为《回忆录》，收录《往事如烟——胡风沉冤录》及《我与胡风》两大部分，主要是对1955年至1979年胡风案的回顾。第三卷为《胡风传》。第四卷为《散文小说卷》，辑录作者全部的散文及小说。项目组根据编辑的专长分小组进行了分工，制定了详细的编辑进度。在编辑工作进行的同时，设计人员及时跟进，对图书的装帧设计提出了设想。根据各卷的情况决定采用异型16开的开本，封面的色调以高贵的紫色为主，配以形状不同的梅花，暗合着梅志的名字，同时隐喻着她傲霜的品格……

《梅志文集》因为涉及历史人物众多，历史事件重大，在编辑过程中，新闻出版总署、宁夏回族自治区新闻出版局等部门给予了高度重视。2007年3月，作为重大选题，上报新闻出版总署进行备案，并请有关部门就有关重大历史政治事件、重要人物的叙述的准确性问题进行审查。

2007年8月，审查通过，得到批复"可以出版"！

2007年9月《梅志文集》的三审三校工作顺利开展……在经过了项目组的全体同志近一年的辛勤努力下，典雅厚重的四卷本《梅志文集》终于在2007年年底与广大读者见面。

三、反响强烈

《梅志文集》出版后，引起了极大反响，2007年12月30日上午，由北京鲁迅博物馆、宁夏人民出版社联合主办的《梅志文集》出版座谈会在北京鲁迅博物馆隆重举行。出席会议的有北京鲁迅博物馆馆长孙郁和馆长助理黄乔生，鲁迅之子周海婴和鲁迅长孙周令飞，梅志子女张晓风、张晓山、牛汉、谢韬、于行前、杜高等"胡风集团"成员，以及彭小莲、刘若琴等"胡风集团"成员的亲属，著名学者王得后、朱正、孙玉石、张恩和、王世家、姚锡佩、李辉、高远东等，宁夏人民出版社副社长哈若蕙和责任编辑戎爱军，北京鲁迅博物馆研究室、资料室的同志，高校的研究生等五十多人。

北京鲁迅博物馆馆长孙郁、梅志之女张晓风、宁夏人民出版社副社长哈若蕙主持会议。会上，哈副社长代表宁夏人民出版社将《梅志文集》赠送给北京鲁迅博物馆和中国现代文学馆，并介绍了《梅志文集》的出版情况。

周海婴先生在讲话中指出，梅志先生晚年致力于传记和回忆录的写作，创作量浩大，占全部文集的一半还多，可以说她是用生命在写作，这有她良苦的用心，她是在对社会对历史作交代，也是对胡风对自己负责。回忆录作为一种有价值的史料存在，这是不以人的意志为转移的。例如，梅志在文集第四卷中的回忆中写了鲁迅逝世后的治丧费是由许广平亲自付出现金的。

谢韬先生对梅志先生的人品和才华做出了很高的评价，指出梅志先生与胡风先生同命运共患难，成为胡风先生坚持真理的巨大的精神支柱。梅志先生的回忆录以及她所撰写的《胡风传》，是在这种苦难中迸发出来的生命火花，……这些文字将是中国当代文学史所绕不过去的历史文献和见证。

牛汉先生指出梅志先生的文章具有永恒的魅力，反映了她的品质和内在的坚强、高尚。

杜高先生谈到梅志先生的儿童文学作品在当时的影响很大，与现实生活的紧密联系是她的儿童文学作品的一个最突出的艺术特点，她是二十世纪三十年代左翼文艺阵线培养起来的最早的一位优秀的儿童文学作家和诗人。

北京大学的孙玉石教授指出出版座谈会是对胡风、梅志这一代受难者表示我们很真诚的敬意，梅志先生是一位很伟大的女性，是一枝"人的花朵"。

绿原先生的女儿刘若琴代为宣读了绿原先生的讲话。

贾植芳先生、何满子先生等从上海发来贺信，恭祝《梅志文集》出版。

与会代表高度评价了梅志先生的人品和创作成绩，并极大地赞扬了宁夏人民出版社出版这套丛书的卓越眼光，肯定了出版者的文化品格和文化内涵。

人民日报、光明日报、中国青年报、北京青年报、文艺报、文汇读书周报、新京报等多家报刊刊登了消息及专家评论。数十家网络媒体进行了转发和转载。

的确，180万字的《梅志文集》，语调亲切而妥帖，文字平易而严谨，所包括的诗歌、散文、小说多种文体，证明了作者的多方面的才思；而回忆录和传记文学，通过文学手法记录政治冤案，言语慎重，内容深沉，既是重要的历史资料，更属于文学瑰宝之列。

由宁夏人民出版社出版的四卷本《梅志文集》，设计精美，装帧大方，色彩悦目，并以作者有形的创作成就及其无形的道德修养为基础，提高了读者对于文化的伦理价值的追求水准，堪称有益于世道人心的精品。时间将证明，出版社费心费力实现这个选题，是具有长远的历史眼光的。

一部沉甸甸的作品

——《李庄文集》编后记

杨忠诚　哈若蕙

能够参与《李庄文集》的编辑出版，无疑是一次很好的感悟历史的机会。

李庄同志于抗战初期参加革命，终身从事党的新闻工作，是党中央机关报《人民日报》创始人之一，中华人民共和国成立后，曾任人民日报总编辑。他一生采写的大量新闻作品及散文论文回忆文章，内容丰厚，涉及我党各个历史时期的重大事件，具有十分珍贵的史料价值及文化价值。在二十一世纪之初，由人民日报出版社和宁夏人民出版社共同编辑出版《李庄文集》，无论如何都是一件很有意义的工作。

此次编辑出版的《李庄文集》共分3编4册，具体为《新闻作品编》《散文论文编》《回忆录编》（上下册），总字数140万。另有作为插图收入文集的作者"工作照"19幅，"生活照"13幅，"书信手迹及发表于报刊的文章影印件"68面。

《新闻作品编》收录90多篇作品，发表的时间起于1938年11月，讫于1951年3月。其中，写于抗日战争时期的35篇，主要反映晋冀鲁豫根据地军民抗击日寇的战斗生活；写于解放战争时期14篇，集中歌颂邢台地区军民在解放战争时期的战斗、生产和生活；写于解放初期的作品13篇，重点描述中国

中国人民政治协商会议第一届全体会议整个历程，深情颂扬中华人民共和国的诞生；写于朝鲜卫国战争和抗美援朝时期的作品32篇，既讴歌中朝两国军民共同保家卫国，抗击侵略者的光辉业绩和崇高精神，又淋漓地揭露了美国侵略者的罪恶行径和"纸老虎"的反动本质。这些作品有的还结集出过书。

《散文论文编》收入作品70篇。这些作品写于"文化大革命"之后。在解放思想、实事求是、拨乱反正时代背景下，作者从理论与实践的结合出发，畅谈坚持党的新闻工作的优良传统，纵论新闻改革的方方面面。这是本编的主要内容。收录作者为他人撰写的序言，也占了相当部分。这些序文有褒奖，有评论，有鼓励，也有借题发挥，阐释作者的思想认识与理论观点。还收进一些散文作品，有的写峥嵘岁月的生活侧面，有的写革命阵营的人际关系。

《回忆录编（上）》以人民日报出版社1990年出版的《我在人民日报四十年》的内容为主，另收录退居二线后写的一些篇章，大大小小76篇。作者1946年参加创办晋冀鲁豫机关报《人民日报》，1986年春从《人民日报》总编辑岗位退居二线，办报生活恰好40年。40年风风雨雨，40年人生经历，见证了《人民日报》的成长过程与发展历史，经历了抗日战争，解放战争，中华人民共和国成立，抗美援朝，"三反""五反""大跃进"，以及"文化大革命"，作者撷取每一个历史阶段的重大事件片断，叙述历史，评价事件，臧否人物，从个人的成长经历，折射出《人民日报》以及中国新闻事业的曲折发展历程。

《回忆录编（下）》为人民日报出版社1999年9月出版的《难得清醒》一书的重版。本书以"启蒙、探索、追求、苦斗、攀登、考验、困惑、沉思"8个人生阶段，72部分内容，描述作者从1918年出生到1986年退居二线60余年的坎坷人生经历，诉说从参与创办《人民日报》由普通记者成长为编辑部主任、报社副总编辑，直至总编辑的曲折成长过程。亲历，亲见，亲闻，展现的是个人成长历史，也可以说是《人民日报》的发展历史，还可以说是社会主义的新闻发展史，从某种角度说，折射出人民共和国发展的历史。《人民日报》是一面历史镜子，她忠实地记录了我们党领导革命、建设和改革开放的前进脚步。作者以亲历、亲见的视角记录了《人民日报》长成的历史，在一个个重大历史事件中回顾党的领导，和共和国的发展。笔锋犀利，饱含感情，直抒胸臆、一针见血，反映了李庄同志的文风与襟怀。

总而言之，《李庄文集》是一部沉甸甸的作品，它为中国新闻发展史写下了浓重的一笔。

《李庄文集》，亦是真诚、合作、友谊的结晶。李庄同志的小女儿李东东同志，曾任宁夏回族自治区党委常委、宣传部部长，她是一位富有才情和颇具亲和力的领导，《李庄文集》从统稿整合到编辑创意她均全程参与，融入了大量心血。也是经她倡议，此部文集由北京宁夏两地的人民日报出版社和宁夏人民出版社共同出版。两地出版社的编辑人员相互切磋，真诚交流，在共同的工作中结下了真挚的友谊。

本部书稿的责任编辑分别由人民日报出版社和宁夏人民出版社的编辑部

主任和编审杨忠诚、哈若蕙担任，人民日报出版社社长、总编辑刘景山，宁夏人民出版社社长、总编辑高伟共同决审，编辑出版及印刷等具体工作由宁夏人民出版社统筹完成。

本书在备案送审工作中同时得到了上级部门的大力支持。我们真诚地期许，这本寄寓着众多厚望的《李庄文集》能满足广大读者的需求，我们更希望，在众多的关注与支持中，获取力量，将党和人民的出版工作做得更好。

《大学梦圆：我们的1977，1978》出版报告

哈若蕙

《大学梦圆：我们的1977，1978》的出版已经一年有余，但是接近四年的策划出版过程却仍然历历在目，我想，它注定会成为我编辑生涯中一段无法抹去的记忆。

一、策划缘起

作为编辑，每一本策划图书必定与他（她）的生命有关。

中国历史上的1977、1978是我们这一代人难以忘怀的年代。作为五十年代生人，我们经历了五十年代的"大跃进"，六十年代的自然灾害，小学刚刚毕业就赶上了"文化大革命"，当"牛鬼蛇神"的子女，在"唯成分论"的阴影下压抑地生存，上山下乡，接受贫下中农再教育……一晃十年，生命中最青葱的季节就这样流逝。是1977、1978的恢复高考给我们带来了生命的转机，那一年我们迈进大学，虽然许多人已经不再年轻，但我们的人生却在那一刻开始改变。

光阴易逝，岁月如梭。而在每一个77、78级大学生的心中，"大学梦圆"的日子却永远铭记。

我是一名编辑，但我也是1978级大学生。1978年金秋考入上海华东师大，四年后毕业回到宁夏，当了十七年大学教师，1999年转到出版领域，继续与书结缘。应当说，为77、78级大学生编一本书的念头在2000年就已在脑海盘旋，甚至也出现在我拟定的一份出版策划书上。但是初来乍到，一切都不可能很快实施。

又过了两年。2004年8月，同学们约定在母校相聚，庆祝毕业20周年，顿时，这一念头又强烈地浮现出来。抑制不住激动的心情，我是在南去的火车上草拟出约稿信的。我希望借这个机会促成这一有意义的出版计划。

二、组稿出版几起几伏

约稿书发到了同学们的手中，再借同学们的手，散发到更多的77、78级同学们手中。我期望着在约定的时间内收到从四面八方寄来的征稿。

然而，启动方知约稿难。尽管当初人人激情满怀，但真的要动手成文，却又会生出无数的理由延宕。一晃两年过去了，征稿仍然进展缓慢。作为策划人，我感到进退两难。放弃吧，实在于心不忍，往前走却又心有余力不足。毕竟身处宁夏，联系作者有许多不方便，加之其他编辑业务异常繁重，只有继续坚持。

也是天无绝人之道。2004年，在纪念邓小平诞辰100周年的日子里，这个选题被再次发现。在上海华集文化有限公司工作的上海华东师大1978级同学魏威提出将此项策划冠名为"纪念邓小平诞辰100周年《大学梦圆》征文活动"继续运作。我欣然同意。此后征文以上海市作家协会、解放日报和文汇报主办，上海华集文化发展有限公司协办的方式进行。在魏威同学的努力下，又收到了一批征文，并在《解放日报》刊登。

原以为，这份策划就此即将实现。但是，问题又一次出现。先是图书的

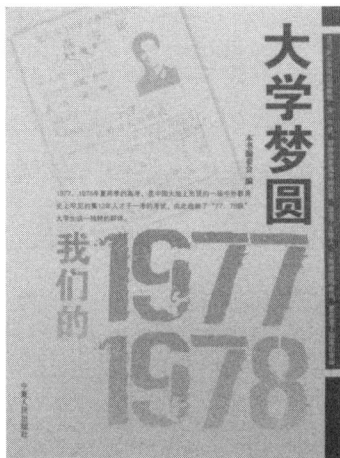

版权被上海一家出版社拿去，因为华集文化公司认为宁夏过远，操作难度过大。作为本书的初始策划人，虽然有些难受，为了书的顺利出版也只好同意。但是，又过了一段时间，由于上海方面的原因出版再次搁浅。

经过慎重考虑，2004年底我重新接回了这份选题。决心通过自己的力量，在宁夏人民出版社正式出版。

尽管，《大学梦圆》是寄托着无数人期待的圆梦之书，但毕竟还不属于社里的重大项目。我的时间必须为已有的大项目让路。由于手头工作十分繁忙，《大学梦圆》的编辑工作只能在业余时间进行。多少次人去楼空，我留在办公室里一个电话一个电话地与作者联系，切磋文稿，提出建议，催要老照片。从2005年春节开始做本书的初审初编以及三审三校，还有定开本，定版式，读清样，一遍又一遍，工作整整延续了一年。

三、正式出版

任何图书的立项出版，均要拿出预算，出版方案原则上是不允许负数运作的。原以为能够争取到华集公司或其他个体及企业的资助，但最终均无结果。只有自己承担责任，前提是把书出好。

可能是自己过于看重这本书，所以对美术编辑的设计也表现出非常苛刻，封面拿了一稿又一稿，就是扉页也做了不止一个方案，甚至在印厂上机后，由于打样效果不好，又再次推翻重来。最终，本书于2006年3月正式出版。

四、合作营销

图书印数不多，只有数千册，因为不是时下流行图书，做不到畅销。但作为编辑却要承担经济责任，我没有理由让出版社负债。于是向每一位作者发出信函，请求他们协助宣传营销。应该说，作者们相当配合，他们感谢宁夏人民出版社圆了大家的梦，他们将这本书作为珍品认真地推荐给更多的读者。现在，《大学梦圆》已经广泛流传，即使是在海外，也有不少当年的77、78级大学生看到了这本令他们感动，令他们倍感亲切的好书。

今年，是恢复高考30周年。北大出版社的杨书澜编辑也在策划组稿《永远的1977》，大家对30年前的岁月仍然无以释怀。我在此遥祝她成功。

感谢《大学梦圆》的出版，她让我重温了历史，也敦促我继续努力，更有创意地工作，更加坚定地向着既定的目标前行。因为我是78级大学生！

追寻西部记忆

——"走进大西北丛书"出版记

何志明

1999年7月，我从中央民族大学硕士毕业后，就应聘来到了宁夏人民出版社工作，在当时的政史编辑室做一名普通的图书编辑。这一年，中共中央正在酝酿对西部进行大规模综合性的开发，到2000年1月，国务院正式召开西部大开发工作会议，并成立了西部地区开发领导小组，西部大开发的序幕正式拉开。可以说，我是跟随着国家西部大开发的步伐，来到了西部，来到了故乡宁夏从事图书出版工作的。

从1999年开始，媒体纷纷聚焦西部开发，至2000年伊始，"西部大开发"已经成为社会各界关注的热点，各媒体争相介绍西部的现状和开发前景，引起了全社会的高度重视。西部开发，文化涌动。现在的西部开发是历史上开发大西北的延续。为了使读者更加深入地了解和感受西部，了解西部地区的历史，作为西部地区尤其是西北地区的一分子，作为一名宁夏人民出版社的图书编辑，我和我的同事们经过前期的调研和论证，依托自身所学专业和对出版行业的热爱，选编了"走进大西北丛书"。选编这套丛书的目的是让尘封在图书馆里的关于民国时代那些有关西部开发的史料重新见诸世人，让现在的人重温当时西北大开发的热潮，以激励有志之士响应党和国家的号召，去

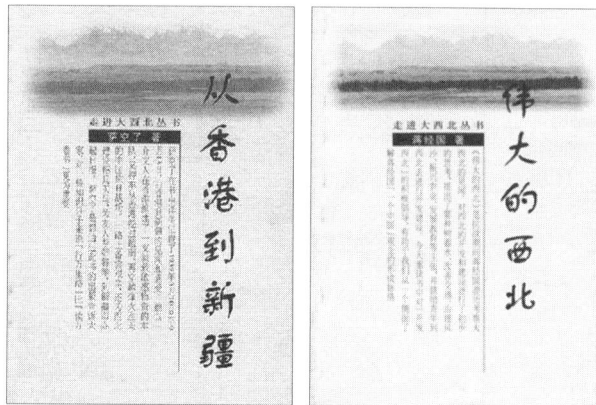

西部、去西北建功立业。该套丛书最初设计了三四十种图书，准备分批出版，但由于种种原因，未能如愿，只出版了其中的5册，至今思来仍感遗憾，令人惋惜。

该套丛书分别为《伟大的西北》《塞上行》《徐旭生西游日记》《从香港到新疆》《西北行》，所收作品均为民国时期著名人物考察西北的经历和见解，以供读者参考。

《伟大的西北》作者蒋经国，浙江奉化人。早年曾留学苏联，并写过谴责其父蒋介石屠杀共产党人的文章以示决裂。其在台期间大力促进经济发展，坚持"一个中国"立场，反对"台独"。《伟大的西北》一书是抗日战争时期蒋经国游历考察大西北的见闻。他对西北的开发和建设进行了初步的思考，提出了要种树蓄水、改善交通、治理风沙、振兴农业、发展教育等主张，并鼓励青年到西北去进行开发建设。今天重读书中对"开发西北"的积极倡导，有助于我们从一个侧面了解蒋经国"一个中国"观念的形成脉络。

　　《塞上行》作者范长江，四川内江人，中国现代著名新闻工作者。曾先后任《大公报》记者、新华社副社长、《新华日报》华中版社长、上海解放日报社社长、新闻总署署长、人民日报社社长等职。范长江是二十世纪三十年代从国民党统治区进入延安的第一个中国新闻记者。1936年至1937年，他多次赴西北地区考察，连续发表众多有关西北的新闻报道，引起轰动，促成当时国人对西北形势的日益关注。《塞上行》一书报道了百灵庙战役、西安事变等重大历史事件发生前后西北地区的情况，批评了封建王朝及民国政府传统狭隘的消极的民族政策，提出了解决边疆问题的新途径。他在自序中写道："在这小册子里面我比较注意三个问题：第一，是国内民族问题；第二，是统一国家之途径问题；第三，社会各阶级利益之调整问题。这些是我认为中华民族解放运动中，最基本最起码要解决的项目。"书中有些见识，至今仍有重要参考价值。

　　《徐旭生西游日记》作者徐旭生，河南唐河人，中国历史学家、考古学家，曾任北京大学教务长、北京师范大学校长、中国"西北科学考察团"中方团长、中国史学研究所所长等职。《徐旭生西游日记》记载了1927年5月到1928年1月上旬作者作为"西北科学考察团"中方团长到大西北考察途中的情况，他不仅把一路行程见闻记得要言不烦，而且对当年中国的一些重大事件，如蒋冯阎之战、勒科克劫掠新疆文物、马仲英袭扰新疆、苏联和日本势力对新疆渗透以及主政新疆多年的杨增新人格、政绩和遇刺经过，都有记载和分析。

《由香港到新疆》作者萨空了，蒙古族，原籍内蒙古昭乌达盟翁牛特旗，报刊主编，新闻学家。1929年后任《世界日报》画刊编辑、《世界画报》总编辑、天津《大公报》艺术半月刊主编。1935年冬，任上海《立报》副刊主编、总编辑兼经理。1937年，抗日战争爆发后，转移至香港创办《立报》。1938年秋，同杜重远赴新疆从事抗日救亡活动，任新疆日报社社长。《从香港到新疆》一书详尽记载了1939年3月10日至9月13日，作为一介文人的萨空了在香港组建一支满载敏感物资的车队，又押车从香港经越南到中国抗日战场的见闻和感受。

《西北行》作者林鹏侠，中华奇女子，福建莆田人。时称"我国唯一女飞行家"，其父为新加坡橡胶大王。早年留学英、美等国，因目睹英、美国家之发达、中国之贫弱，迭遭东西方列强之侵略，遂立志报效国家，振兴中华。"一·二八"事变后，正在新加坡替父管理橡胶园的林鹏侠接母亲的电报后回国，奉母命赴西北考察。1932年冬天，她从上海出发远赴甘肃、青海和新疆等西北边陲，历时半年多，行程逾万里。考察期间，她的游记大多发表在《良友》画报上，1934年，结集成《西北行》出版。作为中国女性，林鹏侠单身考察为世人视作畏途的大西北，实为中国女界先锋，引发当时国人强烈反响。该书"事事以开发资源，调和汉回感情为先务，立国家百年之基"，详尽记录了西北诸省的风土人情、民族习俗、地理资源，至今读来，仍能激起国人开发西北的豪情。

西北在历史上曾是东西方文化的交汇地，资源富饶，民族众多，战略地位相当重要。自近代以来，包括晚清和民国初年，从龚自珍、林则徐到左宗棠、梁启超、孙中山，都是为了应付边疆危机和战时需要，强调西北战略地位的重要性，倡言移民实边，开发西北；到二十世纪三四十年代，还曾经成立过研究西北问题的专门社团，不少人满腔热血，不畏艰险，千里迢迢前往西北考察游历，遥远、荒凉而又神秘的西北一时成为时代的热门话题。同时出版了一些有关西北的考察报告，这为我们提供了丰富而又珍贵的历史资料。以上5种图书就是我们从这些考察报告中精挑细选出来的。

由于时代的局限性，作品中的见解未必都恰当，言辞也未必都符合现代语言习惯，但为了保持历史的真实，便于读者进行对比和反思，在编辑过程中，当时我们尽可能地保持了作品的原貌（包括大量珍贵图片）。

宁夏人民出版社社长吴月霞同志曾作为印前设计中心的骨干，为当年设计该套丛书的版式和文字、图片处理下了很大心血。当年我与吴月霞同志等都是新入宁夏人民出版社工作的，我当时是政史编辑室的编辑，她当时在刚刚成立的印前设计中心工作。"走进大西北丛书"是宁夏人民出版社印前设计中心承接的第一部规模较大的丛书。我们都比较重视该套丛书，为此多次开会商议该套丛书的版式设计等内容，最终为了紧贴丛书内容，确定了庄重、古朴的设计风格。

为了保持作品的原貌，我们对大量的图片做了当时最好的技术处理。当时，出版社的扫描设备不够先进，我们不得不多方联系，借到当时比较先进的扫描仪对大量珍贵图片进行扫描。为了保证扫描图片的成像效果，我们一张一张地进行反复扫描，反复调试，直到达到满意的成像效果，为此，我们经常不得不加班加点工作到深夜。

当时的排版工作异常艰难，因为宁夏人民出版社当时的排版软件还是清华紫光的，分辨率比较低。有时为了加个边框或者改动一个小小的标点符号，都需要输入各种命令，不像现在的排版软件这么方便。

此外，为了能够出版这套丛书，也为了遵守图书出版相关管理规定和《中华人民共和国著作权法》，解决著作权的问题，我们在《中国新闻出版报》上以宁夏人民出版社的名义刊登支付稿费的启示，寻找著作权人。经过多方努力，几经联系和沟通，终于找到了部分已故作者的家人，并征得他们的同意，按照规定支付了相应的稿酬，我们才得以出版这套丛书，其中艰辛，可想而知。

为了记录真实历史，我们四处求人在各地图书馆寻找民国时期的原版图书，像《伟大的西北》一书就是在中央民族大学图书馆的特藏部寻到的，可想而知当时找书的难度。并且，有时候书找到了，人家也不一定外借。书找到并且借出之后，为了便于现在读者的阅读，我们还必须进行繁体字转化简体字的工作，这又是一项繁琐而细致的工作，因为一不小心字就会错字。最后，使用了北大方正处理系统的繁简转换功能才解决了这一问题，提高了文字处理的效率。

"走进大西北丛书"2000年陆续出版之后，正值西部大开发如火如荼，为西部大开发增添了一抹文化的气息，得到了出版界的认可和好评，尤其得到了广大读者的喜爱。时至今日，仍有读者评价这套丛书。如：网友"谁不懂寂寞"评价《徐旭生西游日记》"此书值得一看，既不失史实之正，亦通俗诙谐，无论是闲读还是做近现代新疆地区的研究，都是一本好书"；网友"雪落江南"评价《徐旭生西游日记》"带有学术性的游记，可读性较强，内容有学术价值，研究和普读都可"；网友"yinzcbm"评价《西北行》"书很好，感受一下七十几年前的西北以及当时林鹏侠女士的风采"；网友"ytfyx"评价《西北行》"书真的不错，忘记历史就意味着背叛"；网友"一尘"评价《伟大的大西北》"喜欢作者当年的豪迈和一腔热血，怪不得他反对'台独'呢"；网友"西北汉子"评价《伟大的西北》："当时的国民党统治虽然腐败，但也不乏精英考虑国家大计，蒋经国在书中的建议虽然宽泛，但也进行了深入的思考，并且由于是蒋介石儿子的原因，他的行为鼓励了当时的广大热血青年开发和建设大西北"；网友"南竹"评价《从香港到新疆》"当时文人之抗战救亡热血，可见一斑"；网友"不戒和尚"评价《塞上行》"读范老当时的报道，无不体现着当时的知识分子对国家命运的深深忧虑和深刻思考，有些西部开发的建议，至今仍有参考价值"。

想想当年对该套丛书的版式设计、编辑加工和出版印刷等所花的那么多的心血没有白费，就连每一本书的作者简介、出版说明和封面文字都一一细抠。时间如白驹过隙，该套丛书从策划出版到现在也已十多年，现在看到网上仍然有不少网友如此认可和喜爱该套丛书，我心足矣。

青少年犯罪问题应引起全社会高度关注

——编辑《100例少年犯罪纪实》引发的思考

吴月霞

每每看到少年犯罪的个案，我的心都在颤抖，但当我看到《100例少年犯罪纪实》这部书稿后，我的心不再是颤抖了，而是一种痛了……

在编辑本书的过程中，我一次次的热泪盈眶，这些孩子的年龄，正是应该在学校读书的年龄，正是长身体、长知识、长技能的年龄，他们正是花儿一样的年龄，人们常把青少年比喻成祖国的花朵，然而令人痛惜的是，本书所选的这些青少年却因犯罪而锒铛入狱，正可谓：花儿未开却已凋谢。

本书稿选编的案例，全部是未成年人，他们当中有许多孩子是和我的孩子同龄或比我的孩子还小一点，这让我感到很是吃惊和痛心。作为一个母亲，我可以毫不隐瞒，我给予了我的孩子全部的疼爱，不论是精神上还是生活上，我都以我认为对他的发展最有利的、最适合他的方式给予他关爱、指导和帮助，希望能为他创造一个充满爱和自由的家庭氛围，让他在这种宽松正常的环境中成为一个自立、自强，对社会有益的人。我想每一个母亲都和我一样，都不希望自己的孩子成为一个妨碍家庭、危害社会的人。本书稿中收录了各种类型的家庭和母亲，但不幸的是，她们的孩子都有一个相同的称谓——少年犯。

　　《100例少年犯罪纪实》包括两部分。第一部分以宁夏本地真实案例介绍少年犯罪纪实100例,这其中包括家庭环境与少年犯罪、家庭教育与少年犯罪、"留守少年"与少年犯罪、学校教育与少年犯罪、教师问题与少年犯罪、交友不慎与少年犯罪、不良场所与少年犯罪、沉迷网络与少年犯罪、黄色信息毒品与少年犯罪9种话题,每一个话题中选编了数量不等的典型案例。第二部分介绍了全国其他省区的案例,也是100例。

　　本书的第一部分的100个案例采取了独特的表现手法,每一个案例用"纪实×□□□□□□□"表示顺序和标题;正文内容包括详细的"犯罪事实"介绍、该少年犯的"成长经历"、该少年犯真实的"忏悔之声"、作者的"纪实点评"。与其他同类图书最大的不同之处在于,本书的"忏悔之声"是作者在少管所采访每一位少年犯时,这些孩子发自内心的沉甸甸的忏悔,是在事后最真切的悔悟,是最能打动读者的内容所在。"纪实点评"则是作者从犯罪心理学的专业角度和公民道德规范要求的社会角度剖析少年犯罪的根源,为家长、老师和孩子提出的"远离犯罪"的中肯意见和建议。

在本书中，作者为我们展示了当前青少年犯罪所呈现的以下特点。

一、家庭环境不好，家庭教育扭曲导致的青少年犯罪

1. 过分宠溺。家庭是社会的细胞，父母是未成年人的第一任教师。现在由于独生子女增多，家庭生活水平提高，不少家庭过分宠爱子女，无原则迁就子女的要求，养成子女唯我独尊，以自我为中心、自私自利、任性、蛮横、粗野、为所欲为等畸形性格，当他们的需要得不到满足，就会不惜采用违法犯罪的手段铤而走险。如"纪实24娇纵溺爱染恶习，少女偷盗被判刑"讲的是一个生长在富裕家庭的女孩，为了表达自己对母亲全方位照顾的逆反，专做母亲不知道的事，以小偷小摸来寻求刺激，满足自己的心理需求，最后因偷盗电脑并判处1年有期徒刑。"纪实25娇生惯养缺家教，抢劫伤人留悔恨"讲的是一位三代单传的独苗，家境富足，父母视其为掌上明珠，对其百依百顺、百般娇宠，使其自幼缺乏责任心和上进心，不求学习和进步，因吃不了学习的苦就退学，因吃不了操劳的苦就赋闲在家，最终因抢劫伤人被判处有期徒刑5年。

2. 家庭暴力。父母脾气暴躁，子女一有问题，开口就骂，动手就打，这样久而久之，就会导致子女产生对抗心理，或者造成悲观、自卑心理，失去进取心。如"纪实2家庭暴力扭曲少年心灵，寻衅滋事最终走向犯罪"讲的是一个从小生活在家庭暴力环境中的男孩，因父亲的暴力行为而将打与被打看成是家常便饭，将用拳头发泄自己的愤怒看成是处理问题的正常方式，从而一次次地无视社会规则，一次次地违法犯罪，最终因打架伤人被判处有期徒刑7年，为自己的行为付出了惨痛的代价。"纪实4 不堪酗酒父亲打骂，少年离家出走犯罪"讲的是一位因无法忍受父亲的蛮横与暴力，选择了离家出走，后因入不敷出铤而走险犯抢劫罪被判处5年有期徒刑的少年。

3. 单亲家庭。单亲家庭子女由于缺乏父爱或者母爱，没有健全的家庭教育，失去精神支柱，容易造成情绪低落，从而产生多疑、孤僻等病态心理，形成人格分裂与性格障碍。也有的虽然父母健在，但是因为教育方法不当，或者父母榜样教育不良，自己整日参与赌博等违法活动，思想不健康或者作风不正派，或者行为不检点，这样时间一长，他们的子女逐步染上恶习，导致有样学样，也走上犯罪道路。如"纪实11家庭破碎，过早步入社会走上犯罪道路"叙述了一位从小失去母爱的男孩，在家庭经济状况发生巨变无法满足他私欲的情况下，从小偷小摸开始，最终走上抢劫犯罪的道路，被判处有期徒刑2年。

二、"留守儿童"及交友不慎导致的犯罪

我国在经济转型期产生的典型的社会问题就是"留守儿童"问题，据统计，目前全国农村留守儿童超过5800万人，这一群体的生活、学习问题成了社会关注的课题，而留守儿童犯罪也成了未成年人犯罪中比例较高的一种。比之其他儿童，留守儿童在家中得不到应有的关爱，缺乏父爱、母爱，远离了父母的呵护与监管，他们像断了线的风筝，随风飘荡，落在哪里完全由不得自己。他们在家庭之外寻求温暖，在朋友之处寻求安慰，但往往是这些所谓的朋友将这些孩子引入歧途。如"纪实16隔代抚养缺少教育，一时冲动酿成苦果"中介绍的小梁，父母均在沿海城市务工，家中只有爷爷、奶奶和弟弟。虽然爷爷、奶奶在生活中给予兄弟俩无微不至的关怀，但却让他养成了自私和任性的性格，且因成绩太差，不愿接受老师的批评教育，从旷课、逃学开始，后来发展成辍学，最终因盗窃电缆罪被判刑1年6个月。

这一纪实案例极具典型性，多数留守儿童远离父母，承担监护责任的爷爷奶奶只能注意他们的衣食冷暖，顾不上孩子精神与情感的需要，久而久之，

这些孩子大多产生了自卑、孤僻的心理障碍。心理学验证，儿童时期最大的心理需求是归属感和安全感，而留守儿童缺乏的恰恰是这种父母的抚爱和照顾，潜意识中充满着被父母遗弃的焦虑与不安，这种感觉损害着孩子的自尊心与自信心。长期的焦虑可以引起孩子的攻击破坏甚至犯罪行为。

三、学校教育与少年犯罪

在编辑本书的过程中，我时常在思考家庭与社会、父母与子女、学生与学校的关系。我们都知道，家庭是社会的细胞，父母是孩子的第一任老师，学校是孩子扬起理想风帆的地方，如何保证细胞的健康，如何当好第一任老师，如何保证每个孩子都能扬帆远航，是我们每一个成年人、每一对父母和每一位老师应该考虑的问题。学校的责任不仅是培养能继续深造的学生，还有为社会输送合格公民的重任。如"纪实50被贴'差生'标签，孩子离校陷浊流""纪实53受歧视心理扭曲，伤害他人获重刑""纪实55辍学离家成断线风筝，受教唆犯罪酿成灾祸"等，讲的都是学习成绩不好的孩子，在学校备受歧视，被迫辍学后走上社会，与品行不良人员为伍，最终犯罪的故事。这就给每一位老师、每一所学校提出了要求：学校不仅要重视学习成绩，还要重视道德法制的教育，帮助学生建立正确的人生观和价值观是学校教育的有机组成部分。学校教育不到位、不全面，老师与家长的沟通不及时，往往是这些孩子犯罪的助推器。怎样鼓励成绩差的学生迎头赶上？怎样为社会输送合格的公民？这些都应该是学校的责任和义务。学校不应该也不能将原本有希望成为社会有用之人的"差生"变成罪犯，变成危害家庭和社会的不安定因素。

未成年人犯罪的原因还有不少，但家长、老师如果都能认识到位、行动到位，每一个家庭都能营造一种有利于孩子健康成长的氛围，每一位老师都能看到学生身上的闪光之处，那么，由家庭和学校导致的犯罪就会减少，我们的社会就会和谐。

愿天下每一个孩子都能在父母的呵护之下成为社会的栋梁，愿我们的身边再也没有"差生"这种称呼，愿我们的学生再也没有"辍学"这种行为，愿我们的社会再也没有"少年犯"这个群体。

此书出版的目的也在于此。

《明明白白养肉牛》编辑手记

吴月霞

2007年秋天，以前的一位作者给我送来了一部书稿，说他又要出一本书。等我打开一看，所谓的稿子只是一沓打印出来的文字，既没有书名、目录，也没有分篇章。我还是第一次遇到这种情况，与作者联系后才知道，这部书稿如能在初冬出版，他准备作为农民学校培训养殖户的教材。但他现在的确很忙，没有时间整理，因此，拜托我帮他整理，删改全部由我决定，他完全放心。因为以前我们合作过三本书，也算是老朋友了，话说到这份上，再加上当时也有点空闲，我就欣然答应了。

通读了一遍后，发现稿子基本上都是实际经验，有手写的，有从其他报刊上摘抄的，有从网上下载的；有介绍育肥的，有介绍繁殖的；有介绍治病的，有介绍日常管理的……总之，凡与肉牛有关的知识，全部罗列在此，你就按需所取吧。

浏览完了以后，我拟了一个大概的提纲（第一提纲），主要分这么几个大类：牛场管理类、日常饲养类（包括饲养技术、繁育技术和饲料加工技术）、防病治病类，并将所有的稿件打乱后重新按类整理。

按第一提纲整理完后，开始又一遍的浏览，这时又发现了一些问题，繁殖对于养殖业来说是一项重中之重的工作，它关系到养殖业的投入产出效益

和一年的收益。鉴于它的重要性，可以把繁殖技术单独列为一章，这时就出现了第二提纲。依据这种思路，后来又出现了将饲料加工技术单独列为一章的第三提纲、在疾病防治中将常见病防治与偏方治病单独列开的第四提纲……

　　不知经过了多少次这样的反复，最后将书稿整理成了现在的模样。全书分为六章：第一章"肉牛与养牛效益"，主要介绍肉牛的生理特点、影响肉牛育肥效益的因素及提高养牛效益的技术措施；第二章"肉牛的常规饲养技术"，主要介绍肉牛的基础饲养知识与快速育肥技术；第三章"肉牛的常规繁殖技术"，主要介绍提高肉牛繁殖率的方法，解决母牛异常生殖现象的方法；第四章"肉牛的饲料加工与利用"，主要介绍常规饲料的调制方法，饲料添加剂的合理使用方法及饲料使用过程中需要注意的细节问题；第五章"疾病防治"，主要介绍肉牛常见病的防治方法，可以用偏方防治的肉牛疾病；第六章"肉牛饲养用药"，主要介绍了常用兽药的正确使用方法和注意事项。

　　最后是书名，与书稿一样，书名是在书稿全部完成后才确定下来的，这也算是本书的另一个特别之处吧。开始的时候，作者也列出了好几个书名，如《养牛技术须知》《如何快速繁育肉牛》等诸如此类的名称，我总觉得没有切中要害，并与其他同类图书有些雷同，后来，跟作者反复比较，在一长串书名中选择了这个，我们都认为现在的这个书名最好——《明明白白养肉牛》，一个能让人感到亲切并能让大家一目了然，一看就知道该书内容的书名诞生了。

虽然作者非常满意，我也很有成就感，但此书还是有以下两点遗憾。

1. 封面照片：封面照片是我和装帧设计人员晨皓到贺兰一个养牛场拍的，当天刚下过雪，天气非常冷，天也不是很晴，牛场里的牛看到生人，一个劲儿地躲，一点儿也不配合我们的工作。在这种情况下，我们只能远距离地偷拍一些肉牛活动的照片，近距离的只能拍在牛槽里等待吃草的场景。虽然拍了很多张，最后选的这张也算是那些照片里比较好的，但还是未能将现代化的牛场表现出来。

2. 版式也还是有些粗糙，行距过小，字体字号的搭配并不十分协调。本书的出版对大力发展肉牛饲养业，改善城乡人民生活，增加农牧民收入，推动农业和农村经济的稳定发展有着重要作用。本书语言通俗、易懂，方法好记、实用，目的是使具有初中以上文化水平的读者都能看明白，都能学着做。尤其是疾病防治中单列了一节"偏方治牛病"，汇集了大家日常生活中用于治病的各种经验，取材范围广泛，日常生活中的蔬菜、副食调味品、矿物质等都可作为应急之用。本书适合广大农牧民朋友和乡村畜牧兽医人员阅读，也可供畜牧、兽医以及有关专业的师生作为教学参考或实习参考之用。

绿树，从心中长起

——《百善孝为先》编辑手记

张燕宁

直到今天，"天地之性、人为贵，人之行、莫大于孝"这句赫然摹印在《百善孝为先》封面上的千古名句，还在宁夏山川大地的校园中回荡；养亲尊亲、体味亲情，立身有为、回报感恩，推孝及仁、大孝博爱的中华文化精神，正在万千学子的心中生长。十多年前编辑出版《百善孝为先》时的艰辛、煎熬、洗礼、喜悦、自豪，我还历历在目、时时涌起。

2007年4月，自治区党委教育工委、自治区教育厅决定在全区中小学生中开展以"学会感恩、立志成才、报效祖国"为主题的"孝敬父母月"活动，并把每年的5月确定为全区学生的"孝敬父母月"。这一创举得到了各级各类学校、各级教育行政部门的积极响应，在广大家长和社会各界中引起了强烈的共鸣。

看到相关报道，我在思虑：如果把"孝敬父母月"活动的成果结集出版，将是用社会主义核心价值体系引领社会思潮，在青少年学生中进行社会主义荣辱观教育、中华传统美德教育难得的好题材好教材。于是，我主动上门向自治区教育厅相关领导陈述想法，竟然不谋而合。欣喜之余，我按照活动方案，进行了选题立项申报、出版流程规划和发行销售策划，憧憬着一套有分量的

"大书"的诞生。

但万万没想到，交给我的"书稿"，竟是装满三个纤维袋的近六十万份书信。把这些"稿件"分类摊开，从办公桌上蔓延到地板上再到走廊里，一份一份纸面篇幅大小不同，字体笔迹轻重各异，有稿纸、有作业纸，有工整清晰的、有歪扭稚嫩的，一股脑都涌到我眼前。再回想到对教育社领导、教育厅领导的承诺和确定了的出版周期……如何按时保质结集出书呢？说实话，幻想和期望一扫而光，那段时日，我内心郁闷到几近崩溃。

我漫无边际地翻看着堆积得像小山一样的书稿，渐渐地，时光在我的面前停滞了，一个个陌生的面孔在我眼前鲜活了——

"在家中，父亲是鞋，母亲是袜，我是脚。下雨时有鞋遮风挡雨，走路时有袜减少摩擦，而我则舒舒服服待在里面。"

"今朝日出你陪我，明朝黄昏我陪你。"

"今生你是我的母亲，来世我做你的母亲。"

"我愿以一颗满怀感恩的心祈祷上苍，愿我的父母平安幸福。"

……

孩子们用质朴的文字抒写了对父母发自肺腑的爱，字里行间流淌的是点点滴滴的亲情和一颗颗爱心孝心。有的是对父母的感恩，有的是对父母艰辛付出的理解，有的是渴盼得到尊重，有的是替父母出主意俨然一台家庭矛盾调节机，有的是父母离异后对温暖的家的向往，有的是令人心肠寸断的对父爱母爱的呼唤……

我不能辜负他们。经过深思熟虑我建议组织封闭筛选稿件。由此，教育管理人员、一线优秀教师、诗人、记者、编辑纷纷加入了我们的行列。大家边审稿、边分类，边筛选、边润色，边讨论、边构思，夜以继日。为期十天的封闭筛选稿件成为此书成功出版的前提。

筛选过程中，我的心绪也随之变化。那一封封情真意切的信件，让人感受到了丝丝缕缕的绵绵亲情，尤其是山区那些农村孩子，他们家庭贫困却乐观积极、生活艰难却百折不挠的精神，深深地打动着我的心。我已完全沉浸到孩子们用心、用笔描绘的故事中、情景中。孩子们的信件，语言朴实却让人心痛不已，文章短小却让人爱不释手。短小，耐读，有真情，这种久违了的童真、童心、童趣，让我这个从事出版工作十多年、编辑过上百种图书的出版人心灵为之震撼！

父爱如山，母爱如水，真情无语，大爱无言。

编辑过程中，我不得不一次又一次停下手中的笔，任内心波涛汹涌，任泪水溢满眼眶。这哪里是在编辑书稿？分明是在接受一次又一次来自纯真心灵的熏陶与洗礼，是在接受一份又一份来自小儿女发自内心的祝福和祈愿！为人父母者，读了这些从心底流淌出来的真情和已经长大懂事的儿女的期盼祝愿，我们还忍心家庭硝烟弥漫？还忍心对儿女棍棒相加？还忍心飞扬跋扈独断专行？

编辑完成，排版就绪，本该松口气，可为了书名，大家又争论得面红耳赤不亦乐乎。主编们出于活动宣传的需要，想用《红五月》等满满透着主旋律意味的名称。编辑们出于工作中的所感所悟，更偏向用《太阳雨》等感情色彩更浓的名称。期间还多次请到宁夏著名诗人、文艺评论家、杂文家等来探讨书名，一次次确定又推翻，推翻又确定，来来回回无数次，在后来的一次讨论会上，我悄然对身旁的一位老师说："这些故事讲得不就是百善孝为先嘛。"竟然被教育厅的领导听见了，她当下拍板说："书名就叫《百善孝为先》。"

她还建议使用《二十四孝图》中的《孝感动天》《百里负米》《卧冰求鲤》等孝亲至善故事图画作为图书插页，以增强图书的感染力。我们又一遍遍提炼，把"孝敬父母月活动，是一次深情回望传统，接续传统的活动；是一次通过倡导孩子们感知父母恩情，从而学会做人的人格建设活动；是一次塑造向善向美之心从而帮助孩子们完成'精神成人'的意义重大的教育活动"的主题词印在图书封底显著位置宣示主旨。

几经周折，历时一年之久，一套图文并茂、形神兼备的青少年优秀传统文化和社会主义道德价值教育的图书付梓，与读者见面了。这是"孝敬父母月"活动的一项重要成果，也是宁夏出版史上的一件盛事。图书出版后，宁夏教育厅举行了"孝敬父母月活动征文奖励"，自治区教育厅领导亲手把一套套系着红丝带的《百善孝为先》图书作为奖品赠送给获奖的同学们，自治区财政厅拨付40万元出版经费，资助宁夏人民教育出版社印制80000册《百善孝为先》（小学卷、初中卷、高中卷、大学卷）图书分发给全区各级各类学校，由此，在宁夏大地上掀起了阅读《百善孝为先》的热潮。后来，《百善孝为先》入选"全国农家书屋推荐目录"，从而走向了全国……

百善孝为先，孝乃百行源。孝是中华民族的传统美德，孝是中华民族生生不息的重要精神基因，从古至今，孝是永不落幕的主题。孟子曰："国之本在家，家之本在身。"我斗胆再补一句："身之本在孝。"孝心是一个润物无声、和风细雨的行为养成过程。《百善孝为先》的出版为引导青少年学生从自我做起、从眼前做起，从孝敬父母做起，进而关爱他人、服务社会，有益于人类。

愿孝心澎湃我们的血液，愿孝敬成长为一种良好的习惯。

羞摇疏影酬春风

——《春秋随笔》编辑手记

马若飞

编辑完《春秋随笔》书稿，心情感到一种愉悦，书中字里行间凸现的李文斌先生教书育人做的贡献和高风亮节的品格令我感慨，我为李老的执著和痴情所感动，可谓其功也著，其心也热。

在我的生活经历中，恩遇前辈大师后给我留下值得记忆的东西，在我与恩师的交往中，在他宽容与平静的举止言谈间，透出些许质朴憨厚，有种细品方可读到的幽默感与亲和力。李老学问精深，治学严谨，他在宁南山区做过教师、编辑，从事教育研究，担任过领导工作，以他的人格魅力、极高的道德水平，用"人世楷模""学界泰斗"称之是恰当的。

我的工作笔记中，曾记录了我在固原市原州区和李老交谈时的谈话记录，李老对我讲：

在人生进程中，无论鲜花盛开的大道，荆棘丛生的崎岖小路，都应以"胜不骄，败不馁""为人当于世有益""凡事求其心所安"为座右铭。做人当自立、自强、自爱，砥砺品质，刻苦求知，光明磊落，力攀高峰，宽仁厚德，为国效力，为民尽智，平者自济

济人，达者兼济天下；做事应素位尽职，忠于职守，艰苦奋斗，
惜时如金。如此，日后必定会云程万里、青史彪炳。

　　岁月有痕，人生无悔。时间会让我们慢慢变老，只有排列成行的文字、
留在纸上的青春，还保存着它初始的温度。望着《春秋随笔》这部数十万字
的巨著，我要说，人生百年，气韵律动；李老怀揣入胸入心的人生气韵，带
着一种使命感和责任感风尘仆仆一路走来。李老的这股气韵如诗如画，感染
着他的弟子。李老似乎听得到弟子们生命存在的脉动，听到了生命对生活的
呼唤。李老这种持久的职业激情，恰是对"成功源于执著"这一定律的最好
诠释。摊开《春秋随笔》这部浸透老人心血的书稿，一代师魂的音容逐渐清
晰且熟识起来：步东山之地育桃李，扬国学秉笔著春秋。在书稿中有作者对
感恩的记述，有心情的收藏，有家乡的记忆，有东山之地的传奇，有岁月如
歌的诉说，有心灵永不知倦的旅程……我们仿佛在聆听作者那充满真诚的人

生感悟及工作经历，慢慢体味那充满敬意的编校工作。老的作品，文风朴实、语言亲和，带着时代或地域的文化色彩，引领我们深入一个人的心灵世界，破译朝那故地民族教育传承与发展的密码，从一个层面探寻民族文化的底蕴。

人非草木，树知春秋。人要懂得感恩，李老的谆谆话语足以涤荡我的心灵，伴我走过此后我从政的路。做人做事要有准则。人们追赶太阳前行是因为太阳撒下一路光明，撒下一路乳汁，撒下一路跋涉者的脚印；人不停息地追赶既定目标，会使自己与天地融为一体。李老的著述涉及工作经历及对人生的感悟。如在人生品位篇，通过生程感悟、风物吟咏、览胜学纪三部分，赞美人生的伟大、美丽与幸福；在杏坛清音篇，包括教育探索、学校管理部分，提出施教者应身体力行、率先垂范，要动之以情、晓之以理、炼之以志、导之以行；在志苑心声篇，包括修志研讨、历史回眸部分，提出编史修志者必须具备良好的史德、优秀的史才、丰富的史识，用心血浇灌出纵贯古今、横纳百科、经世致用、质量上乘之佳志；在民俗采风篇，包括民食民居、家谱雏议、树碑铭德、楹联集锦部分，对当地的民食、民居、法祖尊亲、树碑铭德、思源抱恩、慎终追远、家谱撰修、溯源寻祖、楹联增瑞等习俗初探一二，使读者管中窥豹。

老树才着几朵花，亦当摇动疏柳以酬谢春风吹拂。绿叶感恩春风，树木感恩大地，在我心中常铭记恩师的教诲。

年轻，真好！

——记《这个国家的年轻人》卷一、卷二的出版

张　好

由宁夏人民出版社出版发行的新中国第一套系统介绍新中国青年文化的系列丛书《这个国家的年轻人》卷一《重塑偶像》、卷二《音乐与设计的双重历史》，于2010年5月4日在北京迷笛音乐节上隆重首发，意在为五四青年节献上一份专属于这个国家的年轻人所独有的精神礼物。

首发会上，前来为《这个国家的年轻人》系列丛书送上祝福的近百位嘉宾，云集了圈内重量级音乐人及业内资深话语权人士：摇滚教父谢天笑、中国本土音乐节创始人张帆、My space 中国区运营总监尹亮、十三月唱片总经理卢中强、飞行者唱片总裁曾宇以及周云山、反光镜、冯海宁等著名本土音乐人均到场表示祝贺。视袭音乐旗下的本土音乐生力军——南无乐队更特意带来了一首极富当代青年气质的原创作品《80后》，为新书首发会助阵庆贺。

由此可见，《这个国家的年轻人》系列丛书带来的影响，正如其卷一、卷二的分卷书名一样，力求在当代中国青年文化中《重塑偶像》，同时与这个国家的年轻人共同书写《音乐与设计的双重历史》。

作为《这个国家的年轻人》系列图书的编撰团队成员，仅由几个爱乐热血青年组成，从策划、论证、搜集、整理、编撰、设计、修改、法务一直到

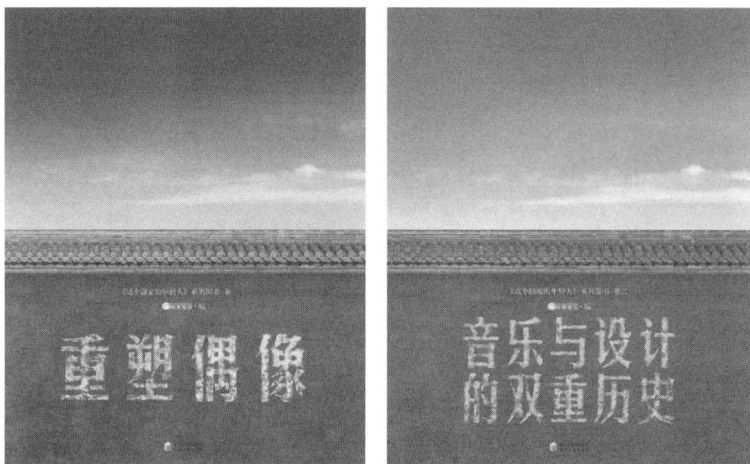

编辑出版，是一个无比繁杂、极其陌生的物理过程，更是一个思想和行为经历涅槃的化学过程。当他们无数次必须赤裸地面对关于理想、使命、爱、知识、文化、沟通等这些抽象的字眼时，让其中每个人有机会透视了自己的渺小和局限，也有机会验证了自己的真诚和坚定。对于很多人来说，这是不值一提的背景故事，对于这几个同是这个国家的年轻人来说，这是值得珍藏和分享的心灵财富。也正是他们具有的这种激情、上进、坚定、和执著，一次次打动并说服了责任编辑，使得这两本书在最短的时间里编辑完成并出版发行。

《这个国家的年轻人》这套系列图书的名字很"大"，每一册选题的着眼点很"小"，并非因为编者眼界和认知思考的局限，而是希望以中国青年原创音乐为切入口、为黏合剂，去对中国当代青年的文化形态、文化建树、文化趋向作一个较为直面通透的角度性盘点，也试图通过本书反映已与国际接轨的中国青年原创音乐文化的真实样貌，为本土青年音乐艺术发展、中国当代城市新文化变迁留下系统可观的价值史料，更加希望能够为这一领域走向成

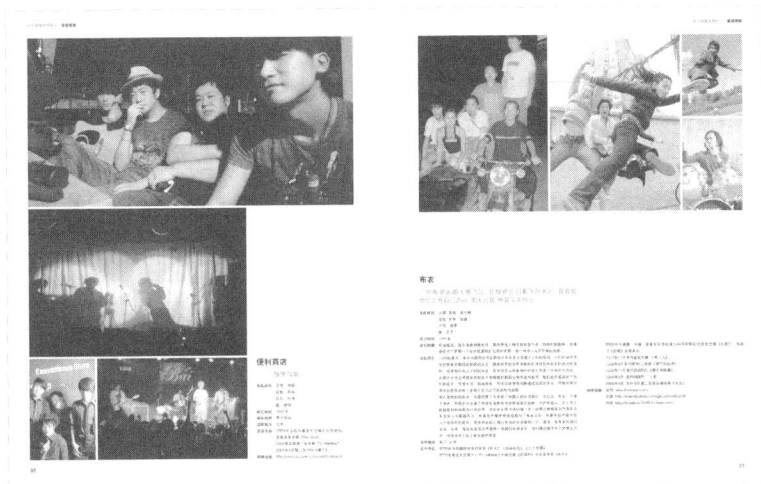

熟良性的大发展起到一定的行业推动作用。

《重塑偶像》，将中国当代青年原创音乐人及乐队的概貌、原创音乐平台做了系统性整理和盘点。集中介绍来自中国61个城市地区的147支乐队，真实呈现1100张珍贵青年音乐照片，推介中国70个原创音乐机构、71个演出场所、23个本土音乐节，集合156个社会各界话语权人士、各行业人士对于中国青年文化现状及发展的观点呼声。多达208页的全彩大开本图册，设计制作水准相当精良。

第二卷《音乐与设计的双重历史》集中展示近20年间，来自近300个艺术家／乐队团体的音乐作品图片；从1989年中国摇滚乐的第一盘磁带，到2009年底截止发行的CD唱片；从1991年中国内地的第一张手绘黑白海报，到2009年底截止所能寻找到的演出海报。这本书在客观呈现的基础上，最大限度挖掘历史，通过寻找当事者与见证人，记录了来自近70位设计师、音乐人、乐手、策演人、唱片从业人员、铁杆乐迷的具有背景性、观点性的访谈。《音

乐与设计的双重历史》记录了中国本土青年音乐演出的近代史，呈现出海报设计与唱片设计的演变与发展。以图片为主，文字辅助的方式，冷静、客观地呈现出青年音乐与设计的双重历史。

这片从来不缺文化、从来不缺音乐、从来不缺偶像的土地上，据称目前生活着4亿年轻人，所以，需要一再重申"他们不是这个国家所有的年轻人，他们是这个国家的年轻人！"。"偶像"在这个时代已经与信仰越来越无关系，已经衍变成一个承载褒贬双重语义的词，但"偶像"们都有着各自推不倒的立脚点；对于"重塑"，可以理解成是重新的塑造，也可理解成是重要的塑造，不管怎样，请先给这群年轻人的双脚，一个站立的位置，因为就在离这双脚不远的上空，有他们盛装着丰盛思想的大脑，还有他们灵敏机智的双手和嘴唇。

他们不是这个国家所有的年轻人，他们是这个国家的年轻人！

年轻，真好！

加强和谐文化建设，努力建设文明宁夏

——记《宁夏地方史话丛书》的出版

杨海军

　　宁夏有5000年的文明史，是中华民族的发祥地之一；宁夏建置历史悠久，政权更替频繁；宁夏自古是多民族活动的舞台，农耕文化和游牧文化交汇融合；宁夏经济开发领先，文化积淀深厚，黄河文明和农业文明独具特色；宁夏自古为军事要地和著名的塞北江南，历代人才辈出，许多名人在这块热土上留下了光辉足迹。

　　"小省区，大文化"。如何更好地向外介绍和推介宁夏，推介宁夏独具特色的文化？虽然一直以来各种介绍宁夏的图书出版了很多，但是从来没有一套图书分册介绍宁夏的市县、山川和行业。从2005年开始，图书市场上一套"甘肃史话丛书"引起了时任宁夏人民出版社发行部主任何志明的兴趣。该书分册介绍甘肃各地的历史文化，图书形式灵活，语言通俗易懂，市场反响非常不错。为什么我们不做一套"宁夏史话丛书"呢？这个念头一下子让何志明兴奋不已。"宁夏地方史话丛书"最初的雏形就这样诞生了。

　　接下来如何操作呢？对宁夏地方史最了解、最熟悉的莫过于各市县方志办。于是，后来调入编辑室任主任的何志明积极联系自治区方志办公室，这样一个"宁夏地方史话丛书"的选题也让区方志办很感兴趣。如何像"甘肃

史话丛书"一样，做出一套高质量的"宁夏地方史话丛书"呢？双方就这一选题多次沟通、交流。参照甘肃史话的部分样书，双方就班子搭建、撰写体例、写作风格，甚至于出版阶段的内文版式、封面设计、字体字号等进行了多次的交流。不仅如此，作为出版社代表的何志明和区方志办发现，越沟通的多，大家对这一选题就有了更多的想法，衍生的选题就更多。如行业史话就是在大家的思想火花的碰撞过程中产生的。行业史话的加入，为"宁夏史话丛书"壮大了规模，开拓了一条介绍宁夏、宣传宁夏的新思路。

这样，一个大家都共同认可的"宁夏地方史话丛书"的编纂出版方案就出炉了。后来，在区方志办的牵头和组织下，经自治区主要领导同意，"宁夏地方史话丛书"实施方案于2009年初以宁志委字［2009］5号文件的形式正式通过。方案要求本套丛书，要依据翔实的文字和图片资料，采取灵活的形式，通过通俗易懂、雅俗共赏的语言，系统地介绍宁夏地方历史发展进程，向读者呈现一个生动有趣、丰富多彩的宁夏地方史。

从整体上看，"宁夏地方史话丛书"是宣传家乡的重要载体，在增进人们对家乡的了解，提升人们的精神文明水平，增强人们热爱家乡、奉献家乡的意识，为宁夏经济社会发展提供精神文化支撑等方面，起着不可替代的作用。从每部分册看，各分册相对独立成书，同样是宣传一个地域或一个行业的重要载体，同时填补着宁夏没有市县、山川或行业史话的空白。

本套丛书由49部组成，其中，地域类史话丛书31部，行业类史话丛书18部。为从组织上保证这套丛书编纂出版任务的完成，自治区地方志编审委员会成立了"宁夏地方史话丛书"编委会及编辑部。时任自治区主席的王正伟同志亲任编委会主任，本丛书主编则由张进海担任，副主编为刘天明、邱新荣和范宗兴。编辑部主任为邱新荣，负责整套丛书的具体编纂、审读和出版工作。为保证学术质量，特邀宁夏地方史志专家吴忠礼、张万寿为本套丛书的编审。各市县、自治区有关厅局、各有关单位参照以上办法成立"宁夏地方史话丛书"分册编委会及编辑部，具体承担各有关分册的编纂工作，自治区方志办指定责任编辑负责各分册的协调、联络和业务指导工作。

为保证经费，顺利出版，自治区方志办以文件的形式协调各市县及承担任务的有关单位自筹解决。为支持本套丛书的出版，出版社同意降低编管费参与出版该系列丛书。同时，自治区方志办积极争取自治区财政的支持，对组织得力，保证质量，早日完成编纂出版任务的分册编纂单位给予奖励。

为保质及时出版本套丛书，自治区方志办对整套丛书的出版程序和出版要求做了细致的要求和规定。要求各史话丛书都送区方志办"史话"编辑部进行初审，再组织有关专家审定，符合出版质量要求的，同意批复出版。

为保证整套丛书的统一，编辑部在出版社的协助下，对丛书各分册的字数、开本、尺寸、封面设计、内文版式、插图、标题字体字号、正文字号、出版单位和印制企业都做了细致的规定，使得整套丛书的各分册无论什么时间编辑、什么时间出版，都能够以一种统一的模样呈现在编者、读者和作者面前。真正做到了除薄厚不一、内容不一外，外观是一套一模一样的丛书和系列书。

"宁夏地方史话丛书"已经出版了11种。虽然与当初设想的争取在2011年完成各分册出版任务的想法相去甚远，但是因为当时"成熟一部出版一部"的原则，已经出版的11种史话图书个个是精品，种种是好书，得到了读者、编者和各有关编纂单位的好评。今后，在区方志办的总协调下，宁夏人民出版社将紧密配合，在丛书编纂出版方案的指导下，继续保质保量地做好后续史话图书的出版工作，为建设文明宁夏，积极推进社会主义核心价值体系建设做出努力和贡献。

附录："宁夏地方史话丛书"总目

青铜峡史话	红寺堡史话	平罗史话	惠农区史话	大武口史话
灵武史话	贺兰史话	永宁史话	西夏区史话	金凤区史话
兴庆区史话	中卫史话	固原史话	吴忠史话	石嘴山史话
银川史话	宁夏史话（上、下）	宁夏电信史话	宁夏邮政史话	宁夏税收史话
宁夏建筑史话	宁夏水利史话	宁夏农业史话	宁夏工业史话	宁夏经济史话
盐池史话	海原史话	中宁史话	彭阳史话	泾源史话
隆德史话	原州区史话	西吉史话	同心史话	兵沟史话
河套史话	沙坡头史话	沙湖史话	六盘山史话	贺兰山史话
宁夏体育史话	宁夏民族史话	宁夏军事史话	宁夏移民史话	宁夏科技史话
宁夏教育史话	宁夏文化史话	宁夏交通史话	宁夏商贸史话	

观察古代民间社会的一扇视窗——日用类书

——《〈新编事文类聚翰墨全书〉研究》编辑手记

杨海军

　　作为一名民族历史编辑室的编辑，古籍类图书一直是我关注的焦点。一方面，认为自己学历史出身，这部分内容还算基本了解；另一方面，认为古籍类图书经过千百年的历史传承和积淀，出版价值和存世价值更高。2011年6月，山西师范大学历史学院仝建平博士所著《〈新编事文类聚翰墨全书〉研究》书稿交到了我的手里。书稿分为六章，22万字，是一本从文献学的角度对《新编事文类聚翰墨全书》进行文本考察的古籍研究类著作。通读书稿后，我对《新编事文类聚翰墨全书》这类民间类书有了更深入的了解，对这类图书的整理和出版价值也更有信心。

　　《新编事文类聚翰墨全书》（简称《翰墨全书》）是元朝前期福建建阳知名学者刘应李编纂、建阳书坊刊印的一部民间类书，包括前集十集和后集五集共计十五集，208卷。分为诸式、活套、冠礼、婚礼、庆诞、庆寿、丧礼、祭礼、官职、儒学、人品、释教、道教、天时、地理、人伦、人事、姓氏、第宅、器物、衣服、饮食、花木、鸟兽、杂题总共二十五门。内容分为事类与文类两种形式，事类主要是分类的语词、典故及其文献来源，文类是分类汇辑的诗词文。从其收录的内容来看，主要是为当时民间人士书写应酬交往

文书所需而编，具有较强的实用性，故而在元明两代较为流行。

类书是古代文献的一种类别，摘抄群书资料分类汇编而成。一般认为始于曹魏时的《皇览》，成熟于唐宋，或供给帝王御览，或应对科场，或临文备查。如《初学记》《太平御览》《玉海》《艺文类聚》《文苑英华》。明清两代，编纂的大型类书如《永乐大典》《古今图书集成》带有文献分类总汇的性质。南宋中后期，福建建阳一带的书坊印行了一批普通民众生活日用的类书，如《事林广记》，学界称之为民间类书、日用类书、通俗类书，这是民间文化发展、基层民众文化生活需要的产物。宋代付梓的日用类书均已不存，现存最早的日用类书都是成书于元代或改编刊印于元代者。宋元两代的日用类书成书较早，除却具有类书共有的文献辑佚、校勘功能外，对于研究宋元间的民间社会生活具有较高的文献价值。

根据仝建平博士的研究，长期以来，日用类书被视为"下里巴人"，不受关注。目前学界对明清日用类书研究稍多，宋元日用类书研究较为薄弱。而宋元现存为数不多的几部日用类书因其编纂年代较早，所辑录资料的辑佚、校勘价值和史料价值相对更高。因之，仝博士的《〈新编事文类聚翰墨全书〉研究》一书对《翰墨全书》及其相关宋元日用类书的考察，对于改善元代类书研究相对薄弱的现状具有一定的学术意义。仝博士对民间日用类书的关注和研究也给予了我们一种新的思路，即对日用类书的文本整理研究、综合考察日用类书的民间社会史研究应受到学界和出版界更多的关注和支持，这将为古典文献整理和时下方兴未艾的社会史研究注入新的活力。

日用类书或曰通俗类书由民间士人或书坊迎合社会需要而编印，关涉民间社会、民众生活的方方面面，明代以来总冠之为"万宝全书"或"万事不求人"，对于研究民间社会具有重要的文献价值。通过诸如《新编事文类聚翰墨全书》这类日用类书，无疑可以观察到古代民间社会的诸多方面，窥见古代基层民众丰富多彩的日常生活。出版服务于学术研究，但同时也在引领和促进学术研究，希望更多反映古代民间社会生活的类书得到整理和出版！

解开远古文明之谜的钥匙

——《史前华族文字解读举例》编辑有感

杨敏媛

　　中国的文字（汉字）文化源远流长，已有五千多年的历史了。自从有了文字，人类的文明得以传承，历史得以记写。出土于我国安阳殷墟的甲骨文，被认为是最早的较为成熟的文字。甲骨文是商代文字，刻写在龟甲和兽骨之上，是王室贵族对祭祀、征伐、田猎、疾病、农耕等事项的占卜之辞。发现单字3500多个，已经识别1500多字，象形、会意、指事、形声、假借、转注六种造字方法，即后人所说的"六书"均已具备。但从文字演化的角度看，甲骨文仍表现出很浓的原始性，如象形字较多，许多字形尚不固定等。

　　自甲骨文始，汉字便以非常快的速度发展起来，这个快速发展可视为汉字演化的突变性事件。那么在这个"突变性事件"之前，汉字是否有一个漫长的孕育、演化期呢？如果有，那么华夏先民以什么为"书写"工具和载体呢？在漫长的史前时代，文字的形态是怎样的？是如何表意发音的？那些最初的"文字"又透露出哪些远古时代的信息？高原所著的《史前华族文字解读举例》就是在做这项探究华夏文字前的"文字"之谜的伟大工作。

　　高原为知名学者高嵩之女。高原自2001年起师随父亲高嵩学习美学、文字理论和艺术论，后转而学习岩画解读。由于对贺兰山岩画解读、研究的深入，

高嵩先生逐步建立起解读远古文明的高氏体系，而高原也深得其法并有所建树，提出许多独立的见解，如提出"岩画的两层解读法"，即岩画包含物象层和文字层二重含义，以及"借形说"，受到高嵩先生的充分肯定。

《史前华族文字解读举例》共解读远古文字147个，这在今天可能只是一个很小的数字，但这是远古文明曙光初现时的"文字"，它所隐含的信息是珍贵而博大的，而解读这样的"文字"又将需要怎样的勇气和经历怎样的艰辛呢？在对这100多个"文字"的解读中，高原剖开了许多华族远古文明的谜团，提出了许多关于远古华族历史信息解读、远古文字解读方法、华族文明传播等方面的见解，而这些见解都是发人深思的。

首先是解读华族远古历史。文字最重要的是用来表意的，这在远古也是如此。书中认为，华族远古史的概念是"三皇五帝时代的历史，是三大层级相叠而相继的历史"。三大层级即华层级、不层级、注层级，统称华不注，其代表人物为女娲、伏羲（有邰氏）、颛顼。"华"即"花"，华族先民用彼时野生的牡丹花来指称自己的族群，可见先民的思维已趋于复杂，懂得用一种美好的事物来指代另一事物——族群。即使在今天，"华"字仍含有花朵及其衍生出的美好特性的意思，一个"华"字，历经七八千年岁月淘洗也无法消磨掉华族血脉的联系。

远古先民创造了最初的"文字"，主要是用来做什么呢？此书对大量远古岩画（岩刻）文字的解读表明，先民们在那样原始低下的生存条件下不辞劳苦，划刻文字，最重要的是满足精神需求——祭祀、称颂、颂扬神主的需要。作者举例解读的文字祭颂了远古华族领袖颛顼、尧、舜、禹、共工等。高原不认为这些远古文字是先民们出于生活纪事而造的，她再次表明其父高嵩提出不周山即现在的贺兰山，是那个时期华族群的祭祀中心。

通过对远古文字的解读，作者认为，远古华族文明曾发生过大规模的传播，在中亚、西亚、地中海沿岸都能找到华族文明的痕迹，特别是在古埃及古老的岩刻、图饰中发现了远古华族文字。在玛雅文明遗存中也发现了华族古文字中的颂尧文字符号。可以肯定，华族先民在远古时期进行了大规模、长距离的迁徙，在这样的过程中，华族远古文明对世界文明起到了铺垫作用，而在古埃及，其表现形态最为完整，也就是说古埃及文明是在远古华族文明的基础上形成的。"古埃及圣书和贺兰山祭祀文字属于同一个音系，即华不注音系，亦即远古汉语音系"，"华不注文明原原本本地被保留至今的是古埃及早期文明"。

在对古埃及圣书的解读中，高原纠正了法国文字学家商博良先生的几个错误。1822年，商博良将古埃及阿不都·辛拜勒神庙碑座铭文一处文字解读为"拉美西斯二世"，高原认为这是商氏的误读。她运用高氏体系将其解读为"华不注·方勋"，此处纠正被高嵩先生肯定，他说："那是200多年来第一次由中国人站出来指正了商博良的错误。"

在高原的解读下，我们逐渐清晰地看到华族先民在创造文字、文明的历程中生生不息的迈进，看到了华族先民胸怀的博大，看到华族文字稳定而深刻的内涵，看到了华族先民在早期"文字"形、声、义方面所表现出来的聪慧及给后人留下的丰厚的文明财富……高原说，这是一门让人流泪的学问，我想她是被华夏祖先惠及世界、惠及后人的文明功德而感动，也是为自己呕心沥血研究岩画文字的伟大意义而感动。作为编辑，我除了拥有和她同样的感情之外，更多了一层对她所做工作的深深敬意。

《行走的阳光》编后絮语

王佐红

邹慧萍老师是我上固原民族师范学校时候的语文老师。她没有直接给我带课，但在写作、口语艺术等方面给了我许多积极的影响。

说来惭愧，从固原民族师范学校毕业后，我就再也没有主动和邹老师联系过，一方面是因为毕业那时我们还没有电子邮箱、QQ、手机等通讯工具，另一方面主要是我懒惰、疏忽、欠礼貌的原因。2007年我在《黄河文学》编辑部实习的时候，邹老师来访编辑部，幸见一面，知道她借调在银川一中，我想大约离正式调动不远矣，小叙之后她就离开了。随后我在银川唐徕回中的巷子碰到过一次邹老师，她大约是到回中办事，我在那里等女朋友。我那时候正大学毕业找工作，遇事不顺，无着无落，很感自卑。记得邹老师对我有几句表扬，她说我一同学在她们学校实习时听说她曾是我的老师时向她了解我，她以为我和她处对象，就狠狠地表扬了我，大意是佐红很有思想、思路清晰、视野开阔，能成事业。我知道自己的斤两，邹老师的话我理解为老师对学生的偏爱、鼓励和希冀。但在当时，偶遇邹老师及她给我的鼓励，让我在尚感无助的银川倍觉温暖。写此文前几日，在银川市行政中心还碰到邹老师的爱人张继业先生，他早于我上师范就调离了学校，我向他做了自我介绍，他张口就说知道，文学评论写得不错什么的。我就知道，邹老师在家也

没有少表扬我。

但于邹老师，我还是懒惰、疏忽、欠礼貌的。那次见她以后忙于找工作、干工作、成家等，一直没有主动和她联系。直到2012年夏天接到邹老师的一个电话，她说她想出书，她从《黄河文学》编辑部闻玉霞老师那里知道我在出版社，得到了我的电话号码。我也知道了她现在任职于宁夏幼儿师范学校，回到了师范教育的本行。我知道邹老师肯定还认识不少出版界的人，找到学生我是对我的信任。

散文集《行走的阳光》书稿交给我的时候，邹老师一再嘱托我以理论的高度和"评论家"（邹老师语）的水准对其中的附文做修饰，我知道这是邹老师的谦虚作风和一贯地对学生的鼓励、希冀的师风使然，我不敢以评论家居，只是也爱好文学罢了。附文自是没有修改，因为细读了之后，我觉得本书的附文实在是很好的，朴实、贴切、真诚、到位，这是多么难得的文章啊！实在是比一篇充满理论话语的文章要有效的多，而且更符合作者的身份。我跟邹老师汇报了我的看法，她欣然同意，我感到很高兴，因为我的判断邹老师是认可的。但我应诺给本书写编后记，因为这个可以不像论文那样死板客套，会有更有效的表达，虽不能给作品增色，或有遮蔽，但老师对我的信任我感到珍惜、激动，同时想借机表达对邹老师的惭愧和感激。

写下这么多的话还没有谈到她的散文，实在是因为有太多的话想说，同时也因为我一直认为"知人论文"是有一定的道理的。邹老师的散文一如久为人师的她，规范、温良、善意、真诚，具有典型的经典女性写作的特质。但她的作品里没有当下女性写作中惯见的矫揉造作、虚伪夸饰、神神叨叨。她的散文中的一些经典的转折、断句很具中学（中师）语文教材上经典散文的味道。她的散文的内容一如她的人生，浸满着一位女儿的感恩，一位儿媳的贤良，一位妻子的美德，一位母亲的无私，一位学生的感激，一位老师的博爱，一位社会人的爱意。

散文应该如何写，怎么样的散文能算作好散文，怎样对散文进行评论？一直以来，我们并没有形成什么系统的经验和办法。比如现代散文，可能我们更会评论古代散文。我国古代，为区别于韵文、骈文，凡不押韵、不重排偶的散体文章，包括经、传、史书在内，一律称之为散文。所以散文从来就是个大筐子，可以塞进去的东西比较多。但我们能读到的古代流传下来的散文，书写历史事件、阐说治世思想、言论政治胸怀的居多，抒发个人性情的游记之类的散文只在唐宋散文里比较多见，而且许多还是和政治抱负结合的。对于古代散文的评论，我们习惯了从政治视角谈，从历史沿革谈，从思想批评谈，从现实功用谈，从古代汉语的规则和表达效果来谈。但自现代以来，古汉语的弃用给了散文以很大的解放，同时给了散文写作以新的难度。以周作人的《人的文学》为发端，回到人本身的散文逐渐地苏醒了，直至当下发展到了另一个极端，太多的文章只关注自己，而对时代、社会和身边现实漠不关心。或者是只写自己的一己之喜怒哀乐，很少关乎他人。世纪之交的时候，以《美文》杂志为代表的文学界人士，集中地追求过大散文这样的审美效果，但至今天，改观不是很大。

一己情怀的散文虽气象显得小，有其不足，但我觉得，回到人本身的散文，则更多地显出一些真实和朴素来。我一直认为，真实的人事、真诚的情怀态度、朴素的情感，是散文写作最重要也是最基本的品质，这个不分大小境界。但很遗憾，这个最基本的要求于当下的散文写作中并没有达到基本的满意。大的、空的，假的内容和虚的、华丽、藻饰的文风很常见。

可贵的是，邹老师散文的气象并不小，不是"小女子"式拘泥于一己之情怀的呢喃，她的散文中有很多关于他者的叙述，亲人、老师、朋友、邻居、同事等，他们的人生故事、情状百态、交往渊源都是邹老师写作的对象。当然邹老师的散文也少过于宏大的题材和主旨。她主要写的是自己和他人交往交织着的生活，写的是真实的人生、直接的经验、烟火味十足的尘世。

谈邹老师的散文，我想提到被用烂了的"真善美"几个字，其实我一直是警惕"真善美"的，在文学中，这是几个耀眼的字，但现实中，我看过了不少的"仿真""伪善""虚美"的文字和表演，所以一直心存警惕。但于邹老师的散文所表现出的主旨和意蕴，我觉得使用这几个耀眼的字是恰当的，虽然我也同时觉得因为人师、女性的邹老师缘于善良对许多写作对象做了简单化的表现，她往往只表现人的善良、美好、光明的一面，而对他（她）们的复杂性表现不够。比如她回忆过去只选择了美好，叙写民工只保留了同情，写底层生活只写到了快乐，与石舒清散文的客观回忆不避灰色有区别。但邹老师缘于善良的散文写作给了我另一种重要的感动：她实在是太善良了，真的善良。她因为内心的美好，看到的世界基本上全是美好的，他人基本上全是真诚善良的。余例不举，只提到她多次写到的那个衣衫破烂、满脸污垢却头上插满花的女人，有些人给予她嘲笑，大多数人只是给予同情，但邹老师写到的是对她"尊严"的呵护，对她尚具有的追求美的能力的呵护。她对她深刻的同情与情感上的呵护让我觉得就像她捧着一个晶莹的盛满水的器皿一样小心而谨慎，不忍我打扰和苛责。

邹老师写到父母的一些文字，有太多真实的感动、为人的况味和人性的美好。她在多篇文章里表达出的对父亲的挽留和呼唤多次惊醒我不断麻木的对父母的情感，对父亲不坐轮椅而需要子女搀扶的行为观察和心理揣摩真实到位，令人感动而感叹。这是确确实实的真和爱，绝不同于一些人的"作秀"。这或许只有细心的女儿才能有心发现、用心铭记并记录下来，对于读者，这是一份难得的发现和感动。

邹老师散文中感动我的另一点是对师者的尊重，在小辑的分布中，她把对老师的纪念文章放在了"亲情天空"这辑中，意为师生情谊是亲情的一类。她对师生情谊的叙写篇幅较多，饱含深情与感恩，对一些过往的细节记忆和描摹非常清晰准确，那个手持粉笔划射线直到操场围墙根才返回并出"狂言"说没有阻挡可以一直走到地球那边的张老师形象，塑造得别样的真实、有趣和似曾相识，说明了邹老师观察的有心和记忆的深刻，也说明了她感恩师者情感的浓烈、持久，令人感佩。这些散文字里行间充满激发人心真善美情感的真正力量。

读邹老师的散文，我多次被她对细节的重视吸引，她对细节的发现表现了对生活的热爱，《我穿过的鞋子》中那些被遗弃的鞋子的面目和"感受"，是只有邹老师这样有心并热爱生活的人才能观察得到，并有欲望写作出来的。

感恩亲友、热爱生活、热爱写作，这是邹老师散文读后给我最大的体会，她也在跋文和其他散文中多次表露，她因为热爱生活才写作，因为热爱写作更爱着生活。她的充满了爱、善意、真诚的散文写作，体现着当代女性写作的积极力量、有效价值和本色魅力。

浅薄文字，编后而记，必不达邹老师作品的意蕴，美的风采和价值，在她的文章里。

我和《晨读晚诵小古文》

杨　柳

　　2018年是我进入出版社工作的第十三个年头，也是我成为编辑的第十个年头，在这十年里，我从校对到编辑，校对过不少书，也编辑过不少书，这些书中的大多数我是将它作为工作、作为任务来完成的，对这些书谈不上什么感情，直到我遇到了它——《晨读晚诵小古文》。

　　第一次拿到这部书的书稿是在2012年，那一年，我刚有了自己的宝宝，初为人母的我，除了感受新生命到来的欣喜，如何对她进行养育和教育也成了我要考虑的问题，作为一个出版人，首选的当然是书。按照我们的父母辈对我们这一代的教育，唐诗宋词这样浅显易懂而又朗朗上口的内容首先进入我的育儿"购物车"。街边小摊上的书肯定是不敢选的，逛实体店、逛当当、逛亚马逊，琳琅满目的同质化图书，令我眼花缭乱，怎么选，选什么，也着实令我这个"做书"的十分迷茫。

　　2012年下半年，一个偶然的机会让我结识了银川实验小学的一位语文老师——刘燕。刘老师编写了一本由很多短小的古代小品文组成的小古文书。通过交谈，我了解到她编写这部书也是为了她自己的女儿。作为妈妈的刘老师，在女儿很小的时候就开始为孩子进行国学启蒙，一开始，她选取的内容也是东家书里的一篇、西家书里的一段，这样的选择有时候很盲目，也不容

易成体系。随着她和女儿在这方面阅读内容越来越丰富以及她在自己的教学实践中的积累越来越多，她有了给女儿、给自己的学生编写一本适合他们阅读的古文书的想法，于是，就有了我手里的这部书稿。

这部书稿初交到我手里时，是一本100篇的小古文集。书中的文章很多是和小学课本中白话文内容相对应的。刘老师当时的想法是希望孩子们在学过课本中的白话文之后，回头再来看看对于同样的雨雪，同样的花树，古人是怎么说的。刘老师觉得，这对她的学生来说，会是一件很有意思的事。看过书稿之后，我觉得刘老师的书的选题角度不错，但是，对于刘老师提出的这部书的读者范围我却不是很认同。刘老师当时的编写计划是这本书的读者对象涵盖一到六年级，且不说，满篇的文字对于小学生，尤其是刚入学的孩子来说，太陌生、太枯燥。就单从现在孩子对图书的使用和保存时间来讲，这个书根本用不到六年级就会或坏或丢。结合以上，我建议刘老师可以适当地加入一些篇目，将图书扩充，并将图书按照孩子的阅读能力分为低段、中段和高段，并且在书中加入一些和文章内容有关的插图，以增加图书阅读的趣味性。刘老师经过慎重考虑，决定采纳我的建议。

在刘老师扩充图书内容的时间里，我也在网上看了大量的相关图书，可以说，这类图书的同质化还是很严重的。那么，怎么才能在众多的图书中脱颖而出呢？我和编辑室的同事头脑风暴，我们想把这个书做成能说会动的小古文。那时，正好赶上国家大力推进图书的复合出版，我们决定在这本书里做一个在当时来说算是比较特别的尝试——在书中加入二维码，让这本书变得立体起来。说干就干，我和另一位负责图书数字化的编辑吴勇刚一起，一边和刘老师商量，由刘老师负责录制本书的相关音频，一边联系南京经纶方面的技术编辑对书中相关链接部分的内容进行数字化改造。经过几个月的共同努力，刘老师的音频录制好了、插图也都画完了，南京经纶为这本书制作的相关链接里的故事小动画也做好了。其后的设计、排版、印刷同时跟进，2015年8月，《晨读晚诵小古文》终于面世了。三年的时间，我们终于做出了一个不一样的小古文。在图书首发仪式上，老师和孩子们通过手机扫描二维码，不仅听到了刘老师字正腔圆的诵读、亲切的讲解，还看到了书中故事所讲内容的相应动画片，一时间，孩子们对古文学习的兴趣大增。甚至当刘老师拿到成品书的时候都说，没想到书还可以是这样的。2015年，多家新闻媒体对《晨读晚诵小古文》进行了宣传报道，银川晚报社还专门在他们的"开卷读书沙龙"中为图书做了专题推荐活动。2016年10月《晨读晚诵小古文》入选全国农家书屋。2017年，《晨读晚诵小古文》参加包头书博会，刘老师带着她的学生在书博会现场进行了宣传。2018年，《晨读晚诵小古文》在全国发行，印量过十万。

后来，我把这套书带回家，女儿也是非常喜欢，每天送她去幼儿园的路上我都会在车上播放小古文里的音频，有一天，我突然发现女儿几乎把一本书里的内容都背了下来。我问她谁教的，她说，是在车上听的，很好玩，她还把里面有些像《笠翁对韵》等篇目在幼儿园教给其他小朋友，小朋友也学会了。看着自己编辑的图书能受到欢迎，特别是能得到孩子的认可我也很有成就感。

　　这就是我和《晨读晚诵小古文》的故事。

大爱有言

——编《献给父母的爱——子女必读》有感

周立军

徐向君先生是近年我遇到少有的谦和恭让，通情博识，绝无半点侧目与非难的作者，与他合作真是一件幸事，也自此结下一段淡水之交。

与徐先生的认识，再平常不过：作者上门来出书，编辑虚心以接待。第一次看他，平实而自信的脸庞，眼神中透出坚毅，给我十足的亲切感。我们坐在沙发上，我一页页地翻看他的书稿《献给父母的爱——子女必读》，他一点点地给我述说编写这本书的缘由：平生最为愧疚的事情就是父母在世时没有太多时间陪伴他们，父母临终时又因对老年知识的匮乏没有体贴入微地照顾他们，现在二老都已去世，越发地感觉对那份"人间大爱"的无力偿报。

子欲养而亲不待，是看前路而苍茫，观后路而心痛的中年心伤！他说得眼热，我听得心动。当下决定，尽我所能将这本书编好，让更多的读者了解、关爱自己的父母。

这本书的著作方式虽以"编著"名之，但徐先生显然不是社会上动之以"著"或"主编"挂名的抄书先生；我们知道的或不知道的有关老年人的生理、心理、经济、健康和临终等各方面生活他都细心关注了，并将自己照顾父母的心得体会及社会实事穿插进去，晓之以理动之以情教导年轻的"子女"如

何实实在在、切切实实地了解、关爱自己的父母。同时他还大量介绍了国家有关老年人的相关法律法规、福利政策。这些都是平常我们只闻其"名"而不知其"实"的知识。所以这本书，说它是有关老年人的生活手册，那确然如此；说它是我们了解父母的百科全书，也实不为过。书随便翻开哪一页，随便读读，我们都会受益终生。

徐先生的书稿我编得很舒爽，也编得很内疚。作为一个整天与书打交道、平时也写写东西的出版人，徐先生对自己作品的负责让我肃然起敬。书稿文字质量很高，就连常见的错别字我也没找出几个。字句精雕细琢，内容平实有力，这是我近些年编书少有的高质量书稿。内疚的是，自小离家在外学习，及长又工作忙碌，与父母在一起的时间聚少离多，更谈不上照顾他们，一年相处的几个长假，也是东走西串，少有闲静之心坐下来陪他们聊聊……平时的牵挂与问候也只是由一条有形无形的电话线连着。嘘寒问暖，父母的关心总胜过我们对他们的关心。想想那句民谚"父母的心在儿女身上，儿女的心在石头上"，何尝又不是呢？

编辑《献给父母的爱——子女必读》自己感慨万千，我们有很多理由一天忙忙碌碌，有太多的时间消耗在毫无意义的事情上，有太多的人情世故让我们焦虑不安，有太多的残酷现实让我们怀疑人生、怀疑世界是不是偏离了轨道，而我们始终感觉最安全的地方、最让我们心安的地方、最让我们体会到人生的美好与希望的地方就是父母的膝前，还有他们那毫无私利的关爱。我们是否应该考虑多拿出那么一点点时间，多看看有关老年人的书，多了解一下他们，多关爱一下他们的生活起居、生理与心理的健康？！我想《献给父母的爱——子女必读》应该是一本很不错的入门读物。从第一个字到最后一个字，我们都会读到大爱有"言"的。

在书籍中邂逅敦煌

李少敏

在人类绚丽多姿、异彩纷呈的历史创造中，有多种文化在一个地方迷人地交汇过，并被最灿烂地表现出来，这个地方就是敦煌。

敦煌，许多人心中的文化圣地，你也许怀着虔敬的心瞻仰过它，为它的美所震撼，为它的博大恢弘所降服，但你未必真正了解它，《人类的敦煌》则可带你走近它。

《人类的敦煌》最特别之处在于作者整理了五条线索（中古史、西北少数民族史、丝绸之路史、佛教东渐史和敦煌石窟艺术史），并以此为纲，展开叙述。在阅读文本时我们可以明显感觉到作者始终从历史的眼光来看待敦煌，从佛教文化的背景来分析敦煌。通过对壁画塑造形象的观察，作者总结出了不同时代画像的特点，比如南北朝时期，士大夫崇尚饮酒、赋诗、清谈，这一时期的壁画多秀骨清像；再如唐朝胡乐、胡舞盛行，这一时期的壁画则将此乐舞渲染得至善至美。敦煌壁画表现的形象随着时代变迁而有所改变，但不论如何变化，其中的虔诚和理想始终未变，一直寄托着人们对美好世界的向往，而这正是信仰佛教的人民共同愿望的体现。在第六集《天国与人间》中，作者强调古代人们的"天国梦想"，由于要表现理想国，就把人间最美好的东西赋予了佛国世界。

作者冯骥才先生曾在本书序言中说："史诗性是我写作的起点，也是竖着目标的终点。"在这种理念下，书中一个个人物鲜活起来，一段段历史清晰起来。乐僔、法良、史小玉，更多的是一个个无名大师们，通过自己的想象和画笔，留给后世一个迷人的敦煌；王道士、何彦升，一个个愚昧麻木的国人，斯坦因、伯希和，一个个疯狂的掠夺者，给敦煌带来了灾难性的不幸；罗振玉、刘半农、常书鸿，一个个有良心和责任感的知识界先贤们，为保护敦煌不断奔波。所有这些串联起来，让我们看到了敦煌一生的际遇。

编辑《人类的敦煌》这本书使我受益匪浅，也愿这本书带你走近敦煌、了解敦煌。

《西海固民间剪纸》：一刀一剪总关情

靳红慧

小时候，过年是一件大事。因为是一件大事，所以一进入腊月，空气里就莫名多了紧张的气氛。准备工作很早就开始了，打扫房子，拆洗被褥，采买年货，做各种吃食。调皮的孩子提前燃放的炮仗，让忙碌的女人心里一紧，哎哟，面还没发呢，缺了三十晚上祭祀的大白馒头，是要被丈夫打断腿的。西海固的日常生活，女人绝对是主角，播种收割少不了女人，缝缝补补少不了女人，做饭过年这样的大事更是女人的主业。所以，腊月里的女人忙得脚不沾地，心里还各种盘算焦虑。在这样忙碌紧张的空气里，唯有一件事情可以让忙碌的女人稍微缓一缓，从洗洗涮涮锅碗瓢盆的琐碎生活里走出来，干得悠然自得，以至于思绪万千，久久不肯停下。那就是剪窗花。

我四五岁的时候，家里还是老式的木格窗户，榫卯结构，上面有两个榫连着固定在墙上木框里的卯窝，所以窗扇可以前后活动，下面是可以掀起来的。木格窗户，上面糊着白纸，屋里的光线才能稍微好些。可是大过年的，谁家要白白的窗户呢，必然要有红红绿绿的窗花点缀才行。

二婶娘是剪窗花的高手，一把剪刀，一叠红纸，一叠绿纸，三折两折，剪刀游走于脆生生的纸里，剪刀的线条或左或右，花花的纸屑往下掉。一会儿，"喜鹊报春"出来了，一会儿，"老鼠偷桃"出来了，哥哥姐姐的生肖也有了，

属于我的胖乎乎的小猪也有了。糨糊是母亲用白面熬制的，心思细腻的姐姐们把二婶娘剪好的窗花有模有样地贴在白纸窗格里，边边角角拉展，左左右右对齐。

于是，西海固寒冷萧索的冬天里，有了一方方清亮的天空，这方天空里，有鸟儿飞翔，有五谷丰登，有瓜果丰收，有吉祥安康。

如果不是看到虎西山老师的《西海固民间剪纸》这本书，这份美好的记忆可能就永远埋藏起来了。因为那时候不过四五岁，后来家里换了大玻璃窗，母亲婶娘的眼神也越来越不济，大家围坐在热炕头上剪窗花的事真是一去不复返了。

说真的，看到虎老师的书稿，心里充满了感动。那一页页细心保存下来的剪纸作品，让我遥远童年的记忆瞬间复苏，那些温暖美好的回忆实在是被生生唤醒了。同时，又深感亲切。虎西山老师是原固原民族师范的美术老师，画的一手好画。西北汉子的铮铮铁骨里，却又柔情万种，所以，他还是个诗人。王维时代诗画不分家，到虎老师这里，这传统也是继承下来了。1999年，我进入固原民族师范学习，十五六岁的少男少女，青春萌动，用现在的话来说，都是小小文学青年，所以对有才华的老师充满了崇拜之情。口才文采俱佳的朱世忠老师，兰心蕙质文采斐然的邹慧萍老师、李琦老师，主持学校文学社的马正虎老师，唱花儿特别动情的何泳老师，一只手永远插在裤兜里讲课的心理学苏哲老师，留着长发的音乐王子周建军老师，一口气能背108个三角函数公式的许老师，谈吐幽默思想睿智的刘宏强老师……那些年，那些好老师，实在是丰富了我们苍白的青春。2003年，我们毕业。2005年左右，全国的中等师范学校撤销，固原民族师范也跟固原一中合并了。学校的老师有的去了固原师专（现宁夏师范学院），有的去了固原一中，我们的青春好像也跟着散落了。直到与虎西山老师相遇，与《西海固民间剪纸》相知，母校、老师、同学，那些年的那些事，才又重新出现。

这书里，还收录着叔父靳守恭当年在隆德文化馆工作时收集的隆德剪纸，一种涌动在血液里的亲情乡情便自动识别了。那些手法稚拙、且因年代久远而有些变色的剪纸，依然保留着农耕社会剪纸艺人最初的审美趣味，那些针眼和折痕，依然记录着时光的脚步，甚至有一小片用旧报纸剪出来的梅花鹿，上面还有"农业学大寨""一颗红心两手准备""现代化大油田"等字眼。当时的剪纸作者绝对想不到这会给后来看见的人怎样的震撼，这些无意中携带的时间信息，带给读者别样的感受。剪纸作品集中展示的部分，是虎西山老师和叔父的收藏品，无论是颜色还是式样，都没有做过任何处理，保留了西海固民间剪纸原汁原味的形态，有很强的鉴赏性和收藏性。

《西海固民间剪纸》一书，除了集中展示剪纸作品之外，还是第一次对西海固民间剪纸做了系统性的梳理和介绍，从剪纸的题材、特点、制作方法、表现手法、类别等方面做了详尽的阐述，从艺术的高度对民间剪纸这一行为进行了概括和总结，有开创性的贡献。什么地长什么树，什么树开什么花，通过虎西山老师的深入浅出的分析，我们才知道，为什么西海固这样贫瘠的土地，却能开出如此灿烂的艺术作品，那些栩栩如生的花鸟、家畜，那些西海固并不常见的狮虎龙凤、蜂飞蝶舞，正是西海固人面对严酷自然环境的抗争，是他们的理想，是他们活下去的念想。也由此及彼，解释了西海固文学艺术之所以能够枝繁叶茂常开不败的集体无意识的作用。

编辑这本书稿的过程中，虎老师作为美术老师的审美标准和我作为责编的编辑规范之间，时有摩擦，但是通过反复的沟通，我们都做到了现有标准下的双方满意。每一本书都是这样，都有一个从分歧到统一的磨合过程。书本凝结着作者的心血，但是也无不饱含着编辑的感情，从有分歧，到相互认同，是一本书"生产"的过程，也是人与人之间交往的过程。

《西海固民间剪纸》，有西海固的童年，也有西海固的青春，更有每一个西海固人的童年与青春，愿与您共享。

少年与他的战斗

——《豆丁历险记之新世界》编后记

陈 晶

陈逸德小朋友是我在编辑生涯中遇到的年龄最小的作者，当时只有13岁。他9岁时便开始着手创作这部《豆丁历险记之新世界》，那时他还只是个小学三年级的学生。

初读书稿，主观上以为这位少年作者应该属于"科学小怪才"类型，因为文中不断涌现各种高科技产品，其中一些的原理是可理解的，也许这些发明创造有朝一日会自然而然出现在我们的日常生活中；一些却超出了我的脑力想象，让我觉得也许在我的生命旅途中永不会面对。如此丰富的想象力，确实让阅读者叹服。但在看过他之后提供的画作和生活照后，发现他有着一手萌萌的画技和一副虎头虎脑的可爱模样，完全颠覆了我最初的判断。

在这部《豆丁历险记之新世界》中，陈逸德小朋友张开想象的翅膀，带着读者一起进入他的玄幻世界，这里有形形色色的生物，有少年为了铲除邪恶而不得不面对的战斗，有对高新科技产品的探索和创造……少年的战斗是本书的主要情节，恍惚中令人以为这少年作者即玄幻世界里的精灵王子，他盔甲加身，银枪在手，蓄势待发。这里也有少年对未知世界的思考，有少年对彼此的赞赏和支撑，有少年对自我的认知和审视……这些情感因素就像夜

空中闪烁的星，让夜不再寂寞清冷。

身为编辑，自从升格为母亲，我的关注点自然而然地倾向于儿童文学。这片天地处处散发着芬芳，让我深刻领略到儿童世界的美好纯真，即使有时觉得充满困难和挑战。

《豆丁历险记之新世界》这部书的作者年仅13岁，这是他的第一部长篇，是他坚持了三年多的成果。相较于一些成年童话作者而言，本书编辑难度更大一些，需要既能保持少年作者的叙事风格和思维模式，又要在故事衔接、人物特点、及合理性上多加考虑，使读者能接受并喜爱上这部书。我像对待一棵小树一样，修剪掉枝枝蔓蔓，就一些文字衔接给作者出出主意。电话那头传来他欢快的童声，让我最初不知用哪种态度与其交流的忐忑一扫而光。书中，作者所写的几个描述日常生活及内心挣扎的篇章让读者眼前一亮，也许娓娓道来更能引发共鸣，如"秋之聚会"篇和番外篇等，令人不禁慨叹此少年的不凡。

这部书是作者少年时代的一个记录，有着这个年龄所特有的稚嫩和智慧。书内少年们与各类生物体纷纷扰扰的战斗也许会令一些人难以理解，但却让我满血复活了，因为充满了满满当当的斗志。人，最怕过于平凡。这战斗，是与平庸生活的较量。

不忘初心，方得始终

——《大漠寻星人》荣获第十届全国优秀儿童文学奖记

贾 莉

2017年8月6日，喜讯传来，阳光出版社出版的儿童文学作家赵华的作品《大漠寻星人》获第十届全国优秀儿童文学奖。这是阳光出版社倾力打造的"赵华温情少年科幻小说系列"的其中一种。

全国优秀儿童文学奖是与茅盾文学奖、鲁迅文学奖、全国少数民族文学创作"骏马奖"并列的国内四大文学奖，是由中国作家协会主办的具有最高荣誉的文学大奖之一。本届共有464部作品报名参与评选，经过公平公正的严格评审，最终18部优秀作品获奖，其中小说7部、诗歌1部、童话4部、散文1部、报告文学1部、科幻文学2部、幼儿文学2部。

阳光出版社和赵华的合作始于2005年，阳光出版社的前身是宁夏少年儿童出版社，专业出版少儿读物。赵华初出茅庐，开始写作童话，当时的宁夏少儿社出版了他的作品《大灰和喂猫先生》，此书荣获了2007年冰心儿童图书奖。之后，赵华开始涉足少儿科幻小说写作。时值全国出版行业改制，宁夏少年儿童出版社转企，更名为阳光出版社，这时，赵华的作品登上了一个新的高度，因此，阳光出版社特地为赵华打造出"光光头赵华童话"系列丛书、"亚特兰蒂斯四号"系列丛书。这两部作品是赵华从事科幻写作以来阳光出版

社为他量身定做的系列作品。同时，阳光出版社开展"少儿作家进校园"活动，带领赵华走进宁夏各市县的中小学校，为孩子们讲述他的写作之路，提高了赵华的知名度，扩大了其影响力。

但之后的出版市场不是很认同科幻文学作品，赵华在写作道路上遇到了瓶颈，没有新的作品面世。阳光出版社的领导班子对赵华却从未放弃，这一位本土少儿作家，身上所具有的不问金钱、只为孩子写作的品质是难能可贵的。阳光出版社的出版人也在为他寻找、挖掘新的写作点，2015年，刘慈欣的作品《三体》荣获当年的雨果奖，这为赵华打开了新思路，他开始着手"赵华温情少年科幻小说系列"的写作。书稿完成后，阳光社组织了编辑团队，精心编辑，特地聘请专业的排版公司设计排版，但版式修改了数次，编辑团队始终不满意。2015年"六一"前夕，编辑团队推倒重来，启用阳光出版社自己的美编队伍，对这套书重新设计。2015年9月书博会前夕准备付印时，经过反复斟酌，对书中的部分内容请赵华又做了修改，使之更符合社会主义核心价值观，更适合孩子的阅读心理。期间，编辑团队直接和宁夏的动漫公司对接，寻找国内知名的 CG 绘图师，重新设计了封面，并寻找到和赵华文学作品风格契合的插图师重新绘制内文插图。经过一系列的努力，这套书的装帧设计以构图饱满简洁、动感时尚的风格呈现在读者面前。

2016年4月19日，阳光出版社"书香润泽童年 科幻进校园"暨"赵华温情少年科幻小说系列"新书发布会在兴庆区回民第二小学科技展示厅隆重举行。2016年5月29日，银川市鼓楼新华书店举办赵华少儿科幻小说系列图书签售活动和读者见面会，这些重磅活动将赵华的图书推向了新高度。

载至2017年8月6日，赵华温情少年科幻小说系列"图书中的《大漠寻星人》更是步步登高，获得了第十届全国优秀儿童文学奖科幻文学类大奖。

不忘初心，方得始终。这不仅是对赵华写作的一个总结，也是对赵华不抛弃、不放弃的阳光出版社尊重作者、努力建设作者队伍的一个总结。

生如夏花般灿烂

——《钢琴女孩成长记》重印记

贾 莉

不知不觉《钢琴女孩成长记》面世已经一年了，在我们的记忆里，似乎刚从婉旸的演奏会现场暨新书发布会走出来，婉旸的琴声还在我们脑海中盘旋。

2018年春节后，《钢琴女孩成长记》的重印计划在选题会上正式提出。内

容是否增加？装帧是否保持？一系列的问题摆在项目组面前。尤其上一版的封面市场反响很好，这一版如果改变，还能不能让读者认同呢？大家心里都没底。

我们先从内容上修订，在和作者杨汝青女士进行沟通后，对几张图片作了调换，部分内容也进行了修改，并在正文后增加了婉旸在国外的日记，这次的内容又丰富了。

虽然第一版的封面获得了众人的好评，但美编晨皓觉得还是要换一下思路。他有了更好的想法，很快确定了封面设计方案。

这张照片是我们在第一版书中一直很中意的图片，美编也大胆运用了对比效果，让这本书完全脱离了以前活泼的封面风格，整本书沉静了下来。

5月份，杨汝青老师和我们说婉旸的钢琴演奏会确定时间了，是在6月15日，又是个火热的夏季。再版的《钢琴女孩成长记》不是正好可以在现场做签售吗？多好的机会啊！看着封面，我们又开始犹豫了，这么热闹的夏季，这个封面是不是太沉寂了些。于是，约好作者杨老师和婉旸，重新拍摄封面。

愿望是美好的，但有时候总是差一点感觉。

首先，用上一版最中意的姿势摆拍了一下。

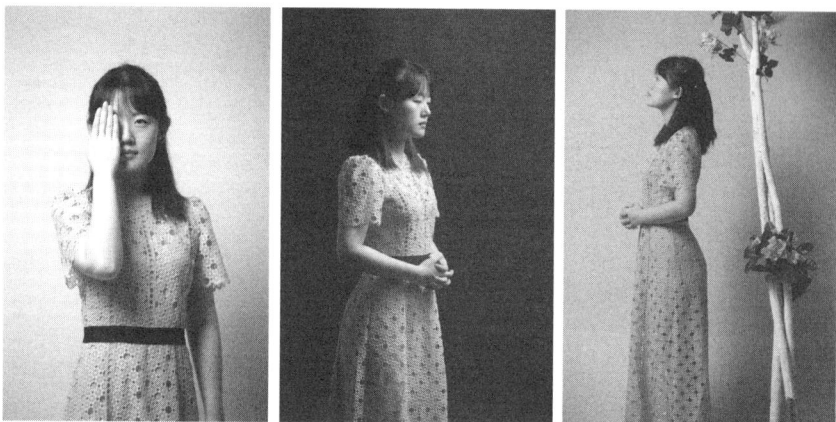

　　差了一点，发现是婉旸的发型变了。换姿势拍。好像还行。继续换装，换背景。

　　于是，这样子设计了很多张图片后，我们兴冲冲打道回府，押着美编设计封面，选中了其中一张，很有前一阵子流行的"三生三世"风。

　　这是一本如夏花般灿烂的图书，我们所有的女编辑看后都喜欢上了它。迅速发给作者。

　　但，第二天，作者杨汝青老师发信儿说，觉得这个封面不耐看。领导也说，

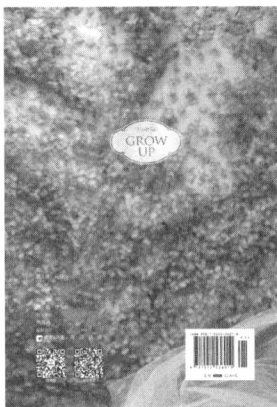

是不是有点"俗气"。我们打开电脑继续琢磨，看来，这个封面属于"第一眼美女"，看"第二眼"就完全没有了感觉。于是继续回到了开始的设计。这个"第二眼"封面还是经得起时间的考验。就它了。发印厂后，看到印刷机刷刷地过纸，想到新一版的《钢琴女孩成长记》马上就能在演奏会现场和读者们见面了，回想一下我们做重版的这段纠结的过程，还是很有成就的。

"花儿"为什么这样红

阎晓林

2013年，第四届中华优秀出版物奖终评会在京圆满结束，终评结果揭晓并公示。经过专家认真评审和无记名投票，黄河出版传媒集团宁夏黄河电子音像出版社的《六盘花儿飘》获音像出版物提名奖。这是我区音像出版物首次获得的国家级奖项，是宁夏黄河电子音像出版社的殊荣，也是充满泥土芬芳的六盘山花儿实至名归的殊荣。

花儿是流行在我国甘肃、青海、宁夏、新疆、陕西五省区的汉族、回族、东乡族、撒拉族、土族、保安族、藏族、裕固族、蒙古族等民族居住区用汉语方言演唱的一种特殊的山歌，是世界上唯一跨地区、跨民族、跨文化、跨时空、跨国界的民歌。

"六盘山花儿"，顾名思义，是流传在宁夏南部山区一带的具有鲜明演唱风格的花儿。"六盘山花儿"俗称"干花儿""汗花儿"和"土花儿"，是宁夏花儿的主要流派。有专家考证，六盘山花儿是在古代陇山徒歌山曲的基础上，融合了信天游、爬山调、河湟花儿和小曲儿以及周边地区的民歌小调等元素发展而来的。六盘山花儿以"慢调子"和"快调子"来区分类型，曲调丰富，风格多样，是花儿族中独具特色的地方品种。

六盘山花儿内容多以表现爱情、赞美自然、憧憬美好生活、教化人们向

善向美为主。此次获奖的《六盘花儿飘》收录了广泛流传于六盘山地区的80首具有代表性的花儿和小曲，曲调或自由、舒展，或明快、简捷。许多耳熟能详的曲调让年轻的受众领略到传统文化的丰富内涵，其表现形式也更易为年轻读者所接受：视频配以六盘山区优美独特的湖光山色，使读者和观众在倾听委婉悠扬的花儿的同时，欣赏到了如诗如画的六盘山自然风光。

近年来，保护、传承和推广本土优秀的非物质文化遗产，大力弘扬中华民族传统文化艺术，推进文化大发展大繁荣，成为宁夏音像出版者的不懈追求。以音像作品的形式出版花儿，使花儿这一古老艺术得以以数字技术传承和保存，首先得益于国家新闻出版总署和自治区党委、政府对音像作品出版的支持，其次得益于各地市县对传统文化的高度重视与深入发掘。固原市委、政府立足于"红色六盘、丝路古城、萧关古道、花儿家乡"四大文化元素，着力打造文化固原。此次结集《六盘花儿飘》专辑，首次集中展示六盘山花儿的独特魅力。作品中，歌者的深情、曲调的丰富、画面的唯美，让评委和专家赞叹不已。可以说是出版者和主创者精益求精的制作，才让"山花儿"这样红。

从六盘山花儿被评委和专家所接受、被年轻观众所接受的过程，我们也看到，宁夏传统文化如口弦、踏脚、剪纸、刺绣等，烙印着地方特色的文化活动，只有与高科技手段相融合，才能流传得更广，传播得更远。

审读意见

洋洋大观的"文学银军"

——"文学银军丛书"（10种）决审笔记

哈若蕙

宁夏回族自治区成立50周年，宁夏人民出版社出版了近百种精品图书作为献礼。其中由银川市文联推出的"文学银军丛书"（10种）无疑是其中的亮点之一。作为此套丛书的终审，我难忘那样的一些夜晚，窗外透着夏的芬芳，灯下文学的世界一片粲然……阅读过程中的所有的欣喜与感动，就这样于秉烛夜读后洒落在纸面、电脑文档，最终飘落在三审单上。在"文学银军丛书"获得广泛好评的今天，我从电子文档中剪出当时的一段段文字，愿将这份最初的感动与读者共享。

"文学银军丛书"总决审意见

本套丛书为银川市党委宣传部、银川市文联向自治区50大庆献礼的重点图书项目。丛书遴选汇集了银川市文坛有影响有实力有潜力的老中青作家的作品共10卷。"文学银军"的这一首次集中亮相，必将极大地彰显银川文坛文学创作百花园姹紫嫣红的胜景，极大地提升银川文学创作在全国文坛的影响力。

《烟火人家》 决审意见

《烟火人家》是一部原汁原味反映当下农村现实生活的长篇小说，乡土气息浓郁，地域特点突出，语言本色新鲜，老作家高耀山坚守自己的文学理想，尊重生活，贴近现实，聚焦家乡黄土坡塬平凡而普通的农民，在原生态的基础上写他们的喜怒哀乐，大苦大累，奋进追求和聪明才智，勤劳淳朴，谦恭礼让以及狡黠欺诈，奸猾懒惰，愚昧固执。写活了他们，也就写活了当下中国农村力新求变的时代画卷。

《我厮守的终结》 决审意见

作者韩银梅早年毕业于电大文学创作班，对文学写作的痴迷伴随着她走过了坎坎坷坷，执著的追求终于结出了丰硕的果实。这本中短篇小说集是她近年创作的总结。银梅的短篇别致动人，在有限的篇幅内，用丰盈的细节，绵密的叙述，将生活的横切面展示给读者。女作家特有的柔美和细腻，写作者与生活水乳交融的亲和力，都增添了其作品的魅力。总之这是一部艺术水准高、可读性很强的小说集。

《里尔克的公园》 决审意见

当张涛被称作阿尔的时候，我们看到了诗。阿尔的诗有着先锋派诗歌所具有的特征，"以无意识的心理追求艺术过程的快感，在追求反讽的里程中让黑色幽默呈现文本的美学效果"。但阿尔的诗自有他独特的气质，题材宽泛、风格多元，在一定程度上体现了传统与现代的结合，其诗歌的平民视角，强劲的内在节奏与和谐的韵律，让诗歌有了更宽泛的读者。

《在路上》 决审意见

谢瑞是一位具有独特气质的年青诗人，他以诗歌的方式切入生活，用染

有他思想色彩的诗句呈现生活，表达对生命与生活的思考与感悟。谢瑞的诗，意象缤纷，反映了犹如广角镜头般对现实生活的捕捉，而凝练的诗句、浓缩的场景又如同特写镜头般呈现着诗人充沛的想象与理性的感悟。总之，一位"在路上"的诗坛耕耘者谢瑞，是一位值得期待的宁夏青年诗人。

《镜子里面的舞蹈》 决审意见

原来平原就是木妮。做晚报副刊的平原，写小说的木妮，在角色的不断变换中，互为原型，由此构成了平原与木妮的独特的生活与写作。

木妮的小说是对光怪陆离的城市生活的解构，小说中的人物或多或少的都沾染了些许的城市"现代病"。有的抑郁，有的躁动，有的迷惘……他们在这个快速变化的城市中以他们的方式体验人生，所有的故事都是片段的，却总是能够充满悬念地带着你沉浸其中，让你在一幕幕被细致描摹的场景中嗅出影响于这些人物的那些城市的味道。

看得出，作家木妮的小说写作娴熟地运用了现代派小说的技巧，情节与场景的快速切入与转换，叙述角度的不断迁移，重在渲染人物情绪的流动、环境氛围的营造，纯净的语言表述与精到的小说艺术相映成趣，而由此构造出的小说世界及其所折射出的对现代生活的深入透析则是深刻、积极、底蕴深厚的，我们有理由对这部小说佳作的出版充满期待。

《左右左》 决审意见

海英是副刊记者、编辑，很热情、诚恳，写过不少有特点、让人记住的人物特写，如《我的岁月我的歌》的作者张若冰老人，在海英的笔下再现岁月如流，也对图书的出版起到预热。海英也写小说，反映城市压力下年轻人的生存状态，这些均反映了海英细腻的文学感觉和文字能力。

《去双喜那儿》 决审意见

穹宇的小说真的很另类。日常的生活场景，却被放大推向极端。以卡夫卡式的荒诞、荒谬切入生活的剖面，引领读者"以一种悖谬性的视角"直视生存的本相。应该说，穹宇的小说写作有娴熟的技巧，结构故事、提炼情节、语言表述的能力均很强。对这样一部小说的出版，我们寄予了深深的期待。

《恐龙时代的脚印》 决审意见

早就听说有一个写童话的赵华，还得了冰心文学奖。这次终于在《恐龙时代的脚印》中读到了赵华，读到了赵华用童心、爱心、纯净的文字所构筑的童话世界。一切都是令人惊喜而感动的。赵华的童话世界，想象奇特却又不失本真，将时代的元素巧妙地融入其中，为人们观察世界提供了另一种视角。其精致的结构与叙述，也为孩子们的阅读提供了广阔的审美想象的空间。总之，这是一部有特点、有价值的童话作品集。同意出版。

《大马群》 决审意见

读《大马群》让我记住了葛林。小说家的葛林用一支深情的笔回溯过往的岁月，向我们展示了他生命中的大马群、父辈及童年。题材的独特、描写的优美宏阔、叙述的细密、字里行间所弥漫的深沉的情感、淡淡的忧伤，尤其是小说中所展示的人与马之间那种近乎神意的默契，所触动的是对于生命本真、信念、坚守、尊重、平等、善意以及人与自然动物和谐相处的深层思索。父亲与"玉眼"、人与马的世界折射出的是现实世界真实的人生命运。集子中的其他小说，也同样具有选材精到，生活气息浓郁，表现手法娴熟的特点。总之，我们期待着葛林小说能够得到更多读者的喜爱。

《郭文斌论》决审意见

曾经编辑出版过郭文斌的中短篇小说精选集《大年》、散文集《点灯时分》以及诗集《我被我的眼睛带坏》，曾经专程赴京参加过《小说选刊》为郭文斌举办的《大年》研讨会，曾经为《吉祥如意》荣获第四届鲁迅文学奖而欣喜欢悦……看郭文斌一步一个脚印在中国文坛崭露头角，看郭文斌用一支温暖而诗性的笔抒写乡村的质朴、民风的淳厚，这让我们有了为西部文学骄傲的期待。无疑，郭文斌属于宁夏，属于西部，属于中国文坛。这部《郭文斌论》，凸显了文坛的关注，一篇篇分析细致且不乏探讨的作品批评，勾勒出了郭文斌创作的轨迹，揭示出其写作独特的追求与不凡的魅力。这该是每一个喜爱郭文斌的读者愿意一读的作家作品论。

落在三审单上的这些文字，后来被责任编辑编成了"编者点评"放在了每本书的前勒口上。感谢她们细致而有心的工作，在为丛书精心设计文案的同时，也为我留下了这几段值得回顾的文字。

　　［相关链接］"文学银军"概念首次出现于宁夏文坛是2005年6月，短短三年时间，"文学银军"形成了一个以郭文斌为代表的文学团队，并以其良好的创作势头，丰厚的创作实绩渲染出"文学银川"的繁荣景观（2008年中国作家网语）。"文学银军"丛书（第一辑）共为十本，分别为高耀山的长篇小说《烟火人家》，郭文斌的文学评论集《郭文斌论》，葛林的中短篇小说集《大马群》，韩银梅的中短篇小说集《我厮守的终结》，平原、曹海英的短篇小说集《镜子里的舞蹈》《左右左》，张涛、谢瑞的诗集《里尔克的公园》《在路上》，赵华的童话集《恐龙时代的脚印》，穹宇短篇小说集《去双喜那儿》。文学银军"丛书入选的作家，囊括银川老中青三代，其作品，近年频频刊发于国内大型文学期刊，有的作家作品获得了全国性文学奖项，在宁夏乃至全国都有一定影响。可以说代表了银川文学最高水平。

长篇小说《暗潮》的审读报告

戎爱军　孙　莹

　　长篇小说《暗潮》是我区青年作家张学东历时十年打磨而成的一部优秀文学作品。作品以世纪之交西部机场建设开发为背景，以主人公白东方的人生经历为线索，在宏阔的历史舞台上，上演了一批小人物的沉浮和幻灭。

　　白东方的父亲是米川机场总工程师，为机场扩建而不得不深夜前去北京打通关节，却不料飞机失事，以身殉职。父亲的老战友、米川机场的一把手齐开河，对白东方的态度模棱两可，工作岗位不断调整，却并没有将白东方提拔使用。白东方自己倒没有什么，农转非的妻子李丹却开始嫌弃白东方窝囊和"不思进取"，最终李丹红杏出墙，白东方也另抱琵琶。

　　然而，改革的浪潮裹挟着白东方和他周围的人，开始了人生猛烈的撞击：齐开河因为工作作风强硬和受贿案东窗事发，被调离机场；一直暗恋白东方的同性恋者小杨主任平步青云，成为白东方的顶头上司；李丹因为患乳腺癌遭到情人的遗弃，企图自杀；白东方在事业、企业的两难选择中，思考自己的未来。经过了妻离子散的白东方领悟到人生最宝贵的是亲情，他和李丹选择了原谅，开始了相互搀扶的人生。

　　作品叙事简洁流畅，开合自如，读起来十分感人；人物性格鲜明，白东方、齐开河、李丹、小杨主任、商人郑闽粤、情人郝椿等十几个人物形象，呼之

欲出;心理描述细腻,情节设置合理,激情饱满,流淌着作者鲜明的创作热情,是一部十分难得的文学作品。

对作品的初审意见如下:

1. 关于书名。作者最初的书名为《致不如意生活》,编辑认为不妥,原因是书名不醒目,同时不像长篇小说而有点散文的意象。这部小说是现实题材的作品,反映了现实生活的复杂与深沉,如果以"不如意"来命名,则消解了作品的深沉与疼痛,在书名上减弱了作品的主题意义。建议作者另起书名。

2. 关于文字。张学东的语言比较平实,粗犷,十分符合现实题材创作风格。其中有一些转换词语稍显重复,经作者同意,编辑做了处理。

3. 建议处理的情节。作品"火卷,22章"写白东方与齐开河的爱人一道出差去广东,偶遇飞机故障;"23章"写到白东方被困电梯中。编辑认为这两处作者处理的不够理想。作品描写了齐开河爱人的失态,白东方的惊恐,而没有把两起事件对白东方的震撼写足。这两处,应该是主人公心理活动最为丰富的，也是作品最能提气聚神的地方，笔墨稍微欠缺，使作品起伏不够。建议作者修改、加工。

4.“土卷，28章”梦境一节的修改意见。白东方被生活折磨的几近崩溃。梦里，他成为了自己生活的主宰，他掌控着自己的命运，同时也掌控着周围人的生死存亡。作品对这个梦境的描写过于“实”，感觉做作，不自然。建议作者虚写，符合梦境的无逻辑和虚幻，保留象征意义。

作者于2015年5月将作品初稿发给编辑，编辑利用两个月的时间拜读并提出以上意见。对于以上意见作者完全接受，并于2015年7月开始做修改，2015年9月将改好的作品再次发给编辑。

1. 书名改为《暗潮》。编辑认为这个书名十分符合作品的内容，可以采用。

2. 文字部分，完全同意编辑做的修改和润色。

3. 所提两处情节做了合理补充和改动，突出了主人公的内心变化。编辑认为改动十分成功。

4. 梦境的描写部分作了删节，突出了梦境的特点，更加自然。

目前这部长篇小说已完全具备出版条件。建议采用。

桃李天天 灼灼其华

——《桃李牧歌》初审手记

陈　浪

　　《桃李牧歌》是固原二中的语文教师张政军的一部有关教育教学的随笔集。书稿内容分两部分。第一部分是"教学的歌谣"。面对中学课本里经典的文学作品，作者着眼于独到的民主的人文的理解，并力求运用美妙的随笔形式表达出来，希望带给读者真实感亲切感和愉悦感。第二部分是"教育的歌谣"。信奉"没有不好的孩子，只有不好的教育"的育人理念。尤其关注那些学习上困难的孩子，力求发现他们身上的闪光点，点燃他们学习生活的热情。作者将平时的人文教育实践转化成随笔随感，既有育人理论的感悟，也有育人过程的点滴记录。兹将初审意见归拢如下，以便与作者及复决审老师沟通交流、商榷定夺。

一、字词问题

　　书稿中有不少错别字（主要是别字）、异形词（非推荐词形的词），有个别繁体字，此为编校之老生常谈，已在书稿中一一标红，请排版人员一一改订即可。错别字如："象……"当为"像……"；"栖栖遑遑"当为"恓恓惶惶"；

桃李牧歌

TAOLIMUGE

张战军 ◎ 著

"项链佩带"当为"项链佩戴";"密蜂"当为"蜜蜂";"醉眼朦胧"当为"醉眼蒙眬";"(李广)到死也没有被封候""封候"当为"封侯";"有怨无处伸"当为"有冤无处申";"一幅对联"当为"一副对联";"黄河蕴育了黄河文明，长江蕴育了长江文明"，"蕴育"当为"孕育"；"一堆铡好的绿茵茵的高粱草"，当为"一堆铡好的绿莹莹的高粱草"；"好大学亲睐的高分考生"，"亲睐"当为"青睐"；"如愿以尝"当为"如愿以偿"；"无所顾及"当为"无所顾忌"；"这有背于'水往低处流，人往高处走'的自然规律"，"有背于"当为"有悖于"；"出入要打照面，虚意寒喧"，"寒喧"当为"寒暄"。异形词如："钉钮扣"当为"钉纽扣"；"没楞没角"，当为"没棱没角"；"飘飘渺渺"当为"缥缥缈缈"；"夕阳的余辉"，"余辉"当为"余晖"；"不足忧患奋斗之磨练"，"磨练"当为"磨炼"；"破世界记录"，"记录"当为"纪录"。繁体字如："白骨露於野，千里无鸡鸣"，"於"当简化为"于"。诸如此类，不再罗列。

二、文献问题

书稿中引用了大量文献，有不少文献与原文献不符。比如，"天将降大任于是人也"，"是人"当为"斯人"。"精卫填苍海"，"苍海"当为"沧海"。"故国不堪回首明月中"，"明月"当为"月明"。"抽刀断水水更流，举杯销愁愁更愁。"，"销愁"当为"浇愁"。"壮士饥餐胡虏肉"，"壮士"当为"壮志"。"三十里为沙湖，亦曰螺师店。"，"螺师店"当为"螺蛳店"。"梦里依稀慈母泪，城头变换大王旗。"，"变换"当为"变幻"。"春风得意马蹄急"，"急"当为"疾"。"花当折时只须折，莫等花开空折枝。"当为"花开堪折直须折，莫待无花空折枝"。

《只是不想跟风》一文写道："我所写的文字，比如社会，是我一直在观察思考的结果。没有不好的百姓，只有不好的官员。孔子云：'君子如风，小人如草。'羊好全看牧羊人。"其中引用孔子的话有误。孔子原话为："君子之德风，小人之德草。草上之风必偃。"语出《论语·颜渊》。本来，这是孔子论说君子与小人不同德行的话，作者的误引，使得错句与孔子原话本意大相径庭。这是必须要改的。

除此而外，作者对个别文献的解读，也存在偏颇或舛错之处。如《穷途之歌》一文，作者所述原文为："阮籍好哭，但有时不哭。老母亲死了，他下围棋，充耳不闻，下完了，喝三斗酒，'哇'吐一盆血，不哭。老母亲下葬前，一小肥猪，作下酒菜，喝二斗酒，说'穷矣！'，'哇'吐一盆血，不哭。"阮籍事，散见于《世说新语》等书，其生平事迹，详见于《晋书·阮籍传》。作者此处所写，乃得自《晋书·阮籍传》，查原文献为："籍虽不拘礼教，然发言玄远，口不臧否人物。性至孝，母终，正与人围棋，对者求止，籍留与决赌。既而饮酒二斗，举声一号，吐血数升。及将葬，食一蒸肫，饮二斗酒，然后临诀，直言穷矣，举声一号，因又吐血数升，毁瘠骨立，殆致灭性。""肫"

为何物？果为"小猪"耶？查《古代汉语词典》，知"肫"为"鸟胃"也，疑作者误"肫"为"豚"（小猪）故也。且阮籍饮酒吐血数量，亦有出入。故改之为："阮籍好哭，但有时不哭。老母亲死了，他下围棋，充耳不闻，下完了，喝二斗酒，'哇'吐几升血，不哭。老母亲下葬前，食一蒸肫，喝二斗酒，说'穷矣！'，'哇'吐几升血，不哭。"算是略妥些。

另，《也无风雨也无晴》一文的结尾，写道："庄子可不是这样的人，他老人家闻到庙堂弥漫着经久不息的臭味儿，也到河边常常去钓鱼，王侯将相盛情邀请，他指着河里浑身是泥但自由自在的乌龟，哈哈大笑：'学习水里的乌龟好榜样，庙堂供奉的干干净净的乌龟不过人模狗样。'"这一段，作者是完全误读了有关庄子的"曳尾涂中"的典故了。原典见《庄子·秋水》："庄子钓于濮水，楚王使大夫二人往先焉，曰：'愿以境内累矣！'庄子持竿不顾，曰：'吾闻楚有神龟，死已三千岁矣，王巾笥而藏之庙堂之上。此龟者，宁其死为留骨而贵乎，宁其生而曳尾涂中乎？'二大夫曰：'宁生而曳尾涂中。'庄子曰：'往矣！吾将曳尾于涂中。'"根据上文，修订原文为："庄子可不是这样的人，他老人家闻到庙堂弥漫着经久不息的臭味儿，也到河边常常去钓鱼，楚王派两位大臣前去请他做官。庄子说：'我听说楚国有一神龟，死时已三千岁了，国王用锦缎包好放在朱匣中珍藏在庙堂之上。这龟，是宁愿死去留下骨头让人们珍藏呢，还是情愿活在烂泥里摇尾巴呢？'两大臣说：'情愿活在烂泥里摇尾巴。'庄子说：'请回吧！我要在烂泥里摇尾巴。'"这样，便较为妥帖地解决了历史故事被误读的问题。

三、表述问题

书稿中有些话语太过随意而语义含混，让人不明就里；或者作者的文字没有表达到位，导致意思模糊；或者作者的表述不够严谨，致使句子产生歧义。

如《说说四大吝啬鬼》中说："葛朗台，地球人都知道。今天的中学生莫名其妙，罪过在高中课本没有选法国写作机器巴尔扎克（1799—1850）的长篇小说《欧也妮·葛朗台》。""罪过"是个不及物动词，用在此处欠妥，也使得句子显得别扭。《反刍古诗词》一文开篇说："听的是一位年青教师的公开课，课题是李煜的《相见欢》。"这样的开头，其实是有些突兀的，应该做一两句话的交代、过渡才好。同篇文中提到："记得童年最早背诵的唐诗，一首是《悯农》，'春种一粒粟，秋收万颗子。四海无闲田，农夫犹饿死。'另一首是《锄禾》，'锄禾日当午，汗滴禾下土。谁知盘中餐，粒粒皆辛苦。'"此说勉强成立，但不准确。其实这两首都是唐代李绅的《悯农》诗，《锄禾》当为《悯农》其二；或许这首是因为以前小学课本里选录，编者冠名为"锄禾"，遂致生误。《谢谢宋太祖赵匡胤吗》一文的题目，是个疑问句，初见别扭，读了文章，觉实无疑问必要，于是删掉了"吗"，变为陈述句。如此等等，不再赘述。

四、人名问题

书稿中有的人名书写字形有误，如"曾皙"当为"曾皙"。有一些外国人名，字形与传统或著作中的写法不一致，建议改成大家公认的或原著作中的写法，如"亚里斯多德"当为"亚里士多德"，"泼留稀金"当为"波留希金"，"伊莉莎白"当为"伊丽莎白"。

五、需要删改的内容

"教学的歌谣"一辑《常无欲以观其妙》一文，是由老子的话而引入论述欲望对人生活的影响，但作者的解读未必接近老子本意，有点牵强附会，且全文论说比较散乱无稽，中心意思不太明确，故建议作者修改（作者最后做了删除处理）。"教育的歌谣"一辑《我是怎样给一个朋友做文艺思想工作的》一文，对当下的艺人如周杰伦、刘德华、周润发等颇有微词，且出语尖酸刻薄，几近于詈骂，缺乏公允，不够客观，窃以为不宜于出版，建议删除。（后经与作者沟通，作者同意删掉，出版之书，未有此文）

总之，《桃李牧歌》是一部既可作为教育随感也可作为文学作品的著作，可谓"桃李夭夭，灼灼其华"。"如果学校是一个造船厂，老师的智慧之重要可见一斑。进入社会，遇有不平，与其遗憾木已成舟，还不如警醒造船时匠心独运。人一生的思维，某种程度上就是学生时代思维的延续和放大。老师是启蒙者，是'启'是'蒙'，对学生影响深远。"该书的作者张政军如是说。我想，张政军既是一名人民教师，又是一位知识分子，在以自己的身份、良知和才学讲话、作文，他的文字，是雄浑的也是宽厚的，是热情的也是冷峻的，是令人欣喜的也是可感染读者的，让我们重温那些中学课本里的文学经典，它给我们别样的惊喜；让我们重拾那些中学时光里的青涩记忆，它给我们别样的温暖。

《固原方言词典》初审意见

靳红慧

一、内容简述

《固原方言词典》以方言调查为依据，通过对发音合作人的语音调查，确定音系，记录语料。内容主要有三部分：主体是词典正文，前有引论，后有分类词表。引论包括七项：固原市的历史沿革、地理与人口，固原方言的声韵调，固原方言单字音表，固原方言的特点，固原方言的内部差别，词典凡例，词典音节检索表。词典正文按字音排列，以本方言的韵母、声母、声调为序。最后一部分分类词表是以意义为标准划分的词表，穷尽式展现了固原方言中的词汇。

二、优点

首先，用国际音标和五度标记法记录了固原方言的语音，比较科学地保留了"语音"这种较难描述的声音面貌，只要是熟悉国际音标和五度标记法的人，都能通过注音而恢复语音。其次，穷尽式的词条摘录和详尽的释义保留了固原方言中的词语和独特的含义。再次，为了帮助读者理解词义而举的

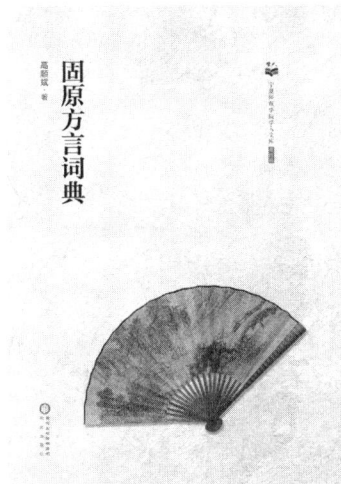

例句，都是来自日常生活的原汁原味的句子，是非常宝贵的语料，也是这本词典最为出彩的地方。本书通过系统的调查，采用科学的记录手段，对固原方言的语音、词汇、句法等方面所做的系统性整理归纳，是现代汉语方言研究必不可少的一部分，为语言学研究提供了鲜活的资料，有很强的实用性。

三、缺点与初审所做的工作

1. 词条摘取的标准不清、排列顺序不一。通过与作者反复沟通，参照了《现代汉语方言词典·银川卷》的体例，确定了词条的摘取标准和排列顺序。词条的摘取本于《现代汉语方言调查字表》的条目，依据实际情况有增有减，排列则按照固原方言的韵母、声母、声调的顺序排列，具体的顺序可参照音节检索表。为了方便读者使用该词典，编辑还将固原方言的韵母一一标到正文中间，放大字号，居中处理，以示区别。

2.注音的问题。确定前面声母、韵母表中的国际音标必须跟词典正文中使用的符号一致。对音调有疑问的，编辑与作者面对面核实，反复发音再记录。正文中缺注音缺声调的一一补全。在实际读音中有变调的，编辑要求注音时改为本调。如上声213标为21，则容易与轻声相混。

3.用字的问题。有些方言字本有其字，作者没有找到本字而标为"有音无字"的，或者将本字写错的，编辑将其一一找出来改正。有些编辑和作者都拿不准的，则用特殊符号标记出来，以示严谨。比如将有音无字的用方框代替，不确定的字下面用波浪线标出。

4.释义的问题。主要的问题是释义不科学不严谨，太随意，作者已将编辑有异议的条目做了详细修改。其次是义项的设置标准不一，层次不清，排列顺序不科学者，通过与作者沟通，最后按照本义、引申义、比喻义的顺序排列。对于没必要分列的义项进行合并。

5.文稿中最后一部分原来叫"固原方言义类索引"，但是义类索引部分的条目跟正文部分不是一一对应的关系，义类索引部分收词更多，一些跟普通话没有区别的词语也收入其中，为的是更全面系统地体现固原方言词汇的面貌，基本是穷尽式的列举方式。所以编辑跟作者商量后，改为"固原方言分类词表"，名实更相称一些。

6.严格要求各种符号的使用，前后统一。比如□代表有音无字的，△代表的是俗语等。

四、处理意见

有出版价值，但是必须大力修改、考订、去伪存真。正文中出现的部分"訾语"及迷信类用语是否需要删掉，请复审阅示。

书　评

大爱无言静静流

——《像花儿般灿烂：女生雅楠的博客》代跋

哈若蕙

二十一世纪的中国，博客忽然就如森林般从互联网长了出来，奇妙地扩展了人们情感交流的空间。作为二十世纪五十年代生人，对于博客的了解，我始终处在隔岸观火的状态，不近不远的。然而，就在2006年秋天，孩子们高考结束并相继走进大学的日子，雅楠的博客、孩子们爱心相联的博客，突然间就如此真切地走近了我，让我心动，令我感慨系之，潸然泪下。

从孩子们的博客中，我悄然得知，是病中的雅楠首先建起了她的博客，起因是与另一个勇敢的孩子——子尤的相识。厄运不可预知地袭击了这两个孩子璨如春花的生命，生与死的命题瞬间凌空而至，直白而残酷地砸在了他们毫无准备的心扉。相同的遭遇，共同的祈望，使两个孩子相互倾听。乐观、坚强，有着过人才华与智慧的子尤以他对生命深刻的洞察与顿悟感染着雅楠，而此时的雅楠也已从罹患癌症后短暂的沉默与悲痛中走出，在亲人朋友众多的关爱中重新找回了自我，勇敢地与病魔搏斗，坚强地面对苦难。在子尤的影响下，雅楠的博客以她清新自然，流泻着爱、青春和热情的芬芳吸引着众多的网友。病中的雅楠是肿瘤病房中快乐的天使，她的笑声和善意像清风抚慰着身边的病友，她轻盈的身姿成为一道可人的风景……或许，上帝是以一

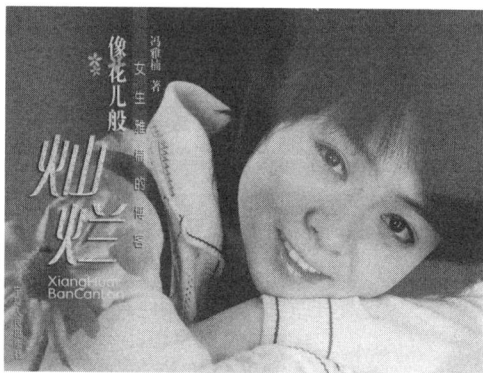

种不为人知的方式眷顾着这些不平凡的孩子，让他们在生死一线间迅速长大，变得无可比拟的坚强。这些曾经普通的孩子"有梦想有希望会怕疼怕孤单的孩子"，学会了"用信念和不能再坚持的坚持"来书写他们生命的独特篇章。雅楠的博客少有阴霾，总有缕缕阳光朗照。她写下了病中的自己众多的感动，感谢亲情友谊和无数的鼓励，她写下一个个病友，一次次治疗，写下子尤、俏皮、幽默，充满文采而又真情无限。雅楠的博客，链接起一个友爱之网。所有的文字、所有的情感指向，都在爱的浸润下生长出感动与圣洁。

大爱无言，至情无语。我觉得，我们有责任将这份生命中的感动呈现、延伸并加以扩大。

应该说，对于雅楠，我并不陌生。她是儿子可聪快乐的同窗，从内向的可聪不经意的只言片语中我想象着雅楠明媚的样子。儿子高二时，作为家长，也作为学校特邀的出版社嘉宾，我曾在银川唐徕回中的礼堂，观赏过他们的课本剧演出。一出《孔雀东南飞》，雅楠扮演的刘兰芝，凄凄婉婉，幽怨动人。

接下去的日子就是一天紧似一天的备战高考，这是中国孩子和他们的家长均无以回避的打拼与挑战。为了给十二年寒窗苦读一个结果，为了给以后的人生一个交接，孩子们唯有一搏。可是，就在这时（2005年的寒冬），听到了雅楠住院紧接着又转院北京的不测之讯。同为父母，我深知这一切带给雅楠及她的亲人们的打击，默然中，唯有真诚祈愿雅楠战胜病痛，早日康复！

记得，2006年6月高考的日子，那一天，新近落成的银川二中雄浑峻朗的门楼前，挤满了驻足等待的家长。随着下午最后一科考试结束的铃声响起，从不同考场走出的考生潮水般涌向大门，我看见，雅楠竟也在其中，戴着白色的凉帽，身穿白色的衣裙，脸庞上仍是那率真而灿烂的微笑。后来，听她的父亲谈起，坐在考场中不脱帽的雅楠，使监考的女老师不解中打量又打量，最终，是雅楠坦然地摘下了帽子，露出了毛发初生的头顶，"很抱歉，老师，因为化疗，所以……"一句话，让老师顿时红了眼圈，立马帮她戴好帽子，连声说："孩子，好好考，好好考……"

就这样，雅楠放飞了自己的梦想，在接受了六个周期的化疗之后，在远离课堂、校园半年之后，她勇敢地、如愿地坚持走进了考场。雅楠奇迹般地成功了，实现了她的大学梦！高考后，雅楠重新回到医院开始化疗后的放疗。所幸，所有的努力终于有了令人欣慰的结果，雅楠的身体进入了康复期。

或许，正是缘于这一次次的感动，我动了要出雅楠博客的念头，我坚信，坚强的雅楠所经历的一切，会给她同龄的伙伴们一个真实的榜样。但这最初的提议得到的却是雅楠的婉拒，她不想张扬，更怕由此惊扰她以生命之搏换来的大学生活的宁静。直到2007年初夏之际，雅楠才终于同意将她的博客交给出版社，为的是以此答谢人们的关爱，也为的是与更多的人分享她生命的体悟。

坚强的人们总是把磨难看作人生的财富，历经病痛，饱受折磨的雅楠也多有感慨。她说："我时常觉得自己无比的幸运，倒不是因为得到了多少，而是为自己在短暂的生命里遇见了那么多让我成长让我汲取力量的人而庆幸。"
因为身体，考上大学的雅楠休学一年。一年中，四面八方的同学仍然牵挂着
他们的雅楠，从白山黑水，从南国北城，郁郁葱葱的问候与祝福从未间断。
记得2007年寒假前的一天，儿子可聪从上海外国语大学松江宿舍打来电话，
对自己学习生活略事汇报后话题一转："妈妈，告诉你一个秘密，为对康复中
的雅楠同学表示祝福，我们正在策划一个行动，到雅楠生日的那天，她将收
到寄自不同城市、不同大学的无数的纸鹤……"儿子的话，让我一下子热泪
盈眶。我会坚守他们的秘密，然而更多的感动在于，我看到了孩子们的成长。
他们共同承受了同学雅楠生死路途上的苦乐悲欢，陪伴雅楠同学跨越苦难，
战胜病魔的过程所给予的启示，将是他们一生的珍藏，孩子们用他们的善良、
友爱、真诚共同托起了一份生命之重，共同构筑了又一片生命的蓝天！

是的，七八年前，初入出版业，曾与遭遇空难，劫后重生的嘉鹏相遇，
为他的勇气、坚忍、执著、挑战苦难的经历所感动，我担任策划并责编出版
了嘉鹏的个人传记《撑起生命的蓝天——空难与我》。七八年来，这本书六次
重印，发行数万册，鼓励了千千万万青少年和不同层面的读者。年青的嘉鹏
也从一名挪威红十字挪迪克世界联合学院的学生成长为一个具有国际背景、
多重身份的优秀人才。七八年后的今天，女生雅楠的博客——《如花儿般灿
烂》，以新的介质，新的方式呈现着一个相同的主题：珍重生命，挑战人生，
让爱洒满人间！

从孩子们相互祝福的短信中，我读到了雅楠关于"幸福"的理解。她说：

> 有时幸福就是干涸的井里落下清澈的雨滴。显然，我是井你们
> 是雨。当我躺在病床上，当我站在陌生的城市里，当我徘徊在没有
> 你们的日子里，当我看着满桌的纸鹤泪如雨下……我知道，你们无
> 时无刻不站在我身边……愿以后的日子里我也能做你们的雨滴！

　　幸福就是互为雨滴。我惊异，深刻的人生命题竟会以如此清丽的意象在孩子的手指间得以诠释，简约而丰赡，自然而生动，衔着青春的呼吸在我们的眼前铺展、荡漾。或许，人间的大爱也正是如此般在人们举手投足的顾盼中静静流淌吧？作为编辑、出版人，我们期待着，雅楠的博客图书，她的"如花儿般灿烂"的生命，能够链接起更多的关于真，关于爱，关于友谊、关于勇气，关于超越的美好与梦想，愿我们缘着这份激励走向永远！

岁月无边，生活是歌

——品评《感谢生活》

闫智红

歌德说，相信生活，它给人的教益比任何一本书籍都好。活到知天命之年时，大多数人都会对生活充满了敬畏，恰是因为生活在每个人面前早已不再神秘，它以赤裸裸的姿态把苦难、欢乐、痛苦、无奈、幸福、爱与被爱、恨与被恨等贯穿于每个人成长的全过程。生活给每个人的经历都不同，即使经历相似，每个人对生活的感受也因为看待世界的眼界、视角，不同的胸怀、修养和目标追求的不同而大相径庭。有的对生活充满了埋怨，总是牢骚满腹，不满这个，那个不对，眼中心中总是阴暗面；有的以消极懈怠的态度对待生活，随波逐流，过一天是一天，很少思考和从生活中提炼总结些什么；有的具有宏图大志，从生活中看到的都是历练自己和发展的机会，甚至有意以艰苦和复杂磨炼自己的意志与应对生活的本领，一旦时机成熟，就会厚积薄发，一鸣惊人，成就大业。更多的普通人，则在与生活的磕磕绊绊中，与生活产生了厚重的感情，无论生活给了我们什么，都坦然接受，淡然面对，在与生活的较劲中品味生活的酸甜苦辣咸，最终爱上生活、感谢生活。《感谢生活》就是一本普通人对生活的所思所悟，那么，它都写了什么？

《感谢生活》的作者刘占军是一位在新闻单位长期从事财务管理的工作

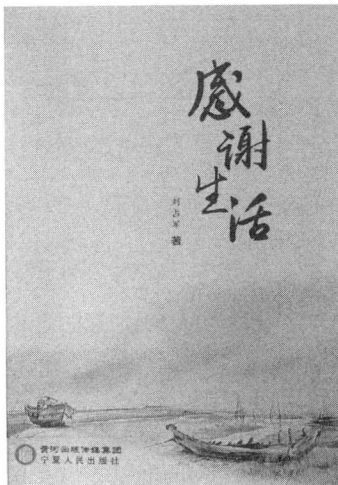

人员，所录作品是其自二十世纪八十年代初涉职场以来至其知天命之年，于工作之余创作并散见于各类报刊的文章。全书分为"人生感悟""世相""看见""遇见""纪实""随笔""品读""其他"等分类，每类下有或多至30余篇或少至3篇的文章。刚拿到这本书的时候，我只是简单翻了翻目录就放在了一边，毕竟，这个时代的好书数不胜数，而阅读的时间是有限的，而它，不过是一位业余作者的业余作品集子。心里想着，等把当时手头的《奥威尔日记》《1984》《沙丘》《灯塔》看完再读它，就这样晾了它一阵。一个周末，窗外阳光正好，小猫二饼和小猫金鱼儿追逐打闹，把我垒放整齐的书山扑倒，一时间一本本书狼藉满地，我一本本拾起一本本整理，这本《感谢生活》就跳到了我的手里。心有一动，随手一翻，是一篇名为《会计与人生》的小文，文中写道："整天与数字、报表打交道，我发现我的人生与会计有不少微妙之外，慢慢悟出了一些会计与人生的道理。""每年年初会计都要有一个财务收支计划，要编制年度财务预算，根据预算组织收入、安排支出；年终终了，要根据财务收支的实际完成数，编制年度财务收支决算，财务决算要和年初制定的预算进行比较，没有完成预算的，要分析原因，找出问题与不足，以便来年编制预算时参考、借鉴。人生何尝不是这样呢？"会计与人生的类比独辟蹊径，一下子使我来了兴趣，我开始了正式的阅读。

二十世纪八十年代，作者还是毛头小伙，就有了对人生的许多思考。这种思考是点状的，触发点多是目光所及。譬如《看盖楼》，办公室外正在盖的一座楼引发了作者的感慨："建筑工人……按照图纸——早已定好了的目标，不停地奋斗着……人生，不也应该像这些建筑工人一样吗，应该有远大的理想，有明确的目标，用不倦的追求，实现理想，走向成功。"譬如《过年与过日子》，一位老者在正月十五的宴席上举杯，说，年过完了，该过日子了。引发作者沉思与品味："年是歌舞、鞭炮和笑声；日子是家务、孩子和上班。年是欢乐吉祥，喜气洋洋；日子是锅碗瓢盆，柴米油盐。在一个人的一生中，年有几十个，而日子却有几万个。"作者强调，要踏踏实实过好每一个日子才能充实愉快地度过一生。一只楼道里挤放着的腌菜缸令他体会到与人为邻的相处之道，一封朋友来信使他更加珍重人间真情。一块广告牌，饭桌上一位 bb 机、手机不停响起的瞎忙的朋友都使他思索人生的意义。正是勤于思索善于总结，作者在《匆忙人生》路上，回顾着《逝去的年代哟》《失去的岁月》，享受着《孤独》《茗之韵》，在感悟中祝福着《远方的朋友》《老人的生活》，收获着《勤能补拙》《巨大的收获》《人生的高度》。

《夜市》《弹棉花的夫妇》《卖鸡的女人》几篇小文生动地描写了世相百态，读者一方面从文中回顾着彼时社会主义市场经济带来的市场繁荣、生活便利，一方面也体会着底层百姓的艰辛创业与贫贱夫妻想怜相爱的美好温情，当然，也有欺骗与奸诈令作者遗憾。人生之中，孝与传是关键的两个环节。家风承载着历史的接续，《怀念母亲》情真意重，通过一个个细节、一件件小事、一句句生动的话语活生生的再现了母亲的音容笑貌和凡人不凡的宽厚善良，也展示了作者的家风。别人说母亲抢着干活又不多给你发钱，"母亲只是笑笑：'多干点又累不死，我闲着难受。'"困难时期，吃饭都有限额，但一个要饭的来到门口，母亲"用家里的蓝边碗盛了一碗面，拿了双筷子，递给要饭的"。大姐嫌要饭的脏，说恶心，埋怨母亲不把饭倒到要饭的碗里。"一向温和的母亲发了火：'你看你这个丫头，都是人，她吃的也是饭，又不是屎，有啥恶心的？'"父亲被派到盐池去放羊，听了老乡的话，想买上两只羊放到单位的羊群里一起放，"母亲一口回绝：'这样的便宜不能占！'"母亲帮过的人里，有在"文革"中诬陷父亲的，有母亲偏瘫后再也没有露过面的，母亲却坦然："人各行各的，我做我的，他做他的，我的良心上过得去就行了，让他想着去，老天爷是公平的。"母亲是作者一生行事为人的榜样，他也将这种家风言传身教着女儿。《明天的成就，全靠今天的努力——写给女儿的一封信》写于作者女儿18岁生日（生日的前一天，女儿收到了中国传媒大学录取通知书），文中，这位父亲谆谆教诲女儿要学会与人相处，要学会感恩，要有一颗敬畏之心，要多读书，要有好心态和好习惯，要明白自己需要怎样的生活。他以怜惜之情深厚地表达着父爱："只要你努力了、奋斗了，成功也好，平凡也罢，你都可以问心无愧。爸只希望你快乐，也只要你快乐，天天快乐，永远快乐！"《成长》是作者与异地求学的女儿之间的交流互动，从一件件小事中感受着女儿在成长、在进步，作为父亲的欣慰。人生之中，惊天动地的大事少有，大喜大悲的事也不多，更多的就是些生活、工作、学习。作者喜读书，集子里收录了阅读《亲爱的安德烈》《周国平小语》《病隙碎笔——史铁生人生笔记》等的心得，从中可以看出，书籍是作者生活的构成，是他进步的又一个阶梯。在阅读中，作者的视野扩大了，理念提升了，信念坚定了，感情升华了。比如他读论语。他认为"从大处讲，可为当下的难题寻找出路；从小处讲，是对自我的一种观照"。他对"己所不欲勿施于人"有了反照："己所欲，亦勿施于人。"比如他读《相约星期二》获得的收益：我们不仅需要原谅别人，也需要原谅自己；接受你所能接受和不能接受的现实。比如他读《部长与国家》得到了启示：怎样对待困难？领导干部既要养成雄韬伟略的战略胸怀，又要有科学严谨、事无巨细的工作作风。有思考"我们要带一支怎样的队伍？怎样带队？……"

小文一篇篇读来，令我感慨。作者的思考是随时随地的，自己生活工作中所见所闻的点滴都能触发作者思考的延展，最终，点状的思考汇成了一条河，完整地记录了作者过去的人生之路，展示了作者的"炼成"。客观地讲，作者文章题材并不广泛，体裁也有些不成体系，受"业余"所限，文章也缺乏一定高度。但是，作者始终保有一颗热爱生活、源于真实的心，所以，文章取材虽多是日常琐事，却触摸着时代脉搏，沉淀着世相百态、冷暖人生，表明着爱憎分明。文字方面，表达简洁、不拗口晦涩，读来质朴、接地气，透着一股子生动平和的文风，难能可贵。人的一生都在路上，随时都会遇到意想不到的情况，面对生活，智者不是坐等好心情，而是无时无刻的驾驭着心情，让我们都学会从生活中获益吧。生活，是值得我们感谢的。

我和作者曾是一个单位的同事，那时他做财务工作，我做新闻编采和经营，只知道他热爱读书，不想却笔耕不辍，发表了不少文章。而今结集出版，虽文章历时久长，却栩栩生动，读来令人爱不释手。以他的追求与性情，想必依旧在写。那就期待再出成果吧。

浅析小说《软脚鹞》的象征与对比

戎爱军

当各种各样的概念叙写充斥小说市场的时候，一部以现实农村生活为主线的长篇小说映入了读者的眼帘。正是由于它的真实与深刻，让读到这本书的人无法释怀。还是让我试着讲述这个故事——

草琴是西北一个偏僻农村的农民。草琴有初恋，她爱上了走村串乡的小木匠。父亲知道后坚决不同意。在遭到父亲的一顿毒打之后，草琴离家出走，然而她的出走没能延续自己的初恋，却成就了她和民办教师友道叔的姻缘。友道叔老实忠厚，草琴却无法爱上他。在生育了一子一女之后，草琴遇到了能说会道、会唱会笑的后生三娃。一次意外事故让友道叔卧床不起，三娃为了能与草琴终日相守，竟以鼠药谋害友道叔。友道叔被救，三娃和草琴仓皇中逃往省城……会弹三弦唱酸曲的三娃让夜总会的生意火爆，而草琴却对灯红酒绿的生活感到极度的不安全。城里的生活让三娃如鱼得水，与模特丰采菊的相爱更让他觉得和草琴的过去原来是如此的可耻、可悲。

绝望的草琴买来鼠药，本要毒死三娃，却制造了省城当年最大的命案……

作者娴熟地运用了多种文学手段，使这部小说颇具艺术性和可读性，从而一版再版，受到读者的欢迎。

一、主线和复线互为映衬，故事立体、丰盈，对比强烈

三娃与草琴的情感纠葛是贯穿整个故事的一条主线，"我"与李金枝的工作生活是一条暗线。如果说草琴的悲剧，来自于山村教育的缺失、封建的意识、法律的盲区的话，李金枝则是新一代农村女性形象的代表，她们有知识，有头脑，懂得追求幸福生活的方法。李金枝克服重重困难，刻苦求学，在完成了基础教育之后，又勇敢地回到农村，坚持理想，用自己的双手和智慧，与心爱的人一起改变农村的贫穷与落后，同时也完成了自我价值的实现。

小说的最后，当走投无路的草琴回到家乡，站在塬上，看着李金枝及她的母亲与王友道和学生们平静幸福的生活情景时，她的悲惨命运更加令人不寒而栗。当初草琴是为了追求幸福生活，盲目地与三娃逃离农村，却因为愚昧无知，犯下了不可饶恕的错误；而李金枝与"我"则是理智地返回乡村，希望能改变这里的一切。这种对比取得了十分显著的艺术效果，其内涵不言而喻。

二、象征手法的运用恰到好处

书中最具象征意义的是"软脚鹇"和"小草人"。"软脚鹇"是作者想象中的一种鸟，在题记里作者说，下雪的时候，这种鸟只要起飞就永远不能降落，因为它的脚没有力量，不能支撑它再次起飞。也就是说只要降落，它就难逃被冻死的命运。书中，"软脚鹇"出场的次数不多，一次是在李金枝和"我"返乡的途中。雪天，"我"对前途感到一片迷茫，李金枝用"软脚鹇"的故事激励"我"只有永远飞翔，才能不被现实拖垮；书的最后，当"我"对草琴婶执行了枪决后，友道叔又一次提及"软脚鹇"，"我"终于明白，草琴就是跌落在现实的积雪上永远不能起飞的那只鸟。

　　"小草人"是三娃用青草编的挂在三弦柄上的两个草人。当草琴和三娃相爱时，"小草人"卿卿我我，郁郁葱葱；而当两人情断义绝时，"小草人"干枯衰落，支离破碎。人们说"弃之如草芥"，小草人本就不值什么，草琴偏偏拿它来做理想的化身，其易碎的程度可想而知。"草琴"，就是挂在琴上的那根草啊。每每读到小草人被三娃丢在地下，任人践踏时，我仿佛看到了孱弱的草琴，蜷曲在墙角痛苦地吞咽着悔恨的眼泪。

　　《软脚鹞》的成功在于，这些文学手段被作者巧妙地运用而不着痕迹，无一丝牵强。小说围绕着草琴的悲剧，各种人物纷纷登场，矛盾不断上演：草琴与王友道名存实亡的婚姻、友全伯与宽志婆姨的乱伦、三娃与丰采菊的不对等的恋爱、草琴的儿子浩志对三娃刻骨的仇恨、现代文明与传统思想的对立等，随着故事的层层推进，矛盾也愈演愈烈。最终，小说把草琴的悲剧转化成落后的愚昧的社会的悲剧，使故事在高潮中戛然而止，又回味无穷。

望向花篱笆墙外的目光

——读马金莲长篇小说《马兰花开》

戎爱军

很久没有一本书像这本书那样让人纠结不已了。我说的是马金莲的长篇小说《马兰花开》。

父亲嗜赌成性，母亲为还债不得不让念高中的马兰辍学远嫁。马兰含羞忍辱迈进了婆家的门，仿佛一夜之间就从高中生变成了要负担一个大家庭的吃喝拉撒的小媳妇。对陌生的新生活，她有恐惧，但新生活也给了马兰很多惊喜。

婆婆敦厚善良，对马兰这个知书达理、不谙世事的小媳妇呵护有加，但面对苛责的二媳妇，婆婆要一碗水端平，对马兰只好人前严厉，人后抚慰。从开始的委屈、不平，到后来的理解和包容，婆婆的言传身教让马兰看到了作为一个回族媳妇应有的勤劳和宽容，也让马兰体会到了亲情的温暖。

二嫂手脚麻利，里里外外一把手，越发显得马兰处处技不如人，原本卑微的心灵因为有二嫂做对比而更加自卑。二嫂却也不是不通情理，只是生活的逼仄让她争强好胜，生怕落在人后头。对马兰的柔顺和恬淡，二嫂看在眼里，气在心里。

丈夫尔萨对马兰温柔体贴，但是生活所迫，只能与新婚妻子告别，和哥哥到城里打工，一走就是几个月。马兰心里幻想着浪漫的莺莺燕燕，尔萨明

知道新媳妇心里想什么，却碍于世俗和家庭的挂碍，对马兰表面上假装淡漠，背后却热情似火。

所有这一切让马兰难以捉摸，更无人诉说，马兰一阵高兴，一阵郁闷，一时晴空万里，一时又阴云密布，在这样反复的情绪和生活中一天天长大，成熟。夕阳西下，羊肠小路上晚归的羊儿还会让马兰有诗意的梦幻。外面的世界对马兰是有吸引力的，她想让丈夫带着她离开家，一起到城里谋生，但是作为一个回族媳妇，马兰知道自己的责任，生活使马兰放下诗意的浪漫，学会了隐忍，也学会了坚强。当公公婆婆相继归真后，马兰坦然地面对生活的变故，并为丈夫尔萨和他的兄弟们撑起了一片天。

《马兰花开》的情节并不复杂，通过两个回族家庭的生活变化，叙述了女主人公马兰的成长历程。小说在情节的繁复和情绪的婉转中慢慢展开，带领读者进入到了一个充满人间烟火气的回族家庭生活中。我们跟着马兰无助，跟着她羞怯，跟着她难过，跟着她纠结。这种纠结时时都有，在洋洋洒洒的

40万字中间，几乎不能有一处让人放开心胸做深呼吸的地方。这种琐碎和繁复，既是作者马金莲细腻的创作手法使然，又是生活的本真原貌。我们不能苛责马兰的胆怯，也不能怨恨生活的俗常，这正是回族媳妇的日子。

作品中，女性人物的形象丰满而立体，无论是作为主要人物的马兰、婆婆、二嫂，还是一般人物的桃花妈、奶奶、穆子媳妇等，一个个神采独具，语言风格鲜明，让人不得不感叹作者对生活的观察和描摹是那么细致。男子的形象相比较而言则是轮廓和粗线条的，除了尔萨和弟弟木舍比较抢眼以外，其他人物似乎掩在了众多女性的风采后面。而这也正像马金莲自己说的，她的创作以描写回族女性人物见长。

作品还有一个让人不得不思量的问题，就是如何看待"外面的世界"。如果说马兰和婆婆是传统和家庭的象征，那么二嫂、哈儿媳妇、婵婵则是在"外面的世界"摸爬滚打的。对于这几个人物，或者说对于外面的世界，作者无意识地做了负面呈现，结果都以失败告终，这一方面筑起了马兰心理上的篱笆，也让我们感受到作者内心对于纷繁的世界的抵触。

作者马金莲对主人公马兰的塑造充满感情，无论情绪怎样转圜，作者在结尾还是用高扬的笔法，让我们看到了一幅生机勃勃洒满阳光的画面：当春风吹起，马兰家的小院里绿树掩映、杏花缤纷。我们可以想象，马兰养鸡围起来的篱笆墙上一定会被她植满鲜花。

而马兰望向花篱笆墙外的目光是谨慎的，因为在外面闯世界的媳妇们生活并不如意，她们或别家弃子，或始乱终弃，离开原来的生活轨道没有为她们带来幸福，却让马兰真切地感到了背离自我的慌张。但马兰望向花篱笆墙外的目光又是坚毅的，因为她从周围人们的身上学到了隐忍和宽和，她坚守自己的本分，并开始用知识改写自己的命运。马兰望向花篱笆墙外的目光也是热切的，她感受到了大地的生机和自己体内蓬勃的力量，她勇敢地面对生活赐予她的酸甜苦辣。马兰望向花篱笆墙外的目光更是欣慰的，因为那个胆怯的小媳妇在一次次失败之后，享受到了成功的喜悦，成日紧锁的眉头终于展开，舒心地笑了。

这正是花开的意象。

一幅宁夏乡土风貌的风情画
——读小说集《潇潇春雨》

山蕴栋

我区中年作家张武的小说集《潇潇春雨》，已由宁夏人民出版社出版了。

这是张武继《炕头作家外传》之后的第二个小说集。作家像一个"宁夏通"，把读者带进了"塞上江南"这块美丽富饶的地方。书中所收的八个短篇、两个中篇，都闪耀着浓郁的宁夏乡土特色。对人物的形象既有细腻的工笔画，也有粗犷的素描和木刻，既有对西北高原、黄河波涛的浑厚彩笔重抹，又有对"塞上江南"秀丽画面的精心修饰，给人们留下了较为深刻的印象。

这本小说集的开篇《瓜王轶事》，就给读者展现了一位本质纯良、聪敏机智、勤劳务作，又善于经营的回族老汉王保生的形象。对他的外貌、气质和性格都有传神的描写，使人看了可亲可信。

作家在塑造社会主义新人的形象方面，则更是激情满怀。《三把手》通过初次走上工作岗位的年轻护林员在检查过往的木料上，采取了和过去俗定成规不同的处理方法，解决了现实生活中的矛盾以及处理在爱情上产生的冲突，使人看了感到可信，没有生硬做作的说教。《外路女婿》则表现了青年一代的普通农民爱国家、爱社会主义的美好心灵和崇高精神，在人物的刻画上和过去的作品比较，有了很大的突破，更加细腻，更加丰满，更有深度。

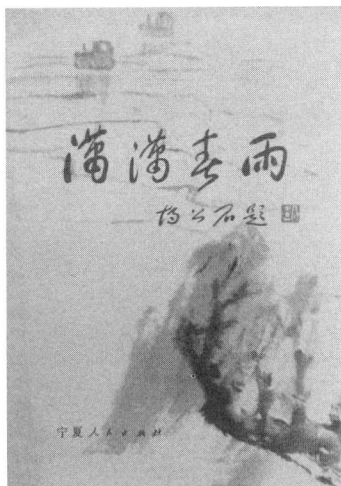

《看"点"日记》敢于接触现实，揭露现行体制中的一些弊端，从而揭示出改革体制、精简机构势在必行。

《渡口人家》通过黄河渡口上两户人家产生的矛盾和纠纷，展现了曲折复杂的情节，通过渡口人家这个小天地，反映了三中全会以后社会的深刻变化。

看了这本小说集，使人感到张武的小说已经初步形成了自己风格，这就是西北高原浑厚的生活气息，宁夏的乡土色彩，明快、生动、朴素的地方语言，使他成为一位具有比较扎实的生活根基，一定思想艺术修养，逐步走向成熟的中年作家。这本小说集与他的第一个集子比较，可以看到作者已经走向了多角度地、更广阔地反映不断变化着的生活领域。

《潇潇春雨》这部小说集，对于生活在宁夏以及大西北的读者来说，既可以重新领略我们这片土地上的生活，又会有一些有益的启迪，而对于其他地方的读者，则会赋以大西北和塞上的独特气息，很值得一读。

信仰的力量

——《隐形将军》书评

闫金萍

一部好书的出现，在有意无意间，总能把你吸引。《隐形将军》就是这样一本书。看着该书，我渐渐被一种无形似有形的力量感染着、激发着……

《隐形将军》一书是韩兢先生为其父所写的传记，由宁夏人民出版社于2017年出版。拜读过此书，我方知在我所生活的宁夏竟然还有这样一位传奇人物——韩练成。

韩练成，1909年2月出生于宁夏南部山区，1925年1月从军北伐，是被冯玉祥誉为"在北伐时与我共过患难"的青年军官；在中原大战中，他孤军率部救出陷入围困的蒋介石，深受蒋介石信任、提携，成为"赏穿黄马褂"的黄埔军校第三期学生，是蒋介石身边参与最高机密的智囊；在抗战中，他是统御桂系主力在正面战场奋战的抗日将领。

但，他同时又与周恩来保持着密切的单线联系。1942年6月，他与周恩来实现第一次会面，从此，确定了与我党的同志关系，开始了在周恩来直接领导下的秘密工作。他屡建奇功，莱芜战役，以王牌军46师师长（军级）身份，使得敌军溃败。

中共军事情报工作领导者李克农上将称他为"隐形人"，周恩来评价说：

"他一直是一个没有办理过正式入党手续的共产党员，他的行动是对党的最忠诚的誓言。"毛泽东称："我一手指挥我军千军万马，另一手也可以指挥国民党的百万大军。"蒋介石次子蒋纬国称他为"潜伏在老总统身边时间最长、最危险的共谍"。他叛逃后，蒋介石始终不相信他是间谍，并且破口大骂何应钦、杜聿明等人"都是你们逼的，都是你们逼他（韩练成）的，如果不是你们给他小鞋穿，他会投共？"

他唯一的儿子韩兢先生潜身史海，遍访前贤，历尽了二十余年的遥遥心路，才拨开重重迷雾，向世人展示了一代开国名将的人生传奇，解密一段令人神往的激情岁月。

1950年1月，时任西北军政委员会副主席的张治中曾当着彭德怀、习仲勋的面说："我问过周总理、韩练成是蒋身边的红人，并非常人从表面上看到的'杂牌'军人，也不是受排挤、没出路的人，这样的人为什么也会跟共产党走？"周恩来答："这正是信仰的力量。"

一个人有了坚定正确的理想信念，就能不懈努力、执著追求；一个国家和民族有了坚定正确的理想信念，就能披荆斩棘、攻坚克难。这是什么力量？这就是信仰的力量！

人可以没有信仰，而一旦有了信仰，那他的行为就有了来自灵魂深处的皈依。从北伐军官到抗战先锋，再到解放战争中我党的"隐形将军"，韩练成的传奇人生，正是对共产主义信仰的传奇演绎。

在他投身北伐的初期，虽然他已经有了反帝、反封建的热情，有建立大同世界的理想，但他在人生的每一个转折点，对前途的选择仍然多是在利害、利益这两种取向中摇摆。抗战爆发，责任和道义开始不断出现在他的选择取向中，他经常思考作为军人的意义，他逐渐固化了救国救民的人生目标，个人的利害和利益已经微不足道，无所谓了。直到他下定决心追随共产党，他的人生信仰就再没有改变过。而这种责任和道义的取向选择一直跟随他走到人生的尽头。

坚定的革命信仰，意味着牺牲与奉献。韩练成将军的一生是革命的一生、战斗的一生、无私奉献的一生，也是不断追求真理、修正人生坐标的一生。

在滔滔奔涌的革命激流中，崇高的革命信仰——为了国家和民族的解放、自强、发展，已成为激励无数革命者甘愿为之抛头颅洒热血的一种永恒力量。

共产党人的事业之伟力最深厚的根源在哪里？"人民有信仰，民族有希望，国家有力量"。这是习近平总书记对理想信念作出的注脚。习近平总书记一再重申："理想信念就是共产党人精神上的'钙'，没有理想信念，理想信念不坚定，精神上就会'缺钙'，就会得'软骨病'。"这一论断，把人的生命元素"钙"引入政治生活领域，高度概括了坚定政治信仰和理想信念的重要意义，科学分析了信仰缺失的严重危害，进一步强调了加强理想信念教育对于矢志不渝地为实现中国特色社会主义共同理想和共产主义远大理想而奋斗的巨大作用。

　　进入新时代，我们完全可以自信而自豪地说，正是因为有了信仰的力量，中国共产党人贡献给中国和中华民族、世界和全人类的，必将是红色的玫瑰和甘露的芬芳！

深沉的忧患与呼唤

——评长篇小说《只好当官》

董宝君

南台的长篇小说《只好当官》又一次重印了。这在文学比全球经济更不景气的时期，无论是对作者南台还是出版者宁夏人民出版社来说都是令人振奋的好消息。

《只好当官》首次出版时，作者没有署名，而是以"〇〇"代替作者，并声明此书"不能重印，便永不署名"，但出书两个月后，一万册书全部售罄，然后重印，这次是第三次印刷了。为什么这部小说受到读者如此关注呢？我想其中的警示作用恐怕是首要的吧。

笔者与南台同在宁夏人民出版社工作过，他的长相神态就是一本有趣的"人书"。他瘦高的身材，凸显出一个作家的冷峻气质；他真诚的笑容，显露了一个思想者的谦恭；他的一口西海固方言，保持着西海固农民的朴素本色；他有时慷慨激言有时又憨笑包容，妙揉了喜剧演员的幽默天才。可以说他是"人如其书、书似其人"，识其人，读其书，会感到实在、轻松与愉快，就像喝一杯宁夏红果酒，会收到甜畅微醺的效果。

《只好当官》与《一朝县令》是南台的两个"养子"。60万字的长篇小说《一朝县令》，1995年被中宣部列为全国"三大件"重点选题之一，1996年由

北岳文艺出版社出版，是当年北岳社"大槐树丛书"中的打头之作，荣获山西省"晋版图书一等奖"。《文艺报》《文学报》等几十家媒体争相品评与推介。在银川地区1998年畅销书排行榜名列第三。几年后，南台又创作出版了长篇小说《只好当官》，该书出版后，老百姓觉得解气，高兴地买来读；混官的担心影射自己，提心吊胆地让太太买来读；官太太们要规劝丈夫好好当官，悄悄买来让夫君读……一时，《只好当官》像地火一样蔓延开来，引发了"太太买书官人读""官人酒场流行语"等许多逸闻趣事。媒体更是好评如潮，有的评论家赞誉其书是可以挑战喜剧小说的世界霸主——《堂吉诃德》的当代力作。其人物的典型性，情节的推进性，环境的复杂性，故事的艺术真实性，喜剧色彩的趣味性，小说结构的航母性，揭露现实的尖锐性，语言风格的幽默性等，都与《堂吉诃德》可比而又相异，其神脉相通而又有创新，是我们这个时代的另一类喜剧佳作。

　　《只好当官》描写了一个乡下供销社代销点的小营业员一步步爬上省政

协副主席的为官发迹史，写的是"混混上天堂的故事"。

小说中的主人公高举，是个"天下第一可笑"的大草包。起初他只是乡下供销社代销点的一个小营业员，靠女人、溜须拍马和背后有靠山，最后混到了省级领导，充其量是个"什么都干不了，只好当官"的混混官员。他的官场发迹，有复杂的社会原因和制度因素。从文化角度来理解，他应当是不正常的文化土壤里蹦出来的一个混杂劣种。他就像一个低级动物那样喜欢调戏女人，骨子里就是一种野蛮文化的散发。他能轻而易举地拿到假文凭并以此作为升官的金字招牌，充分说明某些官员以课本文化来代替综合文化的狭隘意识。他能利用掌权的亲属做他升官的阶梯，这就是"朝里有人好做官"的封建文化的佐证。他能让高官当"保护伞"，本身就是对权大于法、官压于民的讽刺。也曾有张科亮、尚秀秀、陈万和、潘菊、富虹、柯莲等，都有机会将高举从上面扯下来，但终究让高举像泥鳅般一滑而过。这里有他们自身的人格特征而显得软弱和无奈，同时又一次暴露了"官大一级压死人"的传统社会顽疾。江湖老手范怀桓表面看起来豪迈大气，竟将自己的情人"妙女人"姜奻瓶送与高举套近乎，完全有机会让高举栽个大跟头，但他居心不良，保全自己，反而暴露了他的奴才相。因此，高举的官场传奇，实在是不良文化土壤的怪胎。但值得一提的是，高举的女儿是个单纯的学生，对爸爸搞假文凭却有几分不满意。这正说明小孩子的文化污染少，对这位不知羞耻的官爸爸倒是一个绝妙的讽刺。但无奈高举官越做越大，做坏事的手段越来越令人愤慨。最后只好等待上帝出手，来惩罚这个假文化人和混混官员。

鲁迅曾经说过："'讽刺'的生命是真实，不必是曾有的实事，但必须是会有的实事。"南台深谙此道，他就像一个功夫高手，刀枪棍棒、斧钺钩叉，样样运用自如，不露痕迹地对高举的"为官之道"进行了讽刺，对官场弊病进行了鞭笞。

尽管全书笔调是喜剧似的调侃与揶揄，但已经浸透了作者深沉的忧患与呼唤。他多么希望人们正视这种无情而又荒唐的社会现象，加快政治体制改革，弘扬社会正气，下大力气塑造健康的"官员"人格，让"只好当官"变成"好好当官"。

张贤亮说，这是个娱乐至死的年代。韩石山说，这是个喜剧的时代。过去写官场病的小说很多，但大多显得过于沉重、冷峻。而从事过多年编辑工作、"正襟危坐"的南台，却一改过去之文风，采用了喜剧的文字，喜剧的笔法，写出了这部喜剧小说。让人读之轻松，看之有趣，思之解恨，掩卷之余而又意味无穷。尤其是描写高举争"两个第一""桌下搞性爱""衣锦归乡阿门八""成也女人、败也女人"的一些精彩片断，令人拍案叫绝。如高举调到新闻出版局担任"扫黄打非领导小组副组长"兼"扫黄办主任"，借审查"黄色碟片"之名，引诱颇有几分姿色的印刷发行处副处长潘菊来搞夜审查，这一段写得妙趣横生，引人入胜，把高举这个白痴官员的丑态写得淋漓尽致，入木三分。正如作者所说："喜剧是张扬愚行的艺术，张扬不是歌颂，所以主人公常常会搬起石头砸自己的脚，但是，砸脚会痛却不会要人命。"

显然，南台是善于观察生活的，他能对高举这样的"下三烂"官员的卑鄙心理进行深入的剖析，刻画丑陋而反衬健康的官场氛围的稀缺可贵。他能以一种轻松、调侃的笔调来叙述人物的阴暗、扭曲、邪恶、无耻，但读者阅读之余的心理体验是并不轻松的，而作者呢，这种描述和创造，难道不也是一种沉重吗？作者的良苦用心，难道不是在呼唤我们这个时代应有的官场新风、官场文明吗？

这部小说的历史厚重感还体现在作者对中国官场病的深刻认识和诠释。古代曾有骄奢淫逸、暴戾专横、嫉贤害忠、争权夺位、通敌卖国、贪赃枉法、趋炎附势、严刑酷法、狡诈伪善、愚疾昏聩、贪位苟且、迷信求仙、反复无常、守旧悖行、助纣为虐、后宫乱政十六大官场病。

我们已进入了社会主义文化建设时期，但旧的腐朽文化仍未消灭，而且在某些地方有时变得更加复杂和残酷。高举正是这样一个典型的文化怪胎，他的身上既有古代官场的某些印迹，又有现代官场的生发创造。小说无情地揭露和展示他内心的丑陋和变态，更显示出了作者的胆魂、睿智和正义感，让人们看清这一跳梁小丑，从而深刻揭示出加快政治体制改革、建设"官场"文明的必要性和紧迫性。从这种意义上讲，南台是一个敢为官场病动真格的大手术家，同时也是一个"匹夫有责"的真正的作家和思考者。

人类之所以发明镜子，是因为镜子能真实地反映事物的面貌。一个人如果在镜子里看到自己衣冠不整、形象不佳，就会检查、纠正自己。《只好当官》出版后，很快成了大众话题。"好好当官"和"只好当官"只一字之差，但意思却相去甚远。可见，百姓在呼唤好官，渴望官场文明。这也恰恰说明广大民众对政府推行"良政"和"善治"抱有热切期望，也坚决支持。改善干部人事制度，转变观念、转变执政方式势在必行。否则，就像小说里的高举，他的官越做越大，他升上去的难度越来越大，他的行为造成的危害也就越来越大。

南台在本书的"跋"中有约，请明者、智者、达者、雅者、趣者、敏者来品其书。其实，只要是"文者"，就不难领略掩藏在小说幽默背后的忧思，也许，如书中高举之流，在我们这个社会再不能舒畅发迹，其人其行在官场、在社会不再如鱼得水，那才是我们这个社会的喜剧和福音。

用心的文字　耐品的味道

——读钟正平《 文字的味道 》

王佐红

文字结缘。最先读到钟正平先生的文字，是他在《六盘山 》某期发表的《西海固"文星""诗星"六家点击》，其文字凝练、言辞恳切、意蕴丰富、颇有洞见，我读之甚喜。随后他关于宁夏文学尤其是西海固文学的评论文章我读了较多，颇多认同，颇多收获。

2007年我从宁夏大学中文系毕业，持续爱好文学，因一篇论文受到我的老师李生滨教授等较大范围的表扬，可能被钟先生听到了，在固原的一文学会议上，我自我介绍时，他欣然表示知道，并眼含激励，我很受鼓舞。

我在阳光出版社当编辑时，因钟先生与那大庆社长相熟，颇多见面交流，我对先生有崇敬，先生对我有提携，来往之间，美好丛生。先生对我的信任让我很受感动，很受鼓励。首先，在他的信任下，由我具体承担，启动了他主持的"宁夏师范学院学人文库"出版项目，至今已出版三辑，还在延续，并且由我责编了他的文学评论集《文学的触须》。其次，在先生的进一步信任下，我这样一个学识与资历均浅的毛头青年在他专著的研讨会上做了主旨发言，最后形成《地域文学评论的重要收获与有益启示》一文发表。

我对钟先生还能写出优秀的文学评论是深信不疑的，但对他文学评论之

外的文字，很少接触。一是因为我的概念里先生是个出色的评论家，对他的其他文字形成了遮蔽；二是因为先生很少公开发表文学作品；三是因为我平时很少上网关注别人 QQ 空间……诸多原因吧，这次集中通读先生的这本诗歌、散文、随笔、小说合集，对他完整的文学活动有了全面的认识。按先生的意图，编辑出版这本《文字的味道》，是要对自己三十多年的文学生活作一个梳理和交代，因之本书文字及体例均较繁杂，难以学理探析，我大概是先生这本书的最早的通读者，就谈一些阅读感受与感叹罢。

一是钟先生具有多方面的文学才能。先生的成就与影响在文学评论方面，看官周知，毋庸多言。喜的是先生在诗歌、散文、小说创作等方面均显现出足够的好奇、积极的尝试与有意味的探索，体现了他对文学事业的热忱、文学情怀的丰富。本书收录诗歌21首（组），散文60篇（组），小说9篇，序跋8篇，比较全面地展现了一个痴情文学的人的写作轨迹。青年的时候渴慕热烈、放飞理想、情感饱满、直抒胸臆，所以诗歌是最初的尝试，是青春印记的显现。

他的诗歌有着明显的二十世纪八九十年代的时代印记，句式简短、工整，语言轻浅，主题鲜明，哲理思辨意味浓郁，特别追求深刻的思想性。初读时我感觉先生的诗歌是有一些汪国真诗歌的风格与韵味的。果不其然，他对备受争议的诗人汪国真颇多偏爱相惜，在汪国真去世的当天还著诗一首《有争议才会长久——悼汪国真》发表，并收录于此书中。

钟情文学的一生，一般的作者都摁不住对小说这一重大体裁领域的尝试。钟先生的小说创作始于二十世纪八十年代，虽然数量不多，却是本书中最有分量的部分。最早的作品，有板有眼，中规中矩，主题鲜明，一看是在大量阅读的基础上写作的。小说题材都具有鲜明的时代印记，《地软子的故事》里所塑造的奉献乡村教育收获人生丰富感受和理想爱情的陶老师，《陆梅》里面热心农村青年工作独有人生追求的陆梅，体现出理想高扬时代的共同价值，继承了中国现代文学现实主义书写的优良传统，与今天一些基本价值很不明确的作品相比，自有其可贵之处。后来的小说技术逐渐圆融娴熟，笔法不尽相同，美学追求与前迥异，表现出作为评论家的作者对小说艺术的刻意探索与尝试，充满了艺术探险和文本实验的味道。《民间风物》对昔年乡村社会奇人异事的回望与反刍，《老人与孩子》里表现的跨年之爱和人生沧桑，《狐猎》《羽化》里的象征意味和神秘化书写，《黑雪》里面奇葩年代里的时代伤痕，都是先生同龄同辈作家钟爱的主题与素材。说实话，先生的这类书写，与我读过的新时期许多一流作家的作品相比，并不逊色多少。《天空的树》更是一篇很有意味的小说，是多种笔法的精心尝试，暗合着作者的人生经历与生命体验，对人性的美丑、历史的曲直、民间的信仰等有精彩传神的文学表现，对"天空长满了树，个个奇形怪状"的"变形"主题的阐释精妙、深刻，意蕴深远，耐人回味。

钟先生的散文创作跨时最长，从习文之初到现在，形式丰富，有散文、随笔、札记、游记、日记、书信、Q言Q语等，不拘一格，随性而为，信笔写来，才华毕现，是先生评论之外最擅长、最感性、最有味道的文字。从内容上说，这些作品与钟先生高校教师的身份有很大的关系，散文文风很"规范"，很"温良"，有教材上经典散文的气度，一些句式很具现代经典散文特质，如《春》《风雨》《五月二日的片刻时光》《雨天偶感》等，多见名家名作的影子和格调。另外，先生散文中的情怀也多显师者特质，如"复学子书"中对学生人生两难选择的用心回复，《生命的碑》中对学生就业后职业命运富含长者情怀与师者柔情的关注。我觉得，先生的散文很多地方也难掩一个评论家的识见，如《诺奖感言》对诺贝尔文学奖的关注，《狄剧之殇》对无厘头戏说历史现象的愤慨等。

评论序跋是先生的文学"主业"，因有专著问世，此处收录的仅为专著出版后的新作，数量虽不多，但学术意义不菲，尽显学识才华，如《无声的歌谣——高琨花儿散文集〈黑牡丹〉序》，对高琨老人毕生钟情花儿散文创作的精到评述和对其突然病故的万分痛惜，读之令人不禁潸然。

二是先生对故土的热爱之情甚浓。读钟先生的文章，我每每生出许多自责来，感到了自己和他的差距。同生于西海固，他对故土的情感与书写，是我所不及的，是我所用心不够的，是我所没有投入为之的。他的散文表达出对故土西海固乡土的无限挚爱、浓烈情谊和无尽眷恋。《山区素描》等篇什，对西海固的一物一景、一人一事，凡相关联的都表现出足够的热忱，足够的兴趣与发现，作者情不自禁地感叹："山区的胸襟博大无比"，"在这里生活着的人，必须具备一种勇气：要敢于面对生命的寂寞和人生的'平庸'。意识到这一点，对一种长期的坚守来说，很重要。"即便是长篇系列游记《由西向东下江南》里，陶醉于江南画山秀水里的作者，人在江南水乡，心系黄土大地，下笔落脚，时时不忘故乡故土，他愿把才情主要放到对西海固地域文学的研究上，也正体现了他的如此特质。对所供职的大学，先生尤其热爱，不光记叙花草，注目学生，留恋校园，更为学校立赋撰歌，碑石刻之，校歌诵之，其《〈宁师赋〉再记》中：“文章千古事，得失寸心知，一赋百日得，搁笔双泪流！《宁师赋》之后，终生不敢再为赋！”的感喟，用心用情用力，令人感佩、崇敬。轻薄浅淡如我者，西海固生育了我、教育了我、成长了我，但我离开后其实再没有做出反哺故土的有效行为，连感情也日益淡化了，这是非常糟糕的。钟先生的文字不好高骛远，不自绝烟尘大地，贴近身边，贴近现实，多写葫芦河、老龙潭、荷花沟、长城梁、茹河瀑布、家乡的古堡、宁师校园里的花草树木等身边物什与关己的事情，如《身边的风景》《春行手记》等篇什，对身边微小事物的重视与表达，不但是词美情美的美文，更是值得赞叹和推崇的写作态度。作者的文字中多处出现“山区”“六盘山区”“宁南山区”“西海固”等字眼，倾注了作者对故土的浓情与爱恋。

三是先生的家国情怀浓烈。从钟先生的文字里，能强烈地感觉出他对祖国、对生活的热爱，对人生的珍重和用心，文人儒士与家国情怀在他的文字里达到了高度统一。《两个人的国庆》中在家着正装观看国庆庆典与阅兵的行为与书写令人难忘，敬佩；《集体性的人格缺失》中所流露出的现实忧思；《日本记感》中对日本国民的深入观察与细致思考及对国人的深切反省和忧虑，富含历史思考与现实思量，满彰知识分子的爱国情怀。文如其人，先生的文章与平日言谈颇多一致，文学之外，多涉及国家民族大事，表现出先生的独一份关注、奋发、挚爱，这是当下知识分子较大面积地历史虚无、思想偏颇背景下最缺乏的一种情怀与品质，尤其显得可贵，体现出时代最需、最优知识分子群体的价值选择与思想贡献，值得尊崇。先生对生活的用心是更多的，凡工作旅行每到一处，都悉心感受，访古问今，撰文纪念，久而久之，形成系列。国内国外的系列游记，能看出先生对每一段生活都非常珍视，认真对待，认真发现，认真书写，此是一种非常值得我们学习的人生态度。澳洲访学时对堪培拉游泳馆的留恋之情令人侧目，《澳洲掠影》《北行手记》《云龙湖手记》《晋北手记》《青藏记行》等对旅途风光与感受的优美抒写颇值玩味，《南行的三件憾事》（之一）中欲见女儿被婉拒的落寞与感叹引人共鸣。其实我们许多人的生活与情感都是平凡的，是基本庸常的，但都是面目独特、滋味别有的，我们缺少对这种感受与滋味的表达。零星地，我也去过一些地方，但每每匆匆而去，潦草而归，间有感受，但没有仔细品咂，更没留下什么文字，日后回顾起来时一片荒芜，其实是对自我生活的发现不够，是一种"自尊"的不够。读钟先生本书的文章，感叹之余，我发现用心生活的人是有魅力的，用心写下的文字是有历久弥新的味道的。

四是先生的文章均为有感而发。缘情而作其实是文学创作的一个重要原则，没有感情的文字比白纸更苍白。先生的文字中没有煽情滥情的内容，可能是评论家之因，文章多是中肯客观、厘清归正的语言。对网友的生日祝福，对国家大事的关心关注，学电脑的感受，旅行中的所见等，均不藻饰，不虚情，不做作，不夸张，都是用心书写的文字。先生笔下也从不掩饰对两性情爱的体味与诉说，集中体现在他的诗作里，且占有不少的篇目，我觉得，这是本书里最具私人化的心灵抒写，表达的是一个人在主要的生命周期里"甜蜜的忧伤"，是人性中的"缺憾"之美，极易引人共鸣。譬如《枫叶作笺》《无题》《假若》《错过了季节》《你生日这天》《其实我只是想时常看见你》等情诗里对两性情感的"深度"感发与"执著"书写，尤显苦恋挚爱、情深意浓、凄美感伤。这类文字情感饱满、用力甚深，虽题材为基本永恒之主题，但先生写出了自己的力度与感悟，也显现了"才子、英雄"之心态，足叹。先生曾和我谈起过，没有感情的共鸣他一般写不出文章来，在本书后记中也重申自己"不动情，不提笔"的创作原则。我仔细端详了他的文字，体会了他文章中的感情，几乎每一篇都是有感而发，少有为文造情的文字，无趋附权势利俗之言辞。包括寄语、序跋等，均用心对待，用情入文，有感而发。先生的文字是忠实于自己情感的文字，对自己的文学履历也是，本书的文体排序大体是按创作时间的顺序排列的，时间跨度达三十多年，依我之见，本书的诗歌、散文、小说、评论序跋的排序是从浅到深、从薄到厚的一个顺序，早期青涩的文字与后期精彩的华章一并收入，先生不忌读者误读，不怕暴露成长的稚嫩，亦不愿错过精彩的自己，而忠实自己的文学创作履痕，亦见先生为人作文的忠实、真实。

五是先生的文章语言中正平直，字正腔圆，流畅而优美。系文学教授与评论家之因，先生对汉语言的运用颇为讲究，颇有规矩，确有迷恋，始终在追求修辞的恰当表现与语感的节奏力量和味道，读之无任何障碍和隔阂，正如其《关于写作的一个"唯心"的想法》中所言："好的文章就是让每个字都排列在最恰当的位置上，不好的文章就是一些文字被放置的不合适。"其用力甚深的长篇系列游记《由西向东下江南》等文章尤体现如此，贯通历史、人文、自然与个人胸臆，语言干净、凝练、优美，悦目爽心。书中所有文句表意准确到位，不留歧义，明白晓畅，饱满有力。间有自作的诗词如"峥嵘岁月稠，又逢端阳至；白云绕山冈，阳光驻心田。""千里走彭城，夜看云龙湖；碧波含倒影，疑是梦中人。"简洁中有生动，轻浅中有深味，易读易解，易记易诵，韵律和谐，表意透彻，让人想起李白的《静夜思》。其实韵味悠长的文字并不一定非得追求"含蓄"、费解和绕弯子说话，关键是表达的准确与贴切。在与钟先生的交往及对先生文字的阅读中，亦感受到先生为人为文高度统一，有胸襟，有思想，有情怀，富理性，有态度，不隐晦，此是涵养他中正平直、字正腔圆、流畅优美文字的重要原因。

不过，也有美中不足的地方，有些篇章的文字似觉过于规矩本分，辞藻稍显直白平和，失却了个性文字之独特色彩与恣意之韵，先生的文学才华似乎因职业身份等原因而受到了某种节制和约束，不像先生的评论文字那么恣意汪洋、纵横潇洒。当然，于我，这已经是苛刻之责、尽善之想了。

今在先生的再次重度信任下，我失去了拒绝的力量，撰文论说先生此本文学创作的集成之作，我自知，每次的被信任，我其实都没有足够的能力与智识匹配好，惶恐歉疚交织于心，今又添一分。

　　浅薄文字，随感而记，必不达先生文字之韵，不求增色，唯愿不遮蔽先生文章风华过甚。美的味道，在先生的文字里；美的风采，在先生的华章里。

真实有重要的文学意义

——谈马慧娟《希望长在泥土里》

王佐红

读完散文集《希望长在泥土里》，感到亲切、欣喜，马慧娟笔下的风物世故、人情短长我尽皆熟悉，那是我老乡们的现实生活、本色"演出"与凡俗人生。马慧娟作为一个写作经验并不老道圆润的人，用不加雕饰的笔法、不加掩饰的真诚去书写的时候，完整地保留了这种生活的原味，杜绝了"成熟"作家们惯常的对底层生活的隔膜、想象、回顾、修改、消费与曲解等。她的散文就像一道道农家菜一样，尽管没有那么高大上，没有那么华丽精致，但那种本来的地道的自然的味道，会引发时下更多人的留恋与欢喜。马慧娟的写作也鼓励我巩固了自己一直以来的一个认识：每个人的生活都是精彩的文学，只有尊重自己的生活，竭力去热爱它，发现它，表达它，每个人都可以抵达自己的文学梦想。因为生活中的每一个人都是独特的、丰富的、有意义的，甚至是伟大的。每一种生活都是深刻的、值得尊敬的。而人们都有共通的某些经历、感受与发现。一个人具体而微的人生细节的回顾与展现，就会是触动另一个人的文学因子，就可以具有别人的文学性质的意义。马慧娟的文笔质朴、平实，语言直白、简单，但她或许是不得别法的选择直面白描真实细致的当下生活、阐发精神诗意，有效地实现了她写作的意义。设若她在文字上

用心过多了，玩味过多了，倒会对表现生活造成那种"流行"的遮蔽。

刘亮程谈到李娟的散文时曾说："我为读到这样的散文感到幸福，因为我们这个时代的作家已经很难写出这种东西了。那些会文章的人，几乎用全部的人生去学做文章了，不大知道生活是怎么回事。而潜心生活，深有感悟的人们又不会或不屑于文字。文学就这样一百年一百年地与真实背道而驰。只有像李娟这样不是作家的山野女孩，做着裁缝、卖着小百货，怀着对生存本能的感激与新奇，一个人面对整个的山野草原，写出不一样的天才般的鲜活文字。"

刘亮程也谈到了真实生活与文章遮蔽之间的关系，"我荣幸与之有相同的认识。李娟写出了本色的阿勒泰，深入的阿勒泰，她的独一无二的阿勒泰，写出了那些真实而低矮平凡的人们，那是别人没有过的生活经历，是别人没有过的幽微经验与隐秘情怀。"马慧娟的散文比于李娟的散文有一定不同与距离，但同样本色地写出了宁夏移民区，从山区来的移民们向新而焦灼的生活，妇女们独一无二的揽工经历，艰辛但达观坚韧的人生观念。那是没有扎实生活，没有本色内心，没有真诚勇气和可靠体验的人不可能得之的文字。

《希望长在泥土里》一书中，那些被记叙到的挖蕨菜、放羊、种温棚、铺薄膜、掰玉米、剪树、铡草、拉帘子等劳作经历，我少年时都有实践，辛苦劳累自不必说。但马慧娟的笔端流淌着热爱、欣悦，甚至自得，那是一种没有距离感的表达，不是一个非农民作家能具有的深挚情怀。

关于"底层文学"，我时有一些接触，作家们要么是隔靴搔痒，难及真味，要么是钩沉回忆，不触当下。引发我对"真实"的思考。何为真实？真实是绝对的还是相对的、主观的还是客观的？真实对于文学究竟有什么意义？有多大意义？我觉得理论家们并不能完全地究其尽。但生活是文学的土地和根本，马慧娟对自我及乡邻、亲戚、搭档当下生活的白描，不显现技术与经验的散文写作启示我们，生活真实和文学真实有时可以统一起来，显现重要的文学力量和意义。在文学中，真实是吸引人的，感染人的，醒人的，其意义和价值无法替代。

创作中，每个作家可能都有自以为是的自己的真实，但现实的本位的在场的真实还是要与自己的身份角色经历相一致。作为一名农民写作者，马慧娟与那些农村出生进入城市偶尔返乡的人不同，她写出了生机勃勃的《希望长在泥土里》，而那些返乡者，只是带着城市的眼光看到了乡村的凋敝。据此，马慧娟还可以写出更值得期待的作品。

高山仰止忆先生

——读简平先生的《王朝闻传》

刘建英

最近宁夏人民出版社隆重推出王朝闻先生唯一一部传记——《王朝闻传》，以此纪念王朝闻先生百年诞辰。

作者简平先生曾在宁夏贺兰县立岗公社"五七干校"生活过四年之久，对宁夏有着深刻而美好的印象。这样，我们有幸编辑出版这位大师撰写的《王朝闻传》。

简平先生原名解驳珍，是王朝闻先生的夫人。早年在北平和沈阳的大中学校从事过学运工作，后在中央美术学院和中国作协研究室从事研究工作，还担任过《北京日报》文艺部副主任、中国社科院文学所《文学评论》编辑部主任，享受"政府特殊津贴"。著有《微澜风雨见大波》《评贾大山作品》《没有休止的探索》《审美关系再探》等论文，编有《适应与征服》《王朝闻美术谈》《王朝闻论雕塑美》《王朝闻集》等著作。

在《王朝闻传》中，简平先生用凝练朴实又充满感情的语言，讲述了王朝闻从一个懵懵懂懂的农村少年，执著地追求自己的艺术理想，在大千世界中虽然经历了贫病、饥寒、打工和坐牢等磨炼，反复品尝到成功的欣喜和不成功的失落，养成了处顺境不骄矜、处逆境不气馁，勤奋惜时，重事业轻享受、

终生不事奢华的良好品格，最终成为中国新文艺理论创作与研究的著名学者的经历。在书中，作者很少讲到个人的恩怨得失，更多的是讲王朝闻先生的艺术创作和美学思想产生的历程。

《王朝闻传》一书的封面选用了一张能够充分体现王朝闻人格魅力的肖像，镶嵌在精致的画框里，一行苍劲有力的"王朝闻传"四个大字，使封面设计得更加灵动，将王老的宽容亲切、平易和蔼、睿智幽默一览无余。同时，在王老照片的右侧又摘录了作者在《王朝闻传》一书中的一段话："多年过去了。有时候我会发生错觉，仿佛他仍然专注地在书桌前写作，或者玩赏心爱的石头，又仿佛他在客厅与朋友们热诚的交流。"既点明作者与王朝闻先生相濡以沫的关系，又在深情的缅怀中渗透着对丈夫事业真挚的理解与支持。

王朝闻先生的美学思想独树一帜，极富创造性，揭示了现实美、艺术美和审美心态的客观规律。他是一位热爱生活的人，注重体验生活、观察生活、感受生活，把握审美规律，解读审美心理。哪怕是身处逆境也不忘记搜集与艺术创作有关的群众语言。在下放劳动时，有一天，到王朝闻房间来玩耍的孩子们翻他的笔记本，突然嚷起来："恨天高，恨天高！""什么恨天高？"一个孩子指着速写说："这不是恨天高吗？"哦，原来是这位身材矮小的农民的绰号，一种惊喜的感觉袭来。王朝闻觉得这个绰号比武大郎的绰号"三寸丁"更有趣，不只反映了对象的外形，而且反映了对象的心情。还有一次，正当王朝闻被造反派架着急匆匆行进时，他却忽然欣赏起面前这一队人流起伏运动的线条来。正是王朝闻先生将自己的艺术美学理论和日常审美感悟结合起来，善于在日常生活中平淡无奇的现象和他人熟视无睹的细节中发现美的规律，无论是水中轻柔扩散的波纹、屋檐下淅淅沥沥滴落的雨珠、蓝天上悠悠飘浮的白云，甚至他收集的一块不起眼的石头，他都能够从中发现对美的独特认识和感受。

二十世纪五六十年代，政治运动频繁，王朝闻也曾后悔没有从事艺术创作，而搞了艺术评论，但他仍不忘自己的职责，尖锐地指出："政策只能帮助作家认识现实，而不能代替作家自己对现实的认识，更不能直接为他提供具体形象。政策不等于创作方法，更不是创作的源泉。"在那个革命精神高昂的年代，他对政治与艺术相互关系的理解，已经超越了认为艺术的功用不过是简单直白地进行政策宣传的阶段，反而处处强调不可忽视艺术创作自身的规律性。

在"文革"期间王朝闻因为是所谓的"反动学术权威"而经常被拉出去批斗。有一次首都美术界各单位的造反派联合贴出海报，说某日某时要在北京展览馆批斗美术界的黑巨头蔡若虹、华君武、王朝闻，而且让关押在中央美院的牛鬼蛇神给他们每人画了一张漫画像。批斗会那天，造反派扭着他们这三个人的双臂、按着头押上前台。当好不容易批斗结束，王朝闻终于可以坐下来舒了一口气时，却仔细地端详起自己的那幅漫画像：戴着黑边眼镜，手里拿着"黑线牌"钢笔正在专心致志地炮制黑文章。王朝闻越看越觉得那神态画得生动形象。遗憾的是，当时没能将它保存下来。"文革"结束后，得知那幅漫画是造反派强令丁聪先生画的，王朝闻竟然去找人家再给他画一幅。可是毕竟时过境迁，感觉不如原来那一幅看起来更有味道。王朝闻先生一生就是如此以苦为乐酷爱着艺术。

待人坦诚、不讲假话这个优点，可能会被看做文人的迂腐。纵观他王朝闻的一生，的确曾有几次例外，在强大外力作用下说了违心话、做了违心事，可是为此受到的良心折磨远非他人能够想象。作者也并未因为是王朝闻的夫人而对其有所隐讳，而是实事求是地讲王朝闻的性格中确有怯懦的一面，"在王朝闻的一生中，这样的'立场考验'并非仅此一次，后来还有过好几次。无论为人、为文，他实在不愿意讲违心的话，但在所谓'大是大非'面前不讲又不行。弄得他在家里唉声叹气、焦灼不安，拿起笔又放下，简直是走投无路的感觉。最终，还是按组织上的要求去做了"。王朝闻为避免授人以柄，甚至在结集出版的《论艺术的技巧》《一以当十》中，也未敢删去批判胡风和江丰的文章。这种怯懦是那个时代的通病，但王朝闻先生为此不断的自责，一有机会马上改正。

"文化大革命"结束后，王朝闻先生争分夺秒抢回逝去的时间，努力完成了《适应与征服》《王朝闻文艺论集》《论凤姐》《开心钥匙》《不到顶点》《再再探索》《了然于心》《审美谈》《审美的敏感》《似曾相识》等理论著作和论文集。

王朝闻先生原名昭文，后取"朝闻道，夕死可矣"语义，更名王朝闻，表示以对真理不懈的追求为天职。晚年仍以"夕不甘死"自勉，天天黎明即起，奋笔写作。这位老人从离休至逝世的16年间写下了一千余万字。理论专著及编选的论文集：《审美心态》《王朝闻集》《会见自己》《王朝闻学术论著自选集》《雕塑雕塑》《〈复活〉的复活》《我的游踪》《东方既白》《从心上来》《神与物游》《吐纳英华》《趣与悟谐》《王朝闻书信、题词选集》《王朝闻集》《石道因缘》。

主编的著作有：《中国美术史》《中国民间美术全集》《中国石窟雕塑全集》《八大山人全集》。王朝闻先生以几十部近达千万言的著述，成就了一座学术丰碑。他的美学思想和理论建树，指导和影响了新中国的几代美术工作者。

王朝闻一生勤勉，尤其是他的写作方式与众不同，每看一遍就要改一遍，在真挚生动的叙述中见观点，不只以理服人，还以情感人，精益求精。就像做雕塑那样，先把泥巴堆起，然后这儿添上一点，在那儿刮去一点，反复端详、反复修改，使观点和表述在修改的过程中趋于成熟。与王朝闻先生相识已有半个多世纪的美术评论家夏硕奇对他的严谨治学态度印象很深："朝闻同志对自己的文章总是改了又改，不断锤炼；因为改动地方太多，拉出一条条线来，被人戏称'放风筝'。"实在乱得不行时，就发动全家老少齐上阵，流水作业，帮着誊抄稿件。

天道酬勤，王朝闻先生也获得了许多荣誉。

1988年10月，再次当选中华美学学会会长，至九十年代改任荣誉会长。

1991年10月，获得国务院政府特殊津贴。

1996年，卸职中国美术家协会副主席，改任顾问。

1996年12月和2001年12月，中国文联两次授予"中国文联荣誉委员"称号。

1999年9月，文化部授予"文化部第一届文化艺术科学优秀成果奖特别奖"。

2001年6月，中国文联和中国美术家协会授予"第一届中国美术金彩奖成就奖"。

2001年12月，中国作家协会授予"中国作家协会名誉委员"称号。

2002年5月，获造型表演艺术创作研究基金会授予的"造型艺术创作研究成就奖"。

在《王朝闻传》中，简平先生首次披露一些珍贵的图片和事迹，以翔实的资料、独特细腻的笔触，既展现了艺术大师风范，又展示了王老童心未泯的可爱一面。在东湖边凉亭里，王朝闻喊着戏台上的锣鼓点，弯腿挺胸，两只手还不停地做动作，认真地教几个六七岁的儿童走着"矮步"……

在王朝闻先生诞辰百年之际，我们隆重地推出这本传记，益于读者更多地了解王朝闻先生的风采，以志衷心纪念。正如编辑小语中写的：王朝闻在文化、艺术尤其是美学领域，终其一生，耕耘不辍，硕果累累。无论是他诚善待人、虚怀达观的品格，深入实践、勤奋治学的作风，还是他信念坚定、稚真求道的精神，都已成为今日难得的宝贵遗产。

一部奇谲诡异的经济社会小说

唐　晴

这是一部奇谲诡异的中国经济社会小说集。

我们不妨先看看篇目：《高人》《珍邮》《迷乱之夜》《纸上谈兵》《金融街》《金手指》《命运玩笑》《小虾找地》，涉及炒邮票、炒期货、炒股票、炒地产等，虽然都是反映经济社会中人物命运的题材，但是，无论故事内容、思想内涵，还是语言表述、结构形式方面，却没有一点点的重复或者雷同，每一个人物都是有血有肉、极富个性特征的，每一篇都让你产生极强的阅读欲望和阅读痛感。

这部书不只是中国改革开放三十年经济发展的历史见证，更是一部刻画第一批投身于经济大潮中的勇士们在社会体制变革、观念变革时期，理性与感性、物质与精神、良心与利益之间的冲撞、纠缠、挣扎与蜕变的心理大书。这些小说，称它们为纪实小说也好，非虚构小说也好，它不会像某些流行一时的经管类图书那样昙花一现，也不会像经济类、历史类、资料类图书那样枯燥无味。这本书的文风奇谲诡异，文思不羁，处处充满了富有现代城市气息的黑色幽默、人性挣扎。它既可以让"向钱看"的人们兴致勃勃地从书中寻取"赚钱"与"较量"的经验教训，又可以使"看世界"的人们全面了解经济大潮中人性的种种表现与人物命运的曲折多舛。

　　这就奇了怪了，这样的小说，为什么没有大红大紫？一是作者的低调与媒体的缄默，二是没有合适的出版时机。改革开放三十年，人们与媒体都热衷于经济本身，娱乐至死，在出版业一度兴起了经管类图书、通俗荒诞类图书热，从而冷落这样冷眼看世界、鞭辟入里揭示人性的经济小说是令人深思的事。矫健是新时期以来山东文学的标志性人物，是中国文坛的重量级作家。但是，出生于1970年以后的人大多不知道他的名字，尽管出生于二十世纪五六十年代的作者、读者对矫健及其作品至今不能忘怀。其代表作品有获1982年全国优秀短篇小说奖的《老霜的苦闷》，1984年获全国优秀中篇小说奖的《老人仓》，获2008年山东首届泰山文艺奖的短篇小说《金手指》，获北京市建国35周年优秀作品奖的长篇小说《河魂》，电影剧本《阙里人家》、电视剧本《飞越》获影视界优秀作品奖等多个奖项。正当他创作如日中天之时，他却从文坛华丽转身，投身于时代的经济大潮之中，也正是如此，他丰富的商海经历成为了他书写经济小说的富矿，先后创作了获第九届山东省文艺精品工程奖的《楼王之谜》以及《金手指》《命运玩笑》《高人》等具有现代城市气息的作品。虽然矫健老师最终又回归体制内，担任了烟台市作家协会主席，然而，他天性自由不羁，一副老顽童的模样，并不与媒体人周旋，不玩QQ，不聊微信，甚至连必须要发的电子邮件也委托夫人代劳。这样的时代，这样的作家，其作品又怎么在媒体上火起来呢？

小说集《金手指》从内容上来看，《金手指》应该是非虚构类小说；从写作方式上来看，它又是一种魔幻主义小说；从语言上来看，它似乎又应该是现实浪漫主义小说。作家像一个高超的魔术师，他用一种虚实相生、亦真亦幻的现实魔幻主义写法将社会现状、人物、情节进行了夸张和虚拟，运用具有黑色幽默、寓言式的叙述方法，最大限度地展示了被现实环境挤压，个人的渺小、无奈，许多主人公似乎都是以一种病态人物或者非现实人物的形象，活动于我们似曾相识的现实中，揭示社会的种种病态，进而对社会与人生、物质与精神进行了"别有一番精神分析学式的病例解剖和精神心理勘探"，让读者感觉到每一个事件就发生在自己身边，甚至就发生在自己身上，所以，主人公的人格分裂、人性挣扎、苦闷与抗争都是那么自然，那么真切，那么合情合理。

如果小说仅仅是讲述故事，揭示社会病态，忽略写作的思想性、现实性，那样的小说则是平庸的、低俗的。鲁迅先生说："所以我的取材，多采自病态社会的不幸的人们中，意思是在揭出病苦，引起疗救的注意。"矫健小说的主人公似乎是一种病态人物，却无一例外地在骨子里具有一种执著、拼搏、善良、求真等充满力量的性格，向着自己的目标不屈不挠地挺进。作家运用足够独异和强大的语言、故事能力，对生活上存在的种种乱象进行复杂而具体的描述，使之具有极强的当下性，从而使人有所感、有所悟、有所痛、有所思，这使得小说更吸引人，更有力量，更具有社会批评性和思想性。小说集中最具典型意义的是《高人》和《金手指》。

　　《高人》的主人公作为"脑袋"的我和作为"身体"的米小强之间的合一与分裂，其实就是对现实中追求自我价值与顺应社会安于物质生活之间的矛盾、对立而产生的撕裂与依恋。"脑袋"是复杂的、智慧的，"身体"是简单的、感观的，"脑袋"要追求生存的意义、人生的价值，而"身体"却只需要肉体的满足。"脑袋"深爱雨妹，却要雨妹接受米小强，"脑袋"说："从我懂事起，就一直处于灵与肉的分裂状态，没办法。再往深处看，世界本来就是一面摔碎的镜子，完美只存在于瞬间。你想，生命美好，却有死亡追踪；爱情纯洁，却难敌俗世污染。你爱的人未必爱你，爱你的人你又未必中意。理想如流星，最终坠落于现实……我们能做什么？只能适应分裂，只能弯腰捡起碎片，为自己拼凑一个完整世界。""必须拼凑——我和老米拼凑成一个完整的人，你和我再加上他，拼凑成一个完整的家庭。这是绝望的勇气，有了它我们才能生存下去！""脑袋"需要的是精神、物质和爱情的高度统一，然而现实中往往不可能，当雨妹很投入地把与"脑袋"接吻的热情带到"身体"那里，成功地拼凑起一个大丈夫的时候，"脑袋"却无法忍受爱情屈服于物质和肉体，他"无法控制自己，陷入茫茫黑夜一般的无尽悲哀……只有绝望。我在黑暗中瞪大眼睛，望着破碎的月亮，望着破碎的我"。因而，"脑袋"在期货世界中，"会抛弃一切烦恼，进入忘我的境地"，"期货是我所遇见的最古怪精灵的东西，它使我陷入一种夸张、变形的生活。期货犹如一面哈哈镜，精准地概括出我们这个世界的荒诞性。"在获得巨大的经济成功之后，身体开始追求物质和肉体的享受，最终"脑袋"与"身体"无法再融为一体，"脑袋"只有跳楼自杀了。小说的结束定格在那一颗格外硕大的脑袋被披风挂住，孤悬窗外，随风飘荡。这是一幅浪漫而悲壮的漫画，披风代表英雄主义和理想主义，脑袋则是人性、精神文明的昭示。巨大的披风托着硕大的脑袋摇晃在空中，是彰显人性和精神文明不会死去，它会冲破一切纠缠与困扰，终究会高于物质文明，高于世界一切。作者通过这种魔幻式写作，直抵人心、令人惊魂地描述了新时期经济社会中种种乱象，这个结尾使作品具有了伟大的现实性、思想性，最终发出呼喊："谁来救救脑袋！"令人触目惊心，掩卷唱叹、深思。

在《金手指》中，作家更是借一名心理医生也无法抵挡物质世界众多病态人物的思想，最终投身炒汇而获得巨大成功，他说："我得承认，钱对于我的人生，具有无比的重要性。它保障我独立自由，使我过上有品位的生活。我无法想象失去那本存折之后，如何在这世上立足。"然而，作家细致地描述："马医生褪下手套，这双手就沐浴在霞光里。天啊！这是一双什么手？指甲被啃得一派狼藉，残破不堪，十指秃秃呈粉红色，有的地方还带着血丝。"这就是人们眼中羡慕的金手指，它追求财富，拥有财富，而它的主人内心却充满了不安和恐惧，所以被主人啃得如同："刚从狼嘴里夺回。再仔细看：失去指甲保护的手指，就像一群遭到强暴、被剥光衣服的姑娘，呈现出难言的羞涩与痛苦……"心理医生明白："我并非炒汇高手。我只是面对毁灭、面对死亡的恐惧而下单。"这种物质与精神的撕裂带给他常人无法想象的痛苦，最终他消失在了人们的眼中。

中国基建投资的黄金时代已经过去了，房地产投资的黄金时代已经过去了，住宅热的黄金时代也过去了，那么，有什么没有成为过去？永远也不会成为过去？生活。有人性的生活，有尊严的生活，有意义的生活。目前，集聚财富的能力在放慢，要构建的是经济增长的新常态，是时候冷静下来，认真思考一下经济社会的正常发展和人生的真实意义了。小说集《金手指》不可能是一部点石成金的金手指，但它一定是拂拭人心的金手指。

高原上倔强的独行者

——评《词语奔跑》

唐　晴

十多年前，我在西海固工作，听说当地有个痴迷于写诗的人叫单永珍，随后关注了他的一些诗作，感觉还不错。大概是2000年，因为我的一首诗发在《六盘山》，一个同事在街上碰见我，对我说，他旁边的人就是单永珍（当时他是《六盘山》诗歌编辑），我很吃惊：焦黑的皮肤，纷乱的头发，背着一个松松垮垮的包。一问才知道，这家伙刚从青藏高原归来，浑身的酥油味和羊肉味。

这一去，好像站在了世界屋脊之上，接受了高原的灵性，单永珍的诗风大变，西部，成了他割舍不去的情人，紧紧与他的生命融合在一起。

扛一袋西风

盛一碗寒露

瓦亭的屋檐下

一个蜷缩在羊毛里的皮贩子

喊着——

冷啊

——《瓦亭：西风中的九章秋辞》

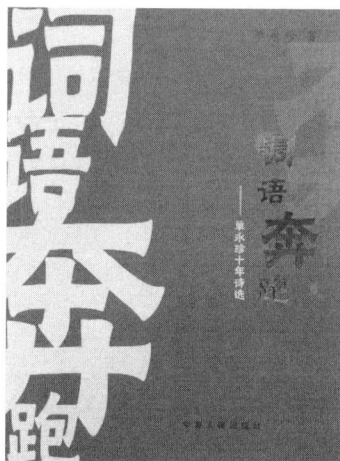

如果是午后，如果是清洁的手抽风

不妨看看丧家的地主家的牦牛长吁短叹

——《尕朵觉沃》

穿过青藏铁路的藏羚羊卸下惊恐

唐突的马，翻晒爱情

一群巡逻的鹰列队向落日敬礼

——《唐古拉》

这些典型的西部形象在单永珍的笔下，把理性上不可理喻的事物变成可以具体感知的事件，并借助他奇妙的个人修辞学，使我们在语言的开掘过程中，让一些事件，一些细节，一些虚幻的真实，一些关乎个人心灵的认知溶解于作为历史与现实语境的象征世界。

声声雁鸣，飞不过一截秦长城的阴影

一根蜿蜒的贵族腰带流落民间

——《西海固：一截秦长城》

戈壁里的驼队，背对遥远的东方

他全部的力量，来自一只蠕动的蚕

——《嘉峪关：落日一瞥》

一匹蒙古马的嘶鸣是我雪域高原上写下的箴言

它足以拯救

一个人内心的颓废部落

——《途中：部落的马》

这样的诗歌，在西海固诗人当中很少见。这是对历史的认知，也是对心灵的慰藉，更是对生命的深情关怀。虔诚是单永珍写作的原动力，他的文字总有一种敬畏之心。有了这颗敬畏之心，他观察事物的角度就有所不同，写出的诗句就与别人不同。他对语言的磨砺，对事物的敏感，让我时常在他弥漫的文字中读出好来。

我在编辑他的第一本诗集《词语奔跑》时，被他深入骨髓的悲悯意识所吸引。这种意识在他十多年的写作生涯中贯穿至今，从原来的大悲大悯，到后来的大彻大悟，他的写作一直把自己逼到极致，就像在悬崖边舞蹈。

这些年，单永珍一直奔走于西北的草原、戈壁、大漠、雪山之间，一脸的疲惫，一脸的忧伤，一行行地写下奇绝壮美的诗篇。他算是一个真正意义上的行吟诗人了，不同于一些诗歌写作者，捡拾一些陈谷子烂芝麻的小情绪，加一点关怀，调一点忧郁，撒一撮哲理，没心没肺地写着那些麻木的诗歌。

而单永珍的诗，更关注生长的土地，关注土地上的人们，正如安奇所评："歌唱者最终揭示了自己的内心，只不过，他不是以虚假的方式缥缈陈述，而是将自己的胸膛用一把解腕尖刀剖开，将心中的鲜血泼洒在生存的西部大地。"

让狂风把所有的尘土吹进我的眼睛

喑哑的痛苦使我茫然四顾

心情是一把割尽麦子的镰刀

射出冷凝渗骨的光，泪水四溢

——《宁南山区》

故乡的春天，我所能祭献的是一场如丝的小雨

为沉默的父老乡亲点燃希望的风景

——《春天的献诗》

今年旱了，主啊

请把你南方的雨水赐予我北方的心伤

——《今年旱了》

我喜欢单永珍身上的匪气，喜欢他的反讽、夸张、变形，喜欢他语言上的特立独行。他的诗歌有时甚至不讲道理，比如《昆仑 昆仑》：

千万不要说出：昆仑 昆仑

就像一个通灵的孩子看见了神

他说：昆仑 昆仑

你说他的意识是混沌初开，还是大彻大悟；是童言无忌，还是禅意四溅。他更不讲道理的是写《青海 青海》这首诗时，第一句散漫得像散文诗，他总是一脸无辜地强调，那就是诗，绝对不是散文诗。不过，他总是有道理，我暗暗希望，他用不讲道理的方式写出最讲道理的让我们喜欢的诗来。

当然，诗歌写作对语言的要求是节制，把减法写作当成一种追求和自觉，使诗歌能让人读后眼前一亮，有兴趣再读一遍。就像卡尔维诺在《为什么读经典》中所说，所谓的经典就是"那些你经常听人家说我正在重读，而不是我正在读"的书。

高迴的西北大陆是单永珍自我放逐的灵魂居所，他跳出主流意识的羁绊，一味地与生活对话，与生命对话，如同囚徒面壁。他穿梭于寺院、帐篷、黄泥小屋，他的诗歌有着举意和理想，暗怀黎明的荣光，独行在路上。

> 我走在青海的土地上，我突然听到一句
>
> "黄河之水天上来"，顿时热泪盈眶
>
> 在与你擦肩而过时，诗歌，我背一袋精良的种子
>
> 种在老家的麦田里，人声喧哗的时候，大声歌唱
>
> ——《与诗歌擦肩而过》

> 春天的宁夏，寂寞的夜晚漫长而寒冷
>
> 是谁为歌声而沉醉
>
> 是谁在朴素的洗礼中为美舞蹈
>
> 又有谁能够把生命祭献，以血言志
>
> 谱写高高在上的墓志铭
>
> 我知道，为你的歌声失语于诗歌者

别无他人

——《歌唱或独白》

当他独旅于文明世界的边缘地带时，他时常用亢奋、嘶哑的喉咙打来电话，讲述一段他的阅历和悲伤。这时，我的眼前会呈现出两个定格的他：一个幽默得一塌糊涂的人，一个老实得像老树根的人。

西北风是什么？只是旋律

劲酒是什么？只是骨气

——《大地上的行者》

他对朋友率直、热情，只要你怀揣着诗歌的信仰，来到宁夏，这个在宁夏西海固角落里的家伙，一定会号叫着冲出来，请你饮干劲酒，饮出一身豪气。

高原上独行，他用自己的仪式诠释着内心的信仰，这种信仰，就是属于他的诗歌，他的文学世界。这个世界是他的，是我的，也是你的。

草根艺术史

——读《宁夏曲艺简史》有感

张 好

《宁夏曲艺简史》终于出版了，作者张爽历时五年编撰的这样一本书，从大的方面讲，是为了我区的曲艺事业作出的一个里程碑式的贡献；从小的方面谈，她的心血终于予以慰藉了那些从未见诸于历史的草根艺术家的心灵。那些走街串巷说快板的人，那些在田间地头说笑唱的人，从此之后被永久地载入了史册，草根艺术进入了典籍。

曲艺作为民间艺术，在1949年之后由于党和政府的大力支持，一改世俗化的低姿态，登堂入室，成为了新中国比较主流的艺术形式，无论在内容上还是形式上都取得了长足的发展。而宁夏的曲艺虽然有其一定的地域性特点，但正因为这一点，一直处于相对边缘化状态，没有能够形成广泛的影响。《宁夏曲艺简史》的编撰，志在填补本区艺术史志的空缺，并在此基础上隐然于全国的艺术史志，形成浑然一体的态势，其中的意义将不仅仅是文献的，更多的是来自小省区办大文化的自尊。

这种自尊绝非乡野鄙夫自说自话的妄自尊大，而是来自严谨、严密、严格的治学态度。全书的篇幅不大，这主要受限于客观现实：一方面宁夏地处边疆缺乏长期的文化积累，一方面由于地域局限而缺少交流，同时还存在着

因经济落后等原因导致的人才流失。但作者能在有限的篇幅内容掘出足够的深度以及丰富的内容，在不遗巨细的同时赋予全书全面客观深刻的面貌，不能不说是个奇迹。

众所周知，中国的史籍一般来说分为三种大的体裁，即以《史记》《汉书》为代表的纪传体，以《资治通鉴》为代表的编年体，以及以《通鉴纪事本末》为代表的纪事体。《宁夏曲艺简史》的撰写将这三种体裁全部采用，并以艺文志的形式将全部的作品目录附录于全书之后，务求不遗一人一事，不脱漏任何的作品。可惜的是，有很多的作品因为保护不力，厚作已佚，现在仅能存目而已，不能不说是个极大的遗憾。

《宁夏曲艺简史》是一部严肃的学术性著作，非深爱曲艺事业、愿为曲艺事业甘心奉献的人而不能为。这样一本书，不必苛求其发行量及读者的接受程度，在发行工作上力推各公共图书馆及专业图书馆，但得度藏一册于其间，后日必有为学者所用之时。君子不仅独善其身，日能兼济天下，呼之谓欤？为曲艺事业立功，为草根艺术家们立言，诚可道也。

人类童年的画卷

——读《久远的记忆——中国少数民族地区岩画精选》

陈 浪

  岩画是绘制或刻制在石头上的图画。作为世界性的文化现象，岩画积淀着古人火一般的激情，石一般的信仰，蕴涵着他们对未来的向往和追求。我国是世界上最早发现和记录岩画的国家，也是岩画资源极为丰富的国家。目前，我国已有22个省区发现有岩画，其中少数民族地区的岩画分布最大、数量也最多，是我国岩画的重要组成部分。

  2008年9月，"全国少数民族岩画联展"在宁夏银川隆重举办，联展以图文并茂的形式揭开了少数民族地区岩画的神秘面纱，展示了中华各民族童年时代的生命画卷和智慧之光。为充分展示此次联展的成果，加强各少数民族地区岩画学者、爱好者间的交流、学习，进一步向广大读者宣传介绍七省区少数民族地区优秀的岩画遗产，宁夏岩画研究中心从各省区提供的资料中，精心遴选了800余幅图片，并配以相关文字，编著成了《久远的记忆——中国少数民族地区岩画精选》（2010年1月由宁夏人民出版社出版，以下简称《久远的记忆》）一书。

  该书荟萃了我国7个少数民族省区的岩画精品，主要分为宁夏篇、内蒙古篇、新疆篇、西藏篇、青海篇、广西篇、云南篇等，每篇分别从地理概况、

历史沿革、岩画的发现、主要岩画点、研究成果等五个方面，对少数民族地区的岩画做了详细的叙述，充分展示了中国少数民族地区岩画艺术的朴美和神秘，具有较强的可读性和欣赏性。

在宁夏篇中，编著者指出宁夏岩画集历史上诸民族艺术之大成，具有分布广、数量多、内容丰富、文化内涵深厚等特点，是宁夏地区规模最大的历史文化遗产，也是世界岩画的一个重要构成部分。宁夏岩画最初以自然主义和写实主义为主线，其后则以抽象主义和符号化占据了主导地位，出现了一些通过高度概括、提炼现实生活中的各种具体物象，实现了作品的升华。在宁夏的主要岩画点内容中，介绍了宁夏目前唯一用彩绘法刻凿而成的白芨沟岩画，图案较多而又相对集中的大水沟岩画，最广泛使用敲凿法的偷牛沟岩画，以众多人面像著称的贺兰口岩画，作画时间延续较长的灵武岩画，再现畜牧社会许多场景的中卫岩画等。在宁夏岩画研究成果一节，主要介绍了目前国内唯一以岩画研究为主的专业性学术刊物——《岩画研究》，和目前世界上规模最大的岩画博物馆、中国唯一的岩画专题博物馆——银川世界岩画馆。

在内蒙古篇中，被专家称之为"美术世界的活化石"的曼德拉山岩画跃入读者的眼帘。据考证，其制作时间始于新石器时代，止于元明清，前后有几千年的历史。无论是奔腾的马群，还是翱翔的雄鹰；无论是长袍翩翩的舞者，还是弯弓欲射的箭手，都在书中用图片得以粗犷地呈现。而作为中国北方岩画代表的阴山岩画，内容题材丰富，草原特色鲜明，是中国古代北方原始人类和民族文化历史长卷中的连续性篇章，是"形象的语言，艺术的史诗"。

在新疆篇中，编著者说，新疆境内的各大山系几乎都分布着丰富的岩画，有阿勒泰地区岩画、哈密岩画、乌鲁木齐岩画、伊犁岩画、康家门子岩画等，其中以阿尔泰山岩画数量最多、分布最广，有"阿尔泰山千里岩画长廊"的美名，其在整个欧亚草原上都非常瞩目。康家门子岩画内容以原始社会生殖崇拜为主，在120多平方米的范围内，散布着大小不等、身姿各异的人物形象，总数多达二三百人。人像中有男有女，对不少男性的生殖器官刻画得十分突出，甚至出现了交媾动作。这些男性生殖崇拜岩画，规模宏大，造型优美，风格独特，技巧娴熟，是罕见的大型生殖崇拜岩画精品。

在西藏篇中，该书主要呈现了藏西岩画和藏北岩画。藏西岩画更接近我国北方岩画系统，以深具浓郁本土特色的高原岩画为主，其绝大部分内容为大型的苯教"血祭"岩画（如任姆栋岩画），忙于商贸运输或迁徙的大队人马（如塔康巴岩画），头插羽毛正凝神施法的巫师（如鲁日朗卡岩画），有组织的狩猎或放牧生活，以及程序严格的祭祀仪轨等，都在传达着早期的西部曾经有过长期的令人难以想象的繁荣与昌盛的信息。藏北岩画分布在藏北纳木错湖一带，有西藏境内最古老的岩画点（如加林山岩画），有"鸟崇拜"文化内涵非常清晰的岩画（如夏仓岩画、索县军雄岩画），有藏北地区最具有代表性的塔形图像（如小扎西岛岩画）等。在成果一节，书中提到了国内第一部研究西藏岩画的专著《西藏的岩画》。

在青海篇中，分别介绍了野牛沟岩画、卢山岩画和舍不齐岩画。野牛沟岩画大约是公元前1000年的作品，约有200个单体形象；在野牛沟岩画中，牛的形象是被着力刻画的，并且创作手法带有浓厚的模式化色彩。卢山岩画是青海岩画中最为著名的一处，共有39块大小各一的岩画石；在卢山岩画中，鹿的造型优美，线条流畅，嘴呈鸟喙状，是巫师通天的助手。另外，生殖崇拜在卢山岩画中也很引人注目，主要借有形的交媾来表达无形的生殖概念。舍不齐岩画则主要表现了动物和狩猎的场景。在一幅射猎的场景中，生动地表现了一名骑手正凝神追捕一头伺机逃窜的牦牛，猎人已箭在弦上，引弓欲发，其紧张激烈的气氛跃然眼前。在成果一节，介绍了以微腐蚀断代法测定青海岩画的举措，这是第一次对我国岩画运用自然科学技术手段进行直接断代；介绍了一部系统介绍和研究青海岩画的学术著作《青海岩画》一书。

在广西篇中，编著者指出，截至目前已在左江流域、右江流域和桂中地区共发现岩画90处。其中，规模最大、画像最多、内涵最丰富、最具代表性的是左江岩画中的花山岩画。花山岩画面积约8000平方米，尚存画像近1900个，以大小悬殊的人物为主。画中人物多为两手屈肘上举平肩、两腿下蹲的造型（被现今舞蹈家称为"蛙形舞姿"），整个画面呈欢歌狂舞之态。画面中蛙神的形态，不仅整齐划一，而且组合形式也千篇一律，被认为是壮族先民们的杰作。值得一提的是，花山岩画虽已有数千年的历史，但其所展示的稻作文化，依然鲜活地活跃于民间。

在云南篇中，编著者说到，由于多元文化的交融，云南岩画集纳了更多的文化因子，表现出古朴的风格，但其天真的构思、简洁清新的造型，却又相对保持着各自的民族性，富有强烈的表现力。云南岩画大致分布在怒江、澜沧江、南盘江、红河和金沙江五大水系流经的地域。其中，金沙江岩画是"云南境内目前发现的最为古老的岩画"（陈兆复语）；沧源岩画和麻栗坡大王崖岩画被国际岩画学界誉为"代表着一种巨大的原始创造力"，是世界史前艺术宝库中浓墨重彩的一页。在研究成果中,《云南岩画艺术》以较高的学术品位和艺术可视性,比较完整地展示了云南岩画的全貌。可以说,云南岩画是研究南方或西南原始社会的标本。

一轴上海纺织女工的生动长卷

——《 湿润的上海 》评介

陈 浪

长篇小说《湿润的上海》是上海作家林青先生原创的一部长篇小说，小说通过对二十世纪三十年代后期至二十一世纪初期上海众多纺织女工的人生悲欢、命运沉浮的描绘，和对上海纺织行业前后变迁的描述，展现了上海不断演化、色彩丰富的风情长卷。书中形象各异的几代纺织女工，她们的人生遭际各有不同，但她们表现出的人性美、女性美，感人至深，令人难忘。这部小说是作者写给他"心目中伟大的群体——上海40余万纺织女工"的，也是写给历尽沧桑而依然明媚的、举办2010年世博盛会的上海的。

纺织业是上海的"母亲工业"，女工在纺织从业者中占绝大多数。自从上海开埠，几代纺织女工的美丽与母性、坚忍与付出的故事，是那样哀婉动人，又是那样催人奋进。书中的纺织女工如桑阿珠、田小芬、董招娣、靳巧巧、樊赣英、许丽婷、顾翠娥、柏琴仙、马霞、施芳等，个个形象鲜明，栩栩如生，她们的成长、生活、工作，深深地打着时代的烙印，是那个时代上海纺织女工、也是上海纺织业的见证。此外，其他身份的女性如汤老太、俞漱兰、秦汝爱、徐雅芬、李米、项小涵等，男性人物如耿顺源、廖忠彪、徐冠槐、屠希右、尤玮等穿插其中，使得纺织女工的故事更加可歌可泣、令人动容。

这部小说，作者采用了艺术虚构和人物形象典型化的文学创作手法，坚持现实主义的文学精神，同时又融入了象征主义、超现实主义、荒诞派等文学艺术的表现方法，努力使这些艺术因素能够贴切而生动地描写中国社会和塑造人物，增加文学作品的艺术感染力。小说以直面社会生活、关注和刻画人民的生活和命运为其精神内核，以充满探索性的文学创新精神来塑造不断变化着的人们的精神心理和命运经历，把握和描绘时代脉搏和曲折走向，这种把握和描绘是丰富多样而充满感情的。

当以现实社会中的人物与生活作为创作题材的时候，仅从各种文学作品的不同问题的角度比较而言，粉饰与谄媚、对于人性的复杂性的漠视和简化、对于事物发展的多样性的扭曲和回避，若要在厚重的、即将走向广大受众的长篇小说中找到其寄居处、滋生地，是非常困难的。当代长篇小说中所需要的实验性和先锋性，使其和人们的日常平庸的生活以及生活中不尽如人意甚至丑恶的一面保持距离，甚至如水晶在瓦砾堆中一般发出了嘲讽和批判的鄙视。《湿润的上海》是直指人心人性的，也是"直面现实"的。它是把人性和现实美好的一面尽致地展现出来，也把丑恶的一面揭示出来给人看，还有一些是介乎美丑之间的，也以工笔的形式描摹出来供读者鉴阅。这些，都是这部小说的一大亮点。

别样的历史叙事

——《他者的视野——蒙藏史籍中的西夏》出版价值研究

赵学佳

《他者的视野——蒙藏史籍中的西夏》一书于2013年12月由黄河出版传媒集团宁夏人民出版社出版。该书出版后学术界的很多评论者对其给予了较高的评价，学者们普遍认为：这是一部选题新颖、内容充实、论证有方、叙述生动、雅俗共赏的历史学和文献学力作。中国社会科学院学部委员史金波先生说："这是一部视角独特，令人耳目一新、填补空白的西夏研究新著。"教育部长江学者特聘教授杜建录先生说："该书选题新颖，资料翔实，论证绵密，见解独到，行文通畅，充分体现了宁夏青年史学工作者学习先进、遵守规范、创新学术的远大志向和不俗实力。"2014年9月，该书获得中国出版协会古籍出版工作委员会主办的"2013年度全国优秀古籍图书奖"二等奖。本文主要从编辑的视角，结合该书编校工作的实践情况，论述该书的出版价值和阅读价值。

一、新颖的学术视角和学术观点

正如本书书名揭示的那样，这是一本基于"他者"立场，关注"他者"

视野，研究"他者"问题的新史学著作。该书全面梳理了迄今所见的蒙古族和藏族史籍中所载的有关西夏的史料，分类和分阶段研究了西夏故事在蒙古族和藏族史学中的源流与演变，比较了它们与汉族古代史籍所载西夏传记故事的异同，并以此为基础深入讨论了古代蒙古族和藏族史学家笔下的西夏故事及其原型问题，最后又评估了这些史料在西夏研究中的价值。

在运用"他者"视野对西夏历史进行叙事观照和钩沉、辨析"他者"史料的基础上，作者选取了六个既有史学趣味又有重要研究意义的问题，对关于西夏史的"他者视野"做了生动的阐释。一是唐兀与弭药的称呼缘起及其演变问题；二是藏文史籍所载西夏历史故事的来源问题。作者认为，它是在元朝政府和西藏萨迦派联合统治西夏河西故地的时代背景和汉藏命理学主导的意识形态下，由一个双方利益的共同代表者萨迦派学者兼宣政院院使——喜饶益希，以西夏故土留存的历史传说文本和史料为基础，通过追加和混合来自其他民族或不同语文的神话故事来完成历史叙事的；三是元代史籍所载成吉思汗征伐西夏史实的考证问题；四是元代官修三史《夏国传（纪）》的编撰体例问题；五是黄教史家对成吉思汗征伐西夏故事的演绎及其根据问题。作者认为对于成吉思汗征服唐兀惕这样一个重大历史题材，十七世纪的黄教史家们进行了大量的改编和演绎。无论是可能口头流传于十四至十六世纪的民间史诗、民间故事，还是十七世纪黄教史家们书写的故事文本，他们所讲述的成吉思汗征服唐兀惕的故事，毫无疑问是嫁接而来的，故事的内容主要采自于汉地、西藏和蒙古的文本及其口头传承；六是史籍所载蒙藏地区的西夏人后裔问题。作者通过对大量蒙藏史料的辨析，从"唐古特蒙古寻踪""西吴王传说释疑""昂仁西夏王族考""夏尔巴人族源考"四个部分翔实地考证了蒙藏地区西夏人后裔的传世与留存问题。

二、独特的学术价值和阅读价值

在史料钩沉与独特视角的基础上，《他者的视野——蒙藏史籍中的西夏》一书体现出它独有的学术价值和阅读价值，主要表现在以下方面。

一是内容新颖，对西夏学研究有填补空白之功。与过去研究者只注重汉文西夏史料的做法不同，本书通过对蒙古族、藏族古代文献中相关记载的全面梳理和悉心解构，为我们呈现了若干段迥别于传统中原本位主义式样，富有民族、地域和时代文化特色的精彩的西夏故事。过去治西夏史者，主要依赖的是唐宋汉文材料。与之相比，蒙古族、藏族等民族语文史料颇受冷遇。究其原因：民族语文史料传播不广，不被传统史家知晓；民族语文史料视角独特，不受正统史学重视。然而，站在唯物主义史学和中华民族多元一体的立场上，对历史上各民族的历史及其史学遗产都应该采取一视同仁、平等对待和取其精华、弃其糟粕的态度和做法。该书是目前学术界第一部系统梳理、细致研究蒙文、藏文古代史籍所载西夏史料的专著。

二是内容广博丰富，方法灵活多样，结论客观平实。作为一部涉及西夏学、藏学、蒙古学、中世纪中国史、少数民族古代史学史的专著，作者在尊重前贤研究成果的基础上，一方面继承了重梳理、重考证、重证伪的旧史学传统，另一方面又吸收了重田野、重口述、重原型的民族学方法，对研究对象进行了综合研究，所得多为平实之论，扎实而中肯。此外，该书附录部分"12种蒙藏史籍所载西夏资料辑录"，共收录"学术界关注较少"，"可能会带来新的研究课题"的西夏研究资料。这些资料主要出于《蒙古黄史》《金轮千辐》《蒙古政教史》《如意宝树史》《安多政教史》等蒙藏史籍，对于从藏文、蒙文史籍文献的角度研究西夏问题具有一定的启发意义。

三是全书集学术性与可读性于一体，能够满足各个层次读者的需要。它以朴实、明快的字句，由浅入深、娓娓道来的叙事，一丝不苟、逻辑严密的论证，生动地普及了唐、宋、西夏、元等时期中国各个王朝，以及党项、汉、藏、蒙等中华各民族的史学文化，生动地再现了十三世纪以后中国西北各区域文化碰撞、交流与融合的积极景象。

综上所述，《他者的视野——蒙藏史籍中的西夏》一书，立足"他者"立场，关注"他者"视野，研究"他者"问题，通过梳理纷繁复杂的蒙藏史籍资料，解读西夏学研究界的相关热点问题，有利于从不同角度接近历史真实的本相。同时，该书虽是一部历史学著作，但因之其朴实明快的语言和由浅入深、娓娓道来的叙事，其阅读性亦非常可观。

《增补万历朔方新志校注》出版价值研究

赵学佳

图书是文化的组成部分，具有传播文化的功能，因此，编辑在出版图书时要从文化的价值上考虑出版物的价值，确定出版的文化价值取向。

图书出版一般追求两个效益，即经济效益和社会效益。古籍类图书出版因受专业特点的限制，发行量不是很大，但其价值和意义是其他一般出版物所无法比拟的，对传承人类文明和积累文化有着不可取代的地位。也就是说，古籍类图书的社会效益不可估量，不仅可以给出版社带来品牌效应和良好声誉，还会给读者提供丰富的史料。近年来，宁夏人民出版社出版了一批具有地方特色的古籍类图书，如《俄藏黑水城汉文文献词汇研究》《增补万历朔方新志校注》等。其中《增补万历朔方新志校注》是范宗兴校注、笔者责编的，本文就我在出版该书过程中的经验和体会谈谈它的出版价值。

一、《增补万历朔方新志校注》概况

我国现存八千多种地方志，是我们中华民族文化宝库的珍贵财富。它记载了中国地方行政区域的政治、经济、文化、社会、地理、自然等的历史状况，可以说是独特的地方百科全书。《增补万历朔方新志校注》是宁夏人民出版社

2015年出版的一部特色鲜明的地方志古籍类著作。该书对清代宁夏方志《增补万历朔方新志》进行了校注，全书共分五卷，全面介绍了明万历年间宁夏的建置沿革、天文、地理、食货、内治、外威、文学等诸多方面的内容。

《增补万历朔方新志》一书源于明朝万历年间的方志《（万历）朔方新志》。《（万历）朔方新志》最初由宁夏巡抚崔景荣、杨应聘前后主修。万历四十一年（1613年），新科进士杨寿回宁夏镇候旨待任期间，接受巡抚杨应聘的委托，开始编纂《（万历）朔方新志》，万历四十五年（1617年）刊印。

明朝末年，到了天启、崇祯时，由于内乱外患，官府已无暇修志。清军入关后，顺治十五年（1658年），户部主事唐臣督饷来宁夏时得遗文数篇，于原卷五第五十七页后增补二十七页，并重刻曰《增补万历朔方新志》。吉林大学图书馆、南京图书馆、甘肃省博物馆均有收藏。1968年，天津古籍出版社曾影印出版过该书。①

二、《增补万历朔方新志校注》出版价值

本书是依照古代修志惯例，保留了明万历朝以后至清初原始资料，并遵循今人对原志志名称谓习惯，定名为《增补万历朔方新志校注》。《增补万历朔方新志校注》一书的出版有其自身的文化价值和经济价值。

第一，该书卷首以图引出文章，颇具新意。本书在《朔方志序》《朔方新志序》《重修宁夏志序》《重修宁夏新志序》后，是长达十页的地图，图中所绘地形图形象具体，标注清楚，一目了然。其中包括《总镇图》《镇城图》《河西总图》《河东总图》《东路图》《中路图》《南路图》《西路图》《北路图》等，涉及该地的各种方位，较为全面。这在其他地方志书中较为少见。

---

① 朱洁.介绍宁夏明代地方志五种（下）[J].宁夏大学学报（哲学社会科学版），1980（3）.

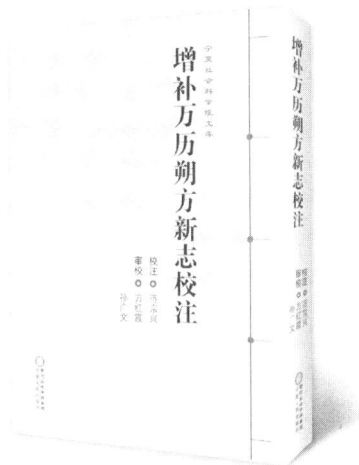

第二，卷一"地理"一节中，除了记载城池的地理位置、建置及其兴衰外，还着重记载了官员们修筑城池的贡献。这些资料的记载为后人"以观其政"留下了宝贵的历史资料。其中，作者对一些地名、年份、专有词进行了详细的注释，方便读者更好地理解原始文献。因此，该书的出版使这些珍贵的史料公之于众，让更多的人了解地方历史，也为研究地方志的学者提供帮助。

第三，卷二"宦迹"中所记载的人物是根据凡例而定，从周朝的南仲伐西戎开始，共计载了二十多位历代曾在宁夏境内立过功的历史人物，以及在宁夏任过职的总督与三十多位为宁夏做过贡献的巡抚，为历史人物的研究保留了珍贵的史料。并且该书作者对一些官职、名称等做了注释，使我们知道了当时职位的设置和名称的由来。难能可贵的是，作者在对一些名词作解释的同时，还标注了行文的出处，有助于读者在研究资料的基础上，更深入地扩展其他知识面。

第四，出版《增补万历朔方新志校注》，使出版社取得了一定的社会效益和经济效益。开发古方志文献并出版，这本身就是为地方经济建设服务。该书的出版，读者对象不仅仅是个别教师、研究员，还有很多图书馆、高校、研究所购入，为出版社带来了一定的经济收益。重要的是，该书经中国出版协会、古籍出版工作委员会评审，荣获了2015年度全国优秀古籍图书奖二等奖，为出版社带来了较好的影响，也在学术界引起了一定的反响。

综上所述，图书的出版价值重在文化价值，地方志书《增补万历朔方新志校注》也不例外。近年来，地方旧志的搜集整理工作得到了地方相关部门的普遍重视，尤其是面向当地广大读者易读易懂而加工整理的地方志书的出版，使当地传统文化精华得以传承弘扬，发挥其应有的作用。因此，《增补万历朔方新志校注》的出版不仅为社会和科学研究提供了有益的参考和指导，而且也为宁夏地方古文献的研究发展贡献了一份力量。

匠心传承：让古籍词汇还原文明记忆

——读《俄藏黑水城汉文文献词汇研究》有感

梁 芳

《俄藏黑水城汉文文献词汇研究》于2014年底由宁夏人民出版社出版，并荣获2014年全国优秀古籍图书奖二等奖。该著作以俄藏黑水城出土汉文文献为主要研究对象，参考敦煌文献相关材料，分别从文书类文献词汇、佛经附属类文献词汇、文学类文献词汇、医学类文献词汇四个部分对相关词汇进行总体研究，重点放在对汉文文献中的特色词语进行了细致考释，对重点文献的词汇进行了专题研究，并根据自己的研究结论对权威工具书《汉语大词典》的收词和释义提出了商榷意见。

《俄藏黑水城汉文文献词汇研究》主要是通过对俄藏黑水城汉文文献的语言材料做穷尽式的分析研究，统计出词汇的数量和使用频率，以期尽可能客观地对其词汇系统做出静态描写。同时，以《汉语大词典》为参照系，运用传统的训诂学方法以及书证，阐释文献中词汇的词义。另外，文献中还出现了一批新词新义，这些新词与新义的发现，丰富了同期词汇研究的材料，在一定程度上补正了《汉语大词典》的疏漏。在本书的最后部分，以佛经附属类文献双音词构词研究和文书类文献词义系统初探为例，对文献词汇所反映的一些有代表性和规律性的东西做了比较系统的阐释，从词义的古今异同、

词义的引申与虚化、词义的色彩、文献中的同义词四个方面，进一步对整个俄藏黑水城汉文文献的词义系统做了研究。

黑水城简称为黑城，为西夏城名。其遗址位于今内蒙古阿拉善盟额济纳旗达兰库布镇东南约25公里处，是古代丝绸之路上的重要城市，在西夏至元代时最为鼎盛。这里出土了大量的文献文物，俄国探险家科兹洛夫曾于1909年左右，两次到黑水城遗址进行挖掘，发现了大批文献文物并将其带走。此后，中俄双方达成合作协议，合作编辑出版《俄藏黑水城文献》。克恰诺夫在《俄藏黑水城文献》的前言中，详细地讲述了发现和挖掘黑水城中文献文物的过程。

俄藏黑水城文献出版至今，已有二十余年。由于历史原因，黑水城文献大部分散落于世界各地的图书馆和博物馆等，后因众多学者开始关注并做了不少研究和考订工作，到如今俄藏、中国藏、英藏黑水城文献陆续出版，整体经历了一段曲折的路程。如今，对俄藏黑水城文献的研究著作和论文不少，但从词汇角度研究俄藏黑水城文献的专著还没有出版过。作者围绕俄藏黑水城汉文文献内容对词汇进行深层次的探讨，从中可以看到古籍词汇是如何映射到整个文化的历史进程中，展现历史文明的记忆的。

该书作者是蔡永贵教授和他的学生。蔡永贵现任宁夏大学图书馆馆长，人文学院"西北民族地区语言文学与文献"博士点博士生导师，"汉语言文字学"硕士点负责人、硕士生导师。长期担任宁夏回族自治区重点学科"汉语言文字学"学科负责人、学科带头人，宁夏回族自治区跨世纪学术带头人（"313"人才），致力于文字、音韵、训诂及文献学的研究及教学。发表学术论文50多篇，多篇被《新华文摘》等转载、摘录，并且完成包括《俄藏黑水城汉文文献词汇研究》等著作4部，主持国家哲学社会科学基金项目《汉字字族研究》等省部级科研项目5项。蔡永贵教授是本书的作者，也是我读研究生期间的任课老师。说起古文字学知识，蔡老师如数家珍，一旦开始这个话题，就会沉醉于文字的海洋，仿佛它们都住在自己的精神世界里，那么清晰和生动，让人感觉这些文字都活起来了，每个字都是一段故事，每个字都是历史文明的记录者。作者最喜欢的是《说文解字》，"在我家里，窗台上，床头上甚至卫生间的书架上都放着《说文解字》"。《说文解字》中藏着作者对古文字深深的眷恋，这里记录着汉字的形体演变，可以探索汉字的本源意义，可以探寻古人的思想意识和生活印迹。更重要的是，我们可以从汉字的演变历程透视中国文化的历程和文明的足迹。我想，之所以有《俄藏黑水城汉文文献词汇研究》的出版面世，离不开作者日积月累的知识汇总和坚持不懈的砥砺前行。

特别感慨的是，当我还是学生时，蔡老师就开始带着我们探索俄藏黑水城汉文文献中蕴藏的词汇意义，悠悠数载，如今我在编辑的岗位上已有六年，老师的研究成果终于面世，这背后的付出与辛苦令我深深敬佩和叹服。不忘初心，方得始终。做文字工作，需要静下心来，把文字当做生命的一部分，当成一种生活习惯，才能享受其中，体会到出版成果的价值和意义。

该著作的出版具有一定的开创意义和历史价值，是黑水城研究重要的组成部分，是进一步推动黑水城文献及西夏学研究的基础力量，也是现代出版界和学术界不可忽视的优质资源。一是黑水城文献上启敦煌文献，研究其中的词汇意义，有助于学者整理和解读整个文献内容，进而掌握宋至元、明时期的历史现实，是学者对这段时期的政治、经济、军事、文化、社会生活等各个方面进行系统研究的珍贵资料。二是该书的出版对于黑水城汉文文献词汇的研究，无论从理论层面，还是实践层面，都具有示范和推动的意义。可以说，该著作的出版填补了黑水城文献语言研究的一个空白，它不仅对黑水城文献研究本身具有重大的学术意义，而且对近代汉语词汇学的研究也具有重要的学术价值。三是该著作在对四部分文献词汇进行总体研究的基础之上，对其中的特色词语进行了严谨的有学术价值的考释，而且对重点文献的词汇进行了专题研究，这对后续关于黑水城汉文文献词汇的研究具有开风气的作用。四是该书根据自己的研究结论对权威词典《汉语大词典》未收词义和义项缺漏词进行了专项研究，为《汉语大词典》的进一步修订提供了有价值的参考意见。五是俄藏黑水城文献汉文部分主要有佛教文献和汉文古籍，包含文学、医学、术数、历书以及大量的文书文献等，其内容丰富，与甲骨文文献、敦煌文献一样都是中国重要的古代文献宝藏。

任何的学术成果，都不会以匆匆的姿态出现。只要用心执著，心怀梦想，一步步不断积累，总有一天，辛勤之树可以结出丰硕的果实。

微雨夜来过，不知春草生

——略评何敬才先生诗词《春草集》的艺术风格

李彦斌

盛夏，一部叫《春草集》的书稿交由一同事和我责编。初审这部书稿时，恰似漫步于晨曦下碧绿的草原上，沐浴着那清新而略带干涩的芬芳，气爽神清……陶醉之间，感慨万千。深秋，《春草集》如期捧出，散发着油墨的文字沁入心脾，我为这部诗集跳动的"音符"而感动。

《春草集》作者何敬才，又名何铮，号重阳。甘肃省临洮人。为中华诗词学会会员，宁夏诗词学会顾问，宁夏作家协会会员，中国硬笔书法家协会会员，宁夏书法家协会会员，曾任银川市金凤区政协主席。诗作在《中华诗词》《中华诗词文库》《诗词月刊》《陇风》《夏风》等刊物都有发表。有诗集《蓝梦集》出版，《春草集》是其第二部诗集。

我冒昧试着解读一下"春草"：一是作者希望自己的诗情像春草一样永葆生机，推陈出新，蓬勃繁茂；二是世间的每个人都是一棵小草，植根大地，滋润着阳光雨露，汇集为生命之大海，形成世界上最强盛的生命力；三是作者对生命意义的哲理性思考。

何敬才先生受过高等教育，学识理论修养较高，人生阅历丰富，且诗词功底较厚，从事诗词创作研究的时间长。他的作品，可以看到他"诗如其人"

的处世风格，可以欣赏他立体性的精彩人生，还可以体会到他的学识胸襟、气度和风范。

一、感时——时势的咏叹

笔墨当随时代。诗词是时代的一面镜子，能够反映出时代的精神风貌。何敬才先生在诗中无不有着"家事国事天下事事事关心"的责任，也有着"居庙堂之高则忧其民，处江湖之远则忧其君"的情怀。

《国庆盛典有感》是纪念国庆有感而作。"神州歌庆典，万里旌旗艳"描写神州大地，举国欢庆，到处是红色的海洋，象征着我们的祖国世界强国的历史地位。如《欢呼共和国华诞感赋》《欢呼我国天宫一号升空》《党的十八大召开感赋》等，颇有以诗叙事，以诗证史之意。何敬才先生心系国家，这几首诗从疆土辽阔，景色奇美，物产丰富，历史悠久等方面来抒发热爱之情，以及作为一个中国人内心的骄傲方面来表达对祖国的热爱。通篇时代气象、时尚元素、意象非常鲜明生动，读起来荡气回肠。

《再览良田镇》《江城子·泾源吊庄》写何敬才先生心系农村、心系农民，看到农村变化喜人，土地流转、环境改善、干部尽职、农民安居乐业，房前屋后，瓜果飘香，慰而感吟。这些诗淳朴、干净、简单、明了，但饱含深情，很接地气。"农院凉篷下，砂瓜敬客前""眼前绿树笼田园，渠清涟，路平宽。瓜菜飘香，一望尽晴川。进得农家新院里，苹果架，短襟衫"这几句近白描的写真，岂不令人心驰神往？

《又逢七·七感赋》《钓鱼岛感赋》《闻日本右派反人道谰言有感》等篇，是对邻国右翼政客言行的批驳和对国家安全的忧虑。历史告诉人们，一个勤奋睿智的民族一旦承继不良文化基因，总有一天要异变成嗜血成性的魔鬼。

二、钩沉——往昔的追忆

回忆就像是一壶红泥炉上烫着的老酒，散发着缠绵的醇香，酒不醉人人自醉。何敬才先生怀念那段既自信又纠结的岁月：他常常梦里在大草原上驭马奔驰，在高级陆军学校意气风发，在奖台上向将军肃穆致敬；他也在梦中被人遗忘，在尴尬的岗位上艰难地等待……犹如无声的黑白影片，残缺地演进着记忆的蒙太奇。百万大裁军击碎了他的军人梦，但他还执著的钩沉，以此表达对人民军队的热爱，曾经军旅生活的留恋和奉献精神的自豪。"而今梦锁戍边事，事事关心事事休"，在钩沉地一幕幕视屏中，化解心中的块垒。

《雪夜喂马》写作者第一次喂马。"雪夜轮勤务，馒头塞手心"中的一个"塞"字可以知道当时部队吃饭限量，不备执夜餐。当天老兵把一蒸馍塞进何敬才先生的口袋轻声说"天冷活重，夜里会饿"，这幅画面感人至深。《话别老班长》《欢送张干事转业》表达战友离别的那种依依不舍之情。"叙谈惜话别，嘱咐暖心田""十年戍边远，几度挥泪蒙"，多少个日日夜夜同甘共苦，共患难，点点点滴滴建立了深厚感情的战友将要分离，怎不让人情不自禁泪花涌。从此天各一方踏上新的征程，只是任由两行清泪奔泻。他用细致入微的审美观察和诗人独特的眼光，截取与老班长话别和欢送张干事这些细节，题材完全来自于基层士兵生活，小角度，但反映的场景和情感非常真实，非常感人。这样的诗给人力量，催人奋进，是时代的强音。

抗美援朝60年时，何敬才先生系统翻阅了那段铁血历史，用激情和热泪创作《纪念抗美援朝六十年感赋十章》。"痛击对手服输后，停战签约自撤兵"，"制空巡运反登陆，冲阵克敌葬断魂"，"从此江山开盛世，御疆谁敢弄刀兵"，中国人民志愿军打败了世界头号军事强国，赢得了新中国在全世界的地位和尊严，开辟一个持久的和平时代，为祖国崛起开辟了良好环境。他为敢于担当的伟大祖国骄傲，为敢打必胜的英雄儿女自豪，为有高瞻远瞩一代领袖由衷庆幸。历史是最好的教科书，也是最好的清醒剂。我们牢记历史，珍惜现在，面向未来。

三、萦怀——乡亲的眷恋

古诗中抒写思念故乡、眷恋亲人的诗句很多。如"洛阳亲友如相问，一片冰心在玉壶"，"举头望明月，低头思故乡"，"独在异乡为异客，每逢佳节倍思亲"等。《江城子·堡子山》中描述的堡子山是何敬才先生出生的地方，堡子山下他家的庄子，已是人去庄空。旧时兴旺欢腾的庄院已是蒿草蓬门，锁锈斑驳。驻足门前，凝眸遐思：儿时游戏的欢乐，又荡起他无邪无虑的孺子情怀。他没法拆解曾与亲人们融入这片热土上的情结，也没法舍弃对田园生活的依恋。《故乡吟十章》记述他走近山北山，白蓼洼看田，祭田家湾祖坟，岳母坟凭吊，重访旧下街，新修山神庙，访童年老师。读之每觉情真意切，深受感染。《仁孝家风点赞》中他分别对其兄弟姊妹写诗点赞。何敬才先生是个有情、多情、重情之人，他有血有肉地反映真实生活，他的情感真实，朴素，从容。自然能写出感人肺腑的作品。

一首好的作品，只有感动自己，才能感动、感染别人。诗的灵魂是有真情实感。诗的情感，要比散文来得更快，更集中，更奔放。但是这种情感必须是真实的，是发自作者灵魂深处的声音，造作不得。

何敬才先生的子女都事业有成，个个优秀。儿女幸福是父母最大的幸福。《军儿和英儿》《剪朝霞·颖儿又喜讯》写他为子女的进步而高兴。"岁月风华歌意气，结硕果，慰芳龄"，但他并不在乎女儿能证明什么，也不在乎她是否富贵荣华，只愿她一生平安幸福，他就心满意足了。

《玉楼春·孙儿两岁生日喜吟》："长城园里花开早，领看层层嫣紫俏。鹊儿柳巷雪花飞，五色观鱼欢蹦跳。年时填唱玉楼调，再唱玉楼春更俏。祥云皇冠小憨儿，红酒红烛红映照。"何敬才先生为孙儿祈福，他希望孙儿像"园里花""鹊儿""鱼"一般欢蹦跳跃，无忧无虑的成长，更期盼孙儿能成为"长城"般栋才，引领风骚。桌上"红烛""红酒"相互照应，一家老幼齐聚欢庆，其乐融融，多么温馨，多么有味啊！另外一首《玉楼春·子健三岁生日》，"斯儿三岁教唐乐，信口吟诗恣戏谑。红烛映照唱春晖，拍手击节听夜月"写孙儿三岁吟诗，给他带来的至情之乐和愉悦心情，溢于言表。

四、逸兴——浪漫的歌赋

《看左公柳感吟二题》："大将班师饮酒泉，荒沙迷漫锁楼兰。遍栽杨柳三千里，一路春风到散关"中"左公柳"已点出主人公"大将"左宗棠。何敬才先生歌颂左宗棠率部入疆，征战沙俄，收复失地，巩固疆域的雄壮气概。同时，在"荒沙迷漫"的不毛之地，左宗棠曾留下了一句诗："新栽杨柳三千，引得春风度玉关。"左宗棠从高远的战略角度出发，一边指挥打仗，一边实行兵耕，以巩固坚强的后方。他考虑的不但是如何收复新疆，而且还有如何去建设新疆。左宗棠能够顺利地平定西北、收复新疆，巩固祖国西北的半壁河山，与他"真心爱民""实心办事"的精神分不开。因此，为官者只有造福一方，多为老百姓办实事、办好事，历史才能记住他们的功德，才能在百姓心中树立长久的感人形象。

数篇怀古诗是有感而发，通过典型历史人物和历史事件的吟咏，反映何敬才先生的历史观和读史成见。《过青城感赋》："即使单于贪燕色，奈何天子汗龙颜。琵琶万里香溪泪，征战未息人未还。"长达150年的汉匈冲突，犹如一曲雄壮的交响乐，而昭君出塞则好似一个完美的"休止符"。实则是自欺欺人的幻想，也误了昭君的青春，害得她背井离乡，远嫁异域。他对那些甚嚣尘上的"和亲说"予以辛辣的嘲讽，对终老漠北的昭君寄予真诚的同情。《过马嵬坡》"花魂雾锁荒泉下，血誓烟笼御带前"，鄙视唐明皇的虚伪，勒死玉环的刑具正是三郎系的御带，"七月七日长生殿"铭誓多么滑稽；生赐"黄带"，死弃"荒泉"，乐天的"君王掩面救不得"岂可信乎？"硝烟未净身先死，国运已随秋候寒"，六年后李隆基父子前后死去，大唐帝国走向衰落。唐人罗隐评判得好："泉下阿满应有语，这回休更怨杨妃。"社稷的衰败归咎于一个无奈的女子，可恶的男人，可悲的王朝！

《台湾行八首》是对宝岛风土人情的赞美，也是对其长期流落孤悬的同情和忧虑。美丽的阿里山日月潭、险峻的大鲁阁石峡、风水宝地慈湖令人难忘。台湾，离大陆这么近那么远，两岸同胞忍受着骨肉分离的痛苦。"危桥凝血铸，曲洞断骨殇。壮士身先死，游魂望故乡"，面对这群孤零游子，内心深感纠结和悯怜。甲午后被遗弃五十年于倭寇，内战后又孤悬六十年于海隅，同胞之痛，民族之殇！想起余光中《乡愁》的一句诗："而现在，乡愁是一湾浅浅的海峡，我在这头，大陆在那头。"台湾一行，是一个充满着浪漫的旅程，何敬才先生艳遇了最美好的情人，她的名字叫台湾。如果要分别，我们希望不会太久。有一天，我们会再次相遇。那时候，她不再只是邂逅过后不得不离去的情人。她会来到我们的身边，与我们执手相望，相伴永远！

五、友声——诗友的赠答

绝大多数篇幅是何敬才先生的第一本《蓝梦集》出版后，诸多诗家的称贺和他的酬答，也有何敬才先生对几位诗家著作的盛赞和祝贺，还有和老战友聚会时即席吟咏。十分遗憾的是，他的有些唱吟声却永远唤不来友人的和鸣声了。

历来悼亡之作多动情之句，如潘岳《悼亡诗》三首之一"如彼翰林鸟，双栖一朝只。如彼游川鱼，比目中路析"，南朝·沈约《悼亡诗》之"万事无不尽，徒令存者伤！"北宋·贺铸《鹧鸪天》之"梧桐半死清霜后，白头鸳鸯失伴飞"，清·纳兰性德《沁园春》之"梦好难留，诗残莫续，赢得更深哭一场"等，多为丈夫追悼亡妻之作。悼友之作也有佳句，何敬才先生的两篇悼念诗，读之每觉情感真挚，不禁使人潸然泪下。

《哀悼王敬平》："秋声方欲动，悲意裂朋肠。画苑折梁柱，杏坛落雪霜。墨泼千壑啸，赋醉一痴狂。衔恨邈云汉，无言哭虎王。"《哭高嵩先生》："秋风摧露白，噩讯遽然来。隋苑柱梁折，楚琴音韵哀。文章泽后世，骨气傲前台。凭吊千行泪，痛惜一代才。"何敬才先生悼王敬平、高嵩两位已故友人，牢牢抓住情绪记忆不放，全以动情的细节写出，它的成功便是必然的了。阅读后悲悯之情油然而生。另外，《哭宁怀》《哀吊秦克温先生》《张贤亮先生谢世》等诗，也都是带着回忆的抒情，读来感人。

何敬才先生诗词《春草集》的艺术风格是多样的，远不止上面说到的几点，相信读者会在欣赏阅读该集子中得到更多的感悟。

　　"我的诗集是一棵沐浴春晖而破土的小草，能为这个美丽的春天点染一抹生命的绿色，心愿足矣。拥抱大地的春天吧，她让人陶醉。"我想以这段文字为《春草集》的评论作结，但愿她冬雪春风，更行更远，生命蓬勃。

《再见虢王》：被传统文化浸润的灵魂

谢 瑞

"童年乃是人生的重要阶段，人的品性在童年开始形成，我们长大后成为什么样的人，取决于童年时的所见与所闻。"这是坦桑尼亚诗人、小说家和语言学家夏巴尼·罗伯特的一句名言。这句话告诉我们，虽然只有人生七分之一长度的童年，却是人生中很多重要东西的塑造期，是一个人行为准则的启蒙时代。

每个人的童年都不一样，但因为同时代人所处时代的共性，又让他们的童年具有相似性，比如饥饿，比如所接受的教育。《再见虢王》一书作者谢黎明用自己童年时代的亲历，书写了一部关于虢王镇风土人情、历史变迁和人文环境的写实之作，让读者在体味作者童年生活的过程中又因为文本所指向的时代性而产生共鸣。比如，为了得到母亲的一个"抱抱"而任性地哭闹，甚至胡闹；失去亲人甚至村里一位原本与自己毫不相干的人的离世或走失，所引发的对现实生活的忧虑；小伙伴之间因为一颗糖果等小不点事件而引发的孩童间的所谓恩怨情仇，等等。

整部作品除每章回前所引用的国学经典名句外，没有其他任何说教成分，均是对童年生活充满温情的回忆。作者笔下"奶奶""父亲""母亲"等人对"我"具有启发性的言行举止等细碎的日常行为，以及作者对虢王镇风土人情

等人文环境的追述，在满足特定读者群体怀旧心理的同时，通过字里行间的自然流露提醒他们，什么时候都不能忘记"孝老爱亲"这一中华民族最朴素的行为准则。

作为个体的人，对所经历的过往必然会产生记忆，对于一个民族来讲也是一样，本民族所经历过的许多东西均具有一定程度上的不可磨灭性，比如迁徙，比如战争。如果把中华民族当作一个个体的人放在历史长河中，那么整个民族的童年记忆就是在历史的演进中逐步形成的以儒、释、道为核心的中国传统文化所承载与传递的价值观——和谐、仁爱、自然。而这一价值观的形成与发展过程也是中华民族民族性的塑造期和启蒙时代。然而，就像人的记忆会模糊、会丢失一样，中国传统文化的核心价值体系在经历了新文化运动时期对传统文化的全盘否定，以及改革开放以来注重经济建设却忽略了民族精神等历史原因，正在从本民族记忆里磨灭，甚至被当作垃圾刻意摒弃。在西方人文思潮和市场经济大潮的冲击下，国人逐渐变得没有信仰，甚至连最基本的道德底线也面临崩溃。而我们能否守住这条底线，完全取决于我们对待传统文化的态度。

说到态度，我们每一个人都是有态度的，无论我们面对哪种事物。作为《再见虢王》一书的作者，谢黎明也不例外。本书通过对特定历史时期人和事的怀念，通过对中国传统文化经典典籍中名句的有目的性的、恰当的引用，让整部作品在怀旧情绪的背后，进一步表达了她主张以传统文化提高自身修为的理念，并在试图进一步潜移默化、润物细无声地将读者从追求愉悦的浅阅读层面带入到更深层次的价值观层面作了进一步尝试。但我们还不能说这种尝试是否能成功，毕竟每个人的阅读方式和他所具备的阅读素质是有区别的。

另外，从文体层面来讲，《再见虢王》"章回体长篇散文"这一文本特点，也是散文写作方法的新尝试，给读者带来耳目一新的阅读体验的同时，从形式上也让散文的长篇化得以实现。当然，以章回体体例作为长篇散文的文体形制，也难免会在部分人眼里被看作是噱头，从创作层面上并没有实质性的突破。但无论如何，至少《再见虢王》一书实现了作品体例和形式上的新颖，是值得肯定的。

在我看来，《再见虢王》无疑是一部既能让读者快乐阅读，又能被传统文化"润物细无声"般浸润我们因价值观紊乱而躁动不安的灵魂的好书。

一本好书的品格

——评《亚特兰蒂斯四号·云族部落》

赵维娟

曹文轩说："一部小说是一座建筑，是一场军事冲突，是一个被精心策划了的阴谋。""亚特兰蒂斯四号"系列的六部作品就是作者精心设计的一个奇幻的城堡，一个色彩斑斓的"阴谋"。当然这个所谓的"阴谋"是：作者想通过自己的想象，虚构一个充满奇幻性、冒险性、未知性、趣味性的空间，来满足适龄孩子在成长过程中的一些心理需求，并且在潜意识里对他们的行为进行指导。当然，一部好书要让读者喜欢，并且在很短的时间内喜欢，文本本身是吸引他们的最重要的东西。"亚特兰蒂斯四号"系列作为儿童文学作品而言，它的文本具有独特性，具有吸引小读者的充足的"特质"。另外，作为本系列图书的编辑人员之一，对文本本身的熟悉和理解，也是我对此书有"发言权"的唯一的也是最重要的依据。

这六部作品是"故事中有故事"的模式，联系起来是一个完整的故事，分开来每一部还是一个完整的故事。因为文本表述的相似性、连贯性，我们可以通过其中一部来窥探其全貌。"亚特兰蒂斯"系列的第一部叫《云族部落》，整个故事的发生都从这里开始。这一部不仅交代了故事发生的背景和起因，也从叙述方式、叙述风格等方面给整个系列奠定了"基调"。如果要让我评价

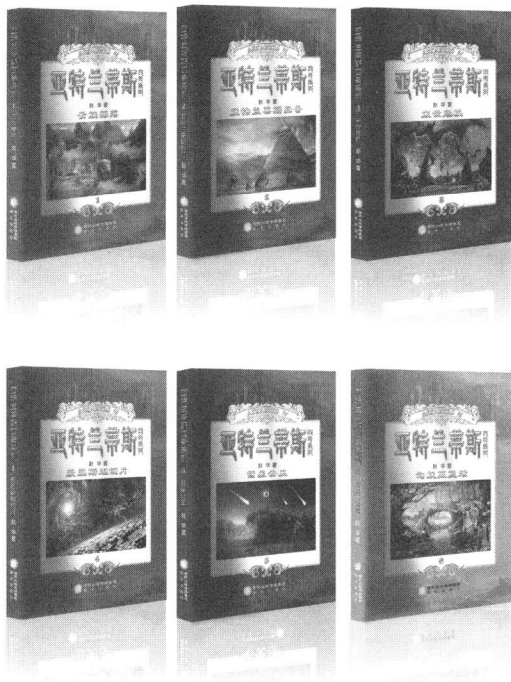

这部作品，我首先会给出三个关键词：趣味、知识、成长。

一、趣味性

《云族部落》的故事结构是"树状"的，围绕主干在需要的时候向四周生发分支，这样的结构适合构建宏大的故事框架，衍生复杂的故事情节，囊括众多的出场人物。这也是最适合幻想类儿童文学作品的一个叙述结构，作者易于控制，又能随时制造种种悬念，让意想不到的情节适时地发生，符合孩子的好奇心、求知欲和多向思维的思维方式。赵华是一个编故事的高手，更是一个讲故事的高手。读他的作品，疑问句、感叹句、倒装句……各种长短句式杂糅其中，比喻、夸张、拟人……各种修辞方法尽显神通，极尽所能运用丰富的语言来营造一种喜剧性的氛围。他知道幽默和喜剧是儿童文学作品不可或缺的元素，也最能引起孩子内心快乐情绪的两件"法宝"。天马行空的想象、意想不到的曲折、诙谐幽默的语言，还有那超强大的构建故事的能力，这所有的元素相加在一起就组成了一部富有"趣味性的文本"。它能够从各个方面吸引孩子的兴趣，让他们在其中酣畅淋漓。

二、知识性

一部书带给读者的除了阅读的享受和乐趣之外，应该还有知识和教育。这样的书才能算是一部有品格的书。《云族部落》毫不夸张地说真是一个知识的"小海洋"，其中涉及的有历史、地理、生物、科技等很多方面。单举与动物有关的，保守地说这一部书里涉及的动物名称不少于五十种，有陆地生物、海洋生物，甚至还有很多已经灭绝的动物及史前生物。此外，作者还紧密结合现实生活，尤其是重视现代社会中对人类生活产生重大影响的新兴事物，如通信、媒体、信息、物流、网游、卡通等各种流行文化。当下的孩子深受流行元素的影响，对这些新事物一直保持有强烈的兴趣，作者将这些元素容纳其中，不仅使孩子们觉得熟悉、亲切、易于理解，更让原本纯粹的幻想在加入了这些事物之后显得更真实、更合理。

三、帮助成长

作者赵华"深谙"孩子的内心世界，他了解他们对求知、冒险、成长的渴望，所以通过丰富的想象构建了一个城堡，这个城堡里没有大人的"强权"和"干扰"，他们可以"为所欲为"，用自己喜欢的方式去做一些改变世界的大事。他们喜欢徜徉在这里，那些从动物园里逃出来去寻找"圣物"的动物们就是他们自己的化身，他们肩负着拯救地球的使命，当他们成功地找到三把神奇的钥匙的时候，那种"小大人"身上的责任感和成就感就油然而生。每个孩子小时候都会盼着早点长大，渴望像父母一样，这是一种对于成长的渴望。而这本书为他们提供了一个释放心理的空间。

另外，书中还涉及了具有时代主义的环保问题。为了保护地球，动物们（孩子们）团结一致、不畏艰险，虽然他们中间有过意见不统一、相互闹矛盾的时候，甚至一些人还有一些自私自利的想法。但最终，都会以一种和平的、平衡的方式得以调节和解决。所以，这部书在人性上是符合孩子的自然天性的，但又在潜移默化地教育、引导着孩子，让他们学会去承担责任、克服困难、与人沟通、与人协作，这些都是孩子适应现代社会发展不可缺少的素质。

《亚特兰蒂斯四号·云族部落》具有一部优秀儿童文学作品需要具有的"品格"，版式的设计也符合少年儿童的阅读习惯，清新的文字配上活泼的插图，封面色彩鲜艳，整本书看起来漂亮又别致。让孩子读书很重要，但选择一部好书，一部有助于孩子健康成长的好书更重要。这部书一定会是你正确选择中的一个！

《米脂婆姨绥德汉》与路遥精神

王　瑞

陕西地形南北狭长，不同的人文历史和地理气候截然区分出三大自然区域，不同的自然环境，孕育了风格各异的作家群。陕北的粗犷豪放、关中的深沉厚重、陕南的内敛细腻。二十世纪九十年代初，被称为"五虎上将"的陕西作家陈忠实、贾平凹、高建群、京夫、程海的小说相继出版发行，引发文坛强烈关注，"陕军东征"成为中国文坛最大亮点。当全国许多省市文学创作力量还处于散兵游勇状态时，陕西已经形成了一支具有地域特色的强大的作家队伍，被人们命名为"陕西作家群"。

我有幸在2014年编辑出版了陕西延安籍作家霍林楠的诗集《初恋记忆》和长篇小说《米脂婆姨绥德汉》，作者是位多产的作家，在我社相继出版了《泪蛋蛋落在沙蒿蒿林》《就恋这把黄土》等作品，个子不高，一口浓郁的陕北话，吃饭喝酒到兴头还会唱几句陕北民歌，作者和路遥也是颇有渊源，不仅是同乡，算起来路遥可算是作者的叔叔（路遥与作者的父亲是发小）加文学启蒙老师。

"叔叔，我把我写的短篇小说给你拿来了。"

路遥尽管当时病得连说话都很吃力，但还是让我一页一页地

翻给他看。看后，他非常艰难地伸出一只瘦得就像麻柴棍似的手捏住我的手摇了摇说："你要好好努力，但一定要注意身体，最好不要抽烟。可不敢像我这个样子。哎，生活把我拦腰砍断了。"路遥说到这里闭住了眼睛，然后做了个手势意思他要躺下。我和爸爸又轻轻地将他扶躺在床上。我看见两颗豆粒般大的泪珠从路遥苍白的脸颊上滚落下来。

人的生命之路不在长短，而在于他的生命之火熄灭之后，留在人们心中的记忆是短短的一瞬间还是无限的永恒。作家路遥留给我们的记忆，就是这种难以让人忘怀的永恒。

这是两代人的最后一次见面。由作者曾经出版的小说"后记"中这些真切深情的回忆与感慨可见，路遥的作品与精神，对于霍林楠的影响是深刻的。这种情怀在《米脂婆姨绥德汉》表现尤甚，这股怀着对黄土地无比崇敬的情怀亦如陕北之腰鼓，离开陕北时空、无论在哪儿，都保持着那种音色；周游外面的世界后回到陕北时空那种原本的音色仍然保持得好好的。

霍林楠每每与人交流，类似口头禅的发言便是我们陕西，我们延安，我们县的"路遥"，在诸多场合的闲谈或小争论里，他的这种爱好是反复的不容商量的推崇语气。不妨说，"路遥"又是霍林楠相对更具象的信仰，是同一地块上离他最近又最高的文化自信。一个人能久久地坚持一种高度与方向，久久信任一种肉眼看不见又必然存在的东西，很是难得。

《米脂婆姨绥德汉》与路遥的另一篇巨著《人生》相比，它们地理环境大同，时代环境有所变化，《米脂婆姨绥德汉》更像是《人生》的一种拓展，这种拓展绝非重复而是某种程度的丰富，譬如同样以爱情为明线，《人生》里的爱情貌似"让位"或"谦让"而后无果而终，《米脂婆姨绥德汉》的爱情则在诱惑、矛盾与挣扎中获得理想化的更新。若与路遥的另一篇巨著《平凡的世界》略微对比，《米脂婆姨绥德汉》与前者大同的方面是将普通人物的爱恨、进退、哀乐摆于现时代背景下的陕北地域文化环境，这让它更像前者的局部浓缩或切片，相对的细致与真实，使这样的局部起着与整体同样的效果。

"这一生离不开这片土地了！"作者曾如是写道，"尽管外面的世界很精采而这里仍然很无奈，然而我更愿生活在这块无奈的天地……就是外面是天堂，我也愿意生活在陕北！因为我就恋脚下的这把黄土！"我想这就是作者的写作情感更是《米脂婆姨绥德汉》的精神起点吧！

从前的慢

——《稻花香里》书评

白 雪

掩卷良久，回味悠长。《稻花香里》是一部散文集，分为五辑，收录了《稻花香里说地三》《父亲的树》《驴子的歌唱》《欸乃声里的周庄》《上海不是一首歌》等作品，既有对作者童年趣事的回忆，也有对桑梓深厚的感情，既有行走天涯的足迹，也有对生命历程的体验，笔触细腻，令人动情。

本书出版之际，恰巧作者包作军家庭被授予自治区交通运输行业"十佳最美家庭"称号，在此之前包作军家庭2016年被授予"第二届全国书香之家"称号，2015年被授予"宁夏回族自治区首届书香之家"称号。我想着，这一切荣誉都是实至名归的。包作军现供职于宁夏青铜峡交通运输局，系中国散文学会会员、宁夏作家协会会员、吴忠市作协副主席。已在《芒种》《光明日报》《宁夏日报》等区内外近百家报刊发表小说、散文、杂文等作品600多篇。部分作品被《读者》《青年文摘》等数十家报刊转载，有作品入选《中国微型小说精选》《中华散文精粹》《震撼大学生的101篇杂文》《当代十名作家散文今选》等，出版小说集《骆驼的"罗曼史"》（与鲁兴华合著）、杂文集《杯中窥人》、散文集《你是黄河我是沙》。

散文写作门槛低，但是散文最能检验写作者写作水平，没有一定的文学

功底，要想写出精彩的散文，就如同买彩票，期望很大，希望渺茫。我想，好的散文应该是：写事，脉络清晰，张弛有度；写景，使人如临其境，赏心悦目；写情，朴实无华，感人至深；写理，旁征博引，使人如当头棒喝，醍醐灌顶……读包作军的散文就有此感，能充分调动读者的视觉、听觉、味觉、嗅觉，使人如沐春风，既有种初恋般的感觉，妙不可言，又有种品尝珍馐佳肴的快感，能充分刺激人的味蕾，醇香缠绵舌尖，使人唇齿生津，欲罢不能。比如《拉拉缨盛开的河滩》《驴子的歌唱》《欸乃声里的周庄》《上海不是一首歌》等文章，即是如此，看完一遍，便能很清晰地记得篇名，读完回味良久。

我想，在快节奏的今天，在一个安静凉爽的午后，沏一杯清茶，听着轻音乐，品读优美的散文，日子是美的，自己也是美的，这样的时刻，能让自己真正体会到从前的慢：从前的车慢、马慢、邮件也慢，一生只够爱一个人，这样的恬淡舒适、自在清闲，便是很好的时光。

轮椅勇士驰骋在心灵大地上

——读李少军散文集《坐在阳光里》

李振娟

　　我是在二十世纪九十年代青铜峡铝厂《芳草地》文学社认识李少军的。那时，李少军二十出头，伟岸挺拔，英俊潇洒，是包括我在内很多少女心中的白马王子。在一些笔会和采风活动中，我们为能跟李少军说上几句话而感到自豪。我们争相传诵他的诗歌和散文。至今还记得他的诗句"机械奇妙百花艳，信步浓荫心陶然，地上空中笑语喧，铝城美景任观览。"

　　李少军才情很高，人也亲切，他阳光的笑容时常感染着我们。我曾不止一次向他讨教写作技巧。

　　青春是亮丽的，更是繁华的。那时我们文学社一大帮文友醉心于青春的强健、活力、浪漫，用浓墨重彩描绘着我们的青春画卷。而今，回顾在青铜峡铝厂一起度过的青春年华，心头依然涌上如疾风掀激起来的海浪般跌宕起伏的心潮，李少军阳光的笑容依然清晰地荡漾在我眼前。

　　然而天有不测风云。1997年4月，在大家都陆续走进婚姻经营各自生活之余，传来李少军回家途中跌入施工涵洞摔伤致残的噩耗……那么优秀的一个男子汉，一夜之间被剥夺了行走的权利。他的步履原本是骏马般矫健的。

　　但是，上苍剥夺了李少军的双腿，却无法剥夺他的智慧和才华。他是一

个素养很高的文人，有文学信念的支撑，只要一息尚存，他的思想和精神就依然会驰骋在广袤的文学原野上。

李少军出院回家不久，就用手中的笔代替双腿继续他文学之路的跋涉。他开始在《宁夏日报》《黄河文学》《银川晚报》《吴忠日报》等报刊一篇接一篇地发表作品，令同一时期的很多文友望尘莫及。那时，他的作品大多抒写家乡的田园山水、风俗民情。《童年的天堂》《麦地诗情》《庭院风景》《村庄的鸟鸣》等篇章，亲切、朴实、生动，读来如一缕缕田野里吹来的清风，芬芳宜人。

而事实上我懂得，此时的李少军，写的都是记忆中、曾经留下他斑斑足迹的家乡。这个时候，文学是他的救赎，是他疗伤的良药。当他在每一个孤独而无助的时刻，用仅剩下食指的伤残右手，两肘支撑着趴在床上，进入笔下时空，一任思想的骏马在心灵的大地上驰骋，笔尖流淌出醇香的沙枣花、诗意的麦地、景色优美的庭院、悦耳的鸟鸣时，他通向了宁静，忘却了肢体的残缺，忘却了命运的残酷，破碎的心一点一点拾掇起来，失却的魂一缕一缕地回归了。他找到了活下去的理由，有了勇气和力量。

接下来的几年里，在母亲不舍昼夜的照料下，在亲友温暖的关怀下，李少军力克常人难以想象的艰辛，躺在轮椅上阅读经典名著，钻研中外历史哲学，汲取圣贤思想精华，吸收大师心灵养分，日渐丰满自己的文学羽翼，抒写对生命、对苦难、对世界的认识和理解。

今天，当我激动地捧着由阳光出版社出版的李少军的《坐在阳光里》一书，认真拜读，我被书中字里行间浸透的壮美的忧伤、开阔的襟怀打动了。作家用爱的呼唤、个性的力量、坚定的信念，通过对属于他的并不完整的现实世界的观察、体验，展示给读者一个丰富、意蕴无穷的精神世界。朴素自然的文风水一样漫过心田，静谧而幽远。在《微笑芳香的死》中，作家已有了一种洞彻生命的豁达，"任何生命都有兴旺、衰败的过程。出生与死亡的抛物线，就像上帝手中的魔棍划出的优美轨迹，多绕几下则长寿，少绕几下则短命。有辉煌的顶点，有暗淡的低谷。横坐标是喜怒哀乐，纵坐标是悲欢离合。纵横交错，点连成线，塑造人生。"

李少军的文笔已很练达，人也如作品《游董府》中所言"心态没了颓废，心境渐趋平和，心胸也变得宽广"。

如果说李少军前期的创作是为了忘却和跨越现实的苦难，那现在的创作已平静地接受苦难，实现了"从文字疗伤到文字励人"的质的飞跃，由伤感到成熟，文字平静、内省、深刻、耐人寻味，一如作品《我的黑夜与白昼》中所言，"我心情愉悦地读书写作，在文字的气息里交流、感动、寄托。我栖息于母亲袋鼠般温暖的育儿袋里，像我出生时那样无忧圣洁。""让我的黑夜和白昼渗透博爱的色彩。别人爱我，我爱别人，人人互爱，那么，生活就会处处精彩，眼里总会充满阳光。"

从《坐在阳光里》一书的"人物速绘"一辑可以看出，李少军在叙事、塑造人物上也颇见功底，通过一两件事，寥寥数笔，"老杨""闲事保长""壮子"的形象就栩栩如生地"立"在读者面前，故事也发人深省。

读了李少军《坐在阳光里》后记中的"如果我能用一支秃笔报答母亲和好心人无尽的恩情，不是在诉苦，引起人们的怜悯同情，而是作为我这一类残疾人石缝里活命的真实写照，那就是我的一种欣慰"。我就知道，李少军经过漫长的苦难历练，已走出生命的困惑，上升到思想高度，进入了心灵的自由境界和创作的本真状态。

读完整本书可以感知，李少军已消尽悲哀，坐在阳光里，安详地听从命运的安排，用残缺的身体，写出最为健全最为丰富的思想；用智慧的火花，照亮我们的内心。

上帝可以摧毁人的幸福，但不能泯灭人的希望；充满意义的人生不一定幸福，但一定是丰富的；拥有丰富生命的人，才是最大的赢家。李少军是不幸的，但他又是万幸的。不幸的是他英年致残的人生苦难；万幸的是他成功地从苦难的阴影中走出，用虔诚的笔调记下了人生智慧和人间大爱。

我坚信，在亲友和社会各界的帮助和关怀下，李少军一定能用他的毅力、智慧和悟性，抒写壮丽的生命史诗，实现辉煌的文学理想，成为宁夏的史铁生，成为轮椅上的文学勇士。

妙趣横生悟前程

——读田伟励志类图书《妙语成长》

惠 泰

《妙语成长》是《读懂人生》作者又一励志力，作当这本摆在我面前，看着装帧精美的外表，闻着淡淡的油墨香味，信手翻开阅读，爱不释手。之所以这么说，其一，《妙语成长》是责任编辑戎爱军送我"生病"其间的礼物，似有不可冷落之情；其二，《妙语成长》是一部关于杰出青少年综合素质训练的原创励志类图书，虽与我年龄有所相差，但读起来事例鲜活真实动人，确有催人奋进之动力。

2008年3月，我得了一种"病"，莫名其妙的烦躁不安，经多次就诊，均查无果。后看中医，说我得了精神压力综合征，需要一些中药加快乐心情去调理。回来之后，药是按时吃了，可心情无论如何都无法调整过来，始终深感烦躁不安，无论学习还是工作，都无法平静下来。在煎熬了近二十个日日夜夜的漫长日子里，在深夜不断惊愕的梦呓中，我的脑海里出现最多的是女儿天真无邪的笑脸，有时是妻子忙里忙外、操持家务的疲惫身影。我开始莫名的流泪，浸湿衣枕。后来发现太阳依旧灿烂地从东方一次次升起，美好的阳光照彻大地光芒四射，鸟儿自由飞翔，草木苗壮成长，生活是那么的美好。城市里来来往往的人们奔波在各自岗位，人们在美好生活的忙碌中快乐生活。

静思苦想，我才知道自己犯了一个杞人忧天的愚蠢错误，我在极力克制自己烦躁心绪的同时，还在苦苦寻找着一种解救我心灵烦躁的灵丹妙药。恰巧责任编辑戎爱军送我一本《妙语成长》（宁夏人民出版社2008年1月出版），晚上床头翻阅，蓦然发现我最为需要的就是这样一本能解脱我心灵烦躁的精短类励志图书。

看了《妙语成长》我懂了，原来"人活在世上，虽然无法逃避生活和工作学习中的种种压力，但是人有办法战胜它。战胜它的最佳办法是：先放'心'面对，再用'心'解决。"去解决一切不利于生活、学习的顽疾，充分发挥自身优势，全身心把思想和精力投入到学习和工作中，卸下压力的包袱，去呼吸新鲜空气。我每天除了必要的工作之外，就尽量去读书，以此分散思想压力。"压力如同'水可载舟，亦可覆舟'一样，既有好的一面，也有坏的一面。如果能把压力变成动力，压力就是蜜糖；如果把压力憋在心里，让它无休止地折磨自己，那就是砒霜。"就像书中列举的拿破仑、希尔顿、贝多芬、海伦·凯勒、亚伯拉罕·林肯、李阳、杨振宇、张海迪等都有或多或少的先天不足和身体残疾，但他们都依靠锲而不舍的精神成功地赢得了世人的称赞。尤其借保尔·柯察金的故事和裴多菲"生命诚可贵"的诗句来思考人生，我们还有什么理由不去努力、不去为实现自己的理想而努力呢？但现在，随着国民经济的发展，生活质量的提高，人们变得已无暇或无心再去思考人生了，各种"压力"之外，便是忙碌于手机网络的虚拟世界，各种无聊的微信、抖音、快手、微视、游戏，打垮了一些人的精神意志。社会生态在发生着巨变，人们之间的言语不再面对面交流沟通，而是通过微信炫耀表象的亲密，人和人之间成了名副其实的"表演者"。除此之外，我们的生活变得焦躁不安，甚至迷茫纷乱。这就需要读好书，多读书，让浮躁的心灵安静下来，尤其励志类图书。"学贵质疑，小疑则小进，大疑则大进。"我们只有通过阅读理解书中一些鲜活的真实事例，认识自我，克服困难，迎难进取，才能不断激励和鞭策我们，

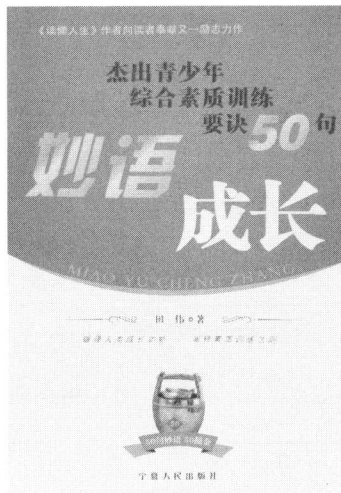

达到学有所用，励志前行。剖析他们成功经验，无非就是勤奋、俭朴、上进、诚实、快乐。一个快乐的人，心里充满阳光，生活才有滋有味。在生活中，我们缺乏耐心。"人有了耐心，才能等待成功的到来，没有耐心等待成功到来的人，结果只好用一生的耐心去面对失败；无论做什么事，你只要咬紧牙关，再多一点努力，再多一点坚持，再多一点注意，再多一点思考，再多一点尝试，最后的胜利一定属于你。"因此，有足够的耐心，才能不被浮躁"俘虏"。"浮躁能把人变得像只陀螺，常被现实这根鞭子抽打得团团转。"浮躁是现代年轻人的一种流行病，其病状是急躁、轻率、攀比和盲从。人常说："五心不定，输得干干净。"心宁则智，生智生而事成。我国四书之一的《大学》说："知止而后有定，定而后能静，静而后能安，安而后能虑，虑而后能得。"宁静是急躁、轻率、攀比和盲从的天敌，是真正的"守护神"。一个人只有通过自控，达到自身的宁静，才能战胜浮躁；战胜了浮躁，才能积极思考，产生智慧；有了智慧，才会有大作为。哲人说："目标能把握心灵的方向，唤醒身上的精灵。""你被别人嫉妒是因为你卓越，你嫉妒别人是因为你无能，世界容得下你我他。"读着这些精短凝练的励志妙语，不难看出作者苦费心机，从东西方文化中挖掘和提炼出的50句成长要诀，句句饱含哲理。

实际上，《妙语成长》涉及的不只是励志话题，而是当下社会大数据的冲击下，人们的思想突发改变，变得虚无缥缈、纷乱复杂。抖音、快手等使自我膨胀炫耀，这就是"精神病态"。"一个人要改变自己，先要用'灵魂的眼睛'看到自己想要变成的那个角色；想要干成某一件事，也必须先在心里有一幅清晰的图像，经常想象着自己正在运用某种方式做好这件事。"生活的美好，追求享受就变得尤为突出，大房子、豪车、名牌奢饰品成了人们追求和攀比的产物。"现代生活给我们带来了许多安逸和享受，追求享受是人的天性，人类发展史很能说明这一点。然而从茹毛饮血，钻木取火直到今天，人类发展史也证明着另一点：人舒服了，享受了，吃得好了，动得少了，身体胖了，病也就多了。"毛泽东《体育之研究》一文中说："仲尼取资于射御。是说孔子喜欢射箭、驾车。"孔子在《雍也》篇中说："知者乐水，仁者乐山。"他不但认识到人与自然的关系，还注重健康生活。拥有健康就拥有一切，失去健康就失去一切。人常说，挨金似金，挨玉似玉，挨着木匠会拉锯。

不经意间，书中那些脍炙人口的哲理，真实的事例让我茅塞顿开，仿佛每一个字都能荡起我"不需扬鞭自奋蹄"来。正是有这样的典范事例，使我倍感精神的力量和信念的不朽，令我豁然开朗，让我的焦虑和烦躁在字里行间便断然融化得了无痕迹。

可以肯定，《妙语成长》是一部关于杰出青年综合素质训练的原创励志类图书，被誉为"50句妙语，50桶金"，谁拥有，谁富有。百读不厌，篇篇生动有趣，句句饱含哲理，既能享受到读书的乐趣，也能汲取到成长的营养，是家庭、个人的珍贵藏书。

而且，书中这些经典的事例让我眼前愈看愈亮，仿佛一夜春风，百花齐放。尤其书中50句要诀，上百个真实的典型成功事例，可以让不同的人群领悟到各自的成功秘诀。正如有位诗人说："没有别人，你即是一座孤岛。"尤其在当今社会，我们需要成功，我们就得用"心"去编织有助于你事业成功的"关系网"。用"十心"编织关系网，那就是"友爱心，诚信心，感恩心，忍让心，火热心，宽容心，吃亏心，赞美心，理解心，上进心"。有了这样的精神境界，我们的身心才能健康，我们的事业和家庭才能和顺腾达。

看来，一本好书也能治病。

CHAPTER

4

业务专研

编辑的人文精神与理性品格

——兼论出版社品牌图书的培育

高 伟 哈若蕙

听一位传播学专家聊关于网页频道的设计如何吸引眼球，他说，聪明的频道主编应学会设置"浮飘"，好比汪洋大洋上的救生圈，给人带去希望……尽管，我还无法准确地解读专家所说"浮飘"的真正含义，但是它却让我想到了书业的海洋。在中国出版以年平均新版图书12万种彰显着海洋的广阔无垠时，我们却无时无刻不在守望，不在呼唤书业的"浮飘"，而那些跃动于大海波浪之上，闪烁智慧之光，涵养文化品格，启迪美好心性，蕴藉丰厚人文精神的精品图书，正是出版的希望。

应该说，没有一家出版社不是在苦心孤诣地寻找着"浮飘"，希冀着成功，然而"浮飘"在望，成功不难，难的是有一批成熟而富有学养，激情而有操守的编辑，有了他们方拥有了一份发现"浮飘"、放飞"浮飘"的实力。

文化出版是出版人不变的理念

中国出版历经百年的沧桑，从维新思潮风起云涌的十九世纪末到西学东渐，"民主""科学"旗帜高扬的"五四"新文化运动时期，以争取民族独立与解放为时代主潮的二十世纪三四十年代，以及新中国建立以来至二十一世纪的今天，中国出版积累了自己值得自豪的优秀传统，即坚定的文化出版之理念。正是这一沉淀着中国出版人精神守望的深刻洞见，催生了以商务印书馆、中华书局、开明书店等为代表的中国出版的母体。

当今，在社会主义市场经济的大潮中，出版作为一种文化产业，固然具有不可否认的商业性，但是，出版活动与出版业与生俱来的"文化责任"，使人不得不重视其独特的精神产品——图书的文化蕴含。所谓文化，按照克洛依伯和克勒荷恩从历史的角度所下的定义："文化作为一个描述性概念，从总体上看是指人类创造的财富积累：图书、绘画、建筑以及诸如此类，调节我们环境的人文和物理知识，语言，习俗，礼仪系统，伦理，宗教和道德，这都是通过一代代人建立起来的。"[1]从这一定义可以看出，文化是一种财富，是人类知识的积累；文化是一种继承和发掘，是一种创新，是一代代人努力的结果。图书产品归根结底所传达的是一种文化，一种价值观，具有思想性和意识形态属性。对我们国家与民族而言，中国出版承担着建构社会主义和谐社会及传播先进文化的神圣使命。从这个意义而言，文化出版更应是出版人不变的核心理念，我们努力追求的是在文化出版这一核心理念指导下所实现的市场最大化，利润最大化。

应该说，在如今竞争惨烈的图书市场，能否坚守这份文化职责与理念是对从业者的一份考验。图书出版的选择，千种万种，可以紧跟时尚，在光怪陆离中变换花样，以短、平、快式的"浅出版"追逐眼前的既得利益，也可以卧薪尝胆，积蓄力量，以"十年磨一剑"的韧性和与时俱进、挑战创新的精神向社会与读者奉献精品力作。何去何从，体现着一个出版社及其从业者的价值追求。事实上，以提升先进文化为己任，以人为本，以读者为中心，

---

[1] Kroedber, A&C.Kluckhohn.Culuture : A Critical Review of Concepts and Definitions, New Youk : Vintage Books, 1963.（1963年美国人类学家克洛依伯和克拉克洪《文化：概念和定义批判分析》）

贴近实际，贴近群众，贴近生活，健康进步，符合时代发展的出版也是最具发展空间的产业活动，它也理所当然地会最大限度地赢得市场，实现社会效益以及其中所包含的经济效益的最大化。

作为地处祖国西部边远省份的宁夏人民出版社，近年来努力调整图书产品结构，从依赖教材教辅到立足时代，花大力气培育开发了一批具有文化积累和创新意义的学术文化类图书、大众精品图书和关注农民，为农村经济发展服务的"三农"图书等。他们的努力因而受到了读者的尊重与鼓励，而在桂林及天津书市直销、团购及订货排行榜上这类图书的不俗成绩，则显示出文化出版的巨大潜力。

回顾他们几年中艰难挺进的文化出版的历程，一个突出的体验是，注重文化出版，首要的是有一批拥有坚定的人文精神和理性品质的编辑。

编辑的人文精神恰似一方"素洁的底子"

笔者认为，作为现代编辑，所应具备的人文精神，应该是：深厚的学养，进取的精神，鼓荡的激情，勇于挑战创新，诚挚的情怀，勤奋的态度以及对自己所从事事业的充满敬畏……

两千五百多年前，孔子在讲述"仁"与"礼"的关系时与弟子曾有这样一番对话：

> 子夏问（孔子）曰："'巧笑倩兮，美目盼兮，素以为绚兮'。
> 何谓也？"子曰："绘事后素。"曰："礼后乎。"
>
> 《论语·学而》

意思是说，笑靥可人、美目流盼的女子，灵秀清纯的本色就是最绚丽的美。就像作画须先有素洁的底子，再绘以五彩。而"礼"就像漂亮的姑娘，需要有素色的丝绢（心理情感）作底子才能彰显。即作为内心情感的"仁"是外在体制"礼"的基础。以此反观出版，编辑的人文精神恰似一方"素洁的底子"，只有在此基础上，才能有美丽而成功的"绘事"（精品图书）。

所以，人文精神在编辑的具体活动中所具有的主导及激励作用不可小视。

一、人文精神是形成编辑良好职业道德的核心

编辑常常被称誉为"为人作嫁的无名英雄""优秀作品的助产士""善识千里马的伯乐"。从这个意义上说，编辑既是精神文化产品的把关人和人文精神的守护者，也是编辑职业道德的实践者。人文精神的哲学含义，是指人之为人的文化精神，它是对于真、善、美永恒追求的展现，是以对人生价值中的终极关怀和现实关切相结合为原则、以实现人的全面而自由发展为目标的一种文化精神和生活模（范）式。简言之，人文精神是一种普遍的人类自我关怀，是对全面发展的理想人格的肯定和塑造。

与人文精神形成层级关系的是人文素质，它是指：由知识、能力、观念、情感、意志等各种因素综合而成的一个人的内在品质，表现为一个人的价值、意志、修养。

人文精神是形成编辑良好职业道德的核心。在编辑活动中，具体体现在：正确地认识人的本质与人的价值，主动追求真正有意义的人生；将终极关怀意识贯穿于编辑的全过程；从历史发展和文化建构的角度看待编辑的职业认知与自身价值；弘扬主体精神。在现代社会人们面临多重矛盾与精神困惑的生存状态面前，编辑要树立良好的职业道德，要以人文精神为核心，坚守自己的精神家园；将人文精神贯穿于编辑道德修养的全过程；要有热爱编辑事业的敬业精神；完善自我，加强自身的责任意识与使命感。以出版人的丰

碑——邹韬奋先生名字命名的韬奋奖，之所以成为我国出版工作者的崇高荣誉，正是因为韬奋先生"热爱人民、真诚地为人民服务，鞠躬尽瘁，死而后已"（毛泽东同志的题词）的精神，深刻体现了编辑的人生准则和职业精神。作为编辑，在自己的职业活动中，应该努力培养自己建立在较高层级人文素质之上的高尚的人文精神。这是一个富有造诣，立志成就一番事业的优秀编辑的基本前提。

二、人文精神决定着编辑的选择与"发现"

编辑工作中最重要、最富有创造性的内容是对选题的"选择"和"发现"。现代编辑每天面对密集繁复的文化信息和选题冲撞。何所依从，得由编辑的主体精神所制导。从组稿选择的角度而言，现代出版的方式可谓多种多样，满足于完成基本工作指标，可以足不出户，或坐等书稿，或与工作室合作，做一个编书匠悠闲度时光，这在需要凭借著书立说评聘职称及片面追逐图书利润形成泡沫出版的今天，这样的编辑不乏其人。而偏偏有迎难而上，勇于创新，勇于挑战者，以强烈的历史使命感和敏锐的个性思考、文化感悟去关注文化发展，以一腔赤诚和执著的追求去寻找最为合适的作者，与他们结成团队，以"筚路蓝缕"的精神与毅力去开掘文化传承的深井，去与一个又一个高蹈超拔、立意不凡的选题相遇合……这种编辑主体的个性张扬，以及表现在编辑实践上的文化选择，正是与编辑血脉相融的人文情怀的体现。

宁夏人民出版社用五年的时间，培育并成功推出了"跨文化丛书·外国作家与中国文化"（全十卷），被学界称为"跨世纪的学术工程""西部出版的里程碑""来自西部的冲击波"……这一系列出版工程的实施及循序推进，与该社对项目责任人（责任编辑）这一文化选择的充分肯定是分不开的。

曾在高等院校担任过文科学术带头人的编辑，在与相关学者的接触中敏感地意识到：比较文化、比较文学研究是一个既具有文化积累价值又极具前瞻性的研究课题，而提供一个平台，与中国学界共同参与世界文化的交流，参与中国现当代先进文化的创新与重建，对出版而言，是一个富有魅力，不乏潜力，可供打造的准品牌工程。遵循这一文化理念，迅速地寻找到足可担纲的主编和各卷主笔，开始了跨世纪的项目运作（2000—2005年）。

应该说，编辑的这种通过自身文化感知和有关学术态势的了解，运用创造性思维碰撞出的选题，是一道独特的文化景观，恰似柳树梢头草色遥看的一抹新绿，充满生机与活力。它既能适合图书市场的需要，又能向合适的作者提供广阔的创作空间，激活作者的灵感和创造性，从而为作品最终成为一部能够满足读者阅读期待的好书，架构了一个理想的平台。

三、人文精神赋予编辑有效处理作者、编者、读者三元关系的能力

诚然，"跨文化丛书"的立项，体现了出版社选题决策的眼光与魄力，但机遇总是与风险同在。作为项目负责人（责任编辑）除了怀抱对这一选题项目的强烈责任心，还不得不带着前所未有的压力甚至是背水一战的悲壮坚持这一出版运作。从早期的项目论证，丛书的编撰思路，各册专著的写作大纲、行文风格，乃至目标读者的定位、后期营销，每一个环节都必须有详细的讨论和规划。与主编和各卷作者精诚合作，最担心的是曲高和寡。经过深入的思考，编辑对本套丛书的撰写风格和话语效应，提出了这样的出版期待。

丛书的写作风格、体例、笔法，要力求与今天的阅读接轨，要让我们的学术思想与结论"游动"在丰厚翔实、鲜活生动的叙述之中，要在读者面前呈现出一个异彩纷呈的、生意盎然的文学的世界、文化的世界。丛书要以其丰富的史料性、独特的行文风格而使其具备跨越学科的意蕴，使不同层面的读者，都能在书中找到各自需要的灵韵，使之在不知不觉的阅读中形成这样

的共识：中外文学的交融、异质文化的互补，不仅是昨天人们的骄傲，更是今天的时尚与主题。

责任编辑的这一创意引起了全体编委的重视，几经讨论最终将之确定为共同的创作方向。各卷作者在撰写中都致力追求这种著述风格和学术效应。从最终问世的图书所呈现出的超越创新的理念、清新俊逸的行文风格、充满诗意的书名：《光自东方来》（法国卷）《梵典与华章》（印度卷）《异域的召唤》（德国卷）《悠远的回响》（俄苏卷）《梅红樱粉》（日本卷）《跨越太平洋的雨虹》（美国卷）《雾外的远音》（英国卷）《半岛唐风》（韩朝卷）《丝路驿花》（阿拉伯波斯卷）《神奇的想象》（南北欧卷），以及丛书良好的市场反应中，充分印证了这一点。

四、人文精神决定着编辑对文稿审校把关的工作态度

图书是一种文化产品，不同于一般可以批量生产的商品，编辑也不是生产流水线上的一道工序。每一本书都是一个独特的世界，它的出版，需要作者的知识投入，也需要编辑的智慧与努力。

编辑是一个严肃的职业。每个编辑对名下的产品，从选题、文字、内容、结构到资料的取舍和运用，都负有不可推卸的责任，这才有了行之有效的选题立项、选题论证、市场分析、三审三校制的编辑体制，也才有了"责任编辑"的命名。

"跨文化丛书"的作者，集中了中国比较文化、比较文学学界的才俊精英，是各自研究领域的佼佼者。但是专家、学者的角度不一定完全符合出版者的要求与期待，作为编辑应该尽其所能地从项目整体，从接受主体，从目标读者、市场效应等各个方面做更加细密的揣度与设定。具体到书稿的编辑审理，则应着重处理学理表述，结构板块，层级显示，整体装帧以及出版规

范等问题。为此，在这一项目推进中，凡属同一性的问题和需要全体作者周知的事宜，均以"××号通报"的形式统一传发（至选题结束，共发布十期通报），而对于个别问题，则以电子邮件和其他方式点对点及时沟通。在文稿审理过程中，编辑既是第一读者，也是最挑剔的批评家，常常毫无保留地发表建议，纠正偏差。令人欣慰的是，几乎所有的作者都会积极呼应编辑的工作，一遍遍地调整结构，规范书稿。在书籍装帧的最后阶段，为了核对中外文对照的目录书名等，编辑作者几乎是同时守在电脑前进行异地同步审校把关，以防硬伤。

事实上，编辑面对的文稿千差万别，各种基础、不同层面，杂色纷呈。编辑如何调动自身的知识涵养和灵性体悟，帮助作者拨云见日，沙里淘金，为文稿多做锦上添花的工作，的确是需要编辑"功夫在编外"的人文底蕴和知性储备打底的。

编辑的理性品性是抵达理想彼岸的舟楫

如果说，编辑的人文精神是图书出版活动"素洁的底子"，那么，编辑的理性品性则是抵达理想彼岸的舟楫。它是指编辑知性活动中：敏感的选题直觉，高超的编辑功力，准确的市场判断，到位的宣传营销。

一、良好的选题直觉是编辑职业激情的外向投射

编辑是一种历险。大约每个编辑都希望自己有一双慧眼，不要和优秀的选题失之交臂。但是优秀的选题大多不是等来的，而是靠"发现"得来的。与其他职业相比，编辑的视野更加广阔，人类文明过往的历史，大千世界的万象纷纭，人类认知的理念，现实生活中的细节，一份感悟、一种情怀……

都足以纳入我们的视野，只要它源自生活、源自人文。

面对如此丰富的信源，优秀的编辑将会以一种职业的敏感与激情，以独到的眼光和审美感知去捕捉、发现适合于时代主潮、人类精神需求的，具有可挖掘性、可拓展性的出版选题。与此同时，能否做到知难而上、锲而不舍、准确地驾驭选题向着既定的目标深入，也同样是一种直觉——自我认知的直觉。宁夏人民出版社获得第十三届、第十四届中国图书奖的图书《撑起生命的蓝天——空难与我》《我的岁月我的歌》，都是投入了大量编辑原创、克服了诸多困难，打磨出来的精品。另外，有些选题项目，在实施过程中还会受到各种社会政治因素的影响，产生波折。如宁夏人民出版社2005年重点运作的"人文日本新书"系列，在出版完成、准备参加第十五届天津书市之际，正值中日关系发生严重波动，社会情绪有所激化之时，出版社与责任编辑面临来自不同方面的巨大压力。但是，理性认知中日关系，深刻读解"以史为鉴，面向未来"的对日外交政策，我们对图书定位信念坚定，做出了"理性感知日本文化，文化对话面向未来"的主题宣传语，坚持运作。我们坚信，对于一衣带水的邻邦日本，中国理应加强对它的研究与了解，努力积聚与其相邻的智慧。事实证明，我们的文化坚持是正确的，图书面世即受到了广泛关注，市场反映也很好。

由此可见，良好的选题直觉源于理性的判断，也得益于编辑的内在文化精神和职业激情。一个编辑若没有对出版事业的热爱，没有一种痴迷、一种执著，永远不可能成为一名优秀编辑。有了职业激情，有了对精品图书的执著追求，才会事事留心，才会敏感机智，才会意志坚强、锲而不舍地走向成功。

二、独到的编辑风格彰显编辑美好境界

面对日益激烈的出版竞争，各家出版单位都十分重视品牌战略，以争取

读者、占领市场。而出版物品牌风格的形成是与出版社重要资源之一的编辑的主体风格联系在一起的。

什么是编辑风格？所谓风格，原本是用以品评作品或人的一个美学范畴，是特色和风度的抽象。编辑风格既包括艺术风格，也包括决定艺术风格的品位、品格。从品位、品格与编辑风格的角度而言，前者是后者形成的基础，但后者也会反作用于前者，二者是一种辩证关系。编辑的品位高，整个编辑工作的起点也就高，从制定选题到审读加工，在这个基础上，加上娴熟高超的编辑艺术，就能形成自己独特的编辑风格。反之，如果编辑品位不够，那是无论如何都难以形成什么编辑风格的。

编辑风格的形成与塑造，也与编辑对自身能力的客观检测相关联。要善于给自我发展进行定位定向。要懂得自己，长于何处，因长而定位；优于哪端，因优而取向。有了一定的定位定向，精于一隅，逐步拓展，经年不息，形成个性，就可能在编辑群体中找到自我的位置。所编图书形成风格，就会产生标志其编辑个性和水平的代表作。代表作与编辑风格，编辑风格与品牌，融三者于一体，编辑能力就会达到一定的境界。

一个优秀的图书编辑，在长期的工作实践中，既严格遵循出版规范流程，又善于总结创新，摸索出行之有效，体现个性的编辑手法，或大处着眼，或细节取胜，或清新细腻，或大气简洁。在他（她）的手中，一本书，往往就是一件艺术品，从内容到形式，从结构到细节，和谐统一，通体粲然。除了在审理文稿阶段与作者的无障碍沟通，在设计装帧上，怎样突出书稿的内容特点，如何调动激发美编灵感的火花，拿出好的创意，也同样检验着编辑的功力。好的编辑总会与美编珠联璧合，他们共同的作品也自会别具一格，熠熠生辉。宁夏人民出版社"人文日本新书"的整体装帧创意，其中一个关键要素：封面右下侧六个扇形的磨切，巧妙地衬出丛书名，就是由编辑与作者交流时的一个细节引发开来的。而另一套"鹅毛信文库"的整体装帧，采用彩络纸烫金压凹工艺，一管鹅毛摇曳生姿，并在侧包过来的书腰际用丝带相系，含蕴的是一封素笺启迪心智以及编创者对青少年读者的拳拳之情。而许多精致、艺术、讲究完美的编辑，也已开始从审美体验、阅读心理等角度关注书稿的编排节奏（包括目录、排序、插图、封面文案、内容提要）以及广告文案等全方位的编辑活动。

成熟的编辑风格凝聚着深厚的人文涵养，彰显着编辑的理想的美好境界，编辑在自己痴情的事业中品尝着创造的快乐与成功的喜悦。

三、准确的市场判断引导编辑不断创新

图书作为一项特殊的商品，其市场的接受程度如何，直接影响到选题的评价。从这个意义而言，编辑的对市场的熟悉程度和判断力也将影响编辑对图书产品的开发与生产。一个称职而优秀的编辑，应永远将自己置身于"现场"，张开感官吸纳八方信息，从社会文化发展的动态中去发现并遴选选题，不要拾人牙慧，不要人云亦云，不要跟风，不要成为垃圾文化的制造者和加盟者。编辑的文化职责、神圣使命决定其要有高尚的价值选择。而紧密关注市场，关注时代，关注社会文化发展动向，则有助于帮助编辑对选题作出准确的判断。继而，对预设目标的期望，又会充满魅力地引导编辑对编辑过程的各个环节进行调控与完善。编辑出版的过程，就是一个不断创新、新意迭出的过程，如看山，横看成岭侧成峰；如登攀，无限风光在险峰。

四、到位的宣传营销是实现文化出版的终极目标

如百川归海，百鸟朝凤，编辑过程的千辛万苦，最终是要通过图书市场的选择得到肯定与证明。

现代化的出版产业，必须高度重视宣传营销。每一种图书要锁定目标读者、关注终端。在现代出版流程中，从选题策划（立项）——文稿审理——编辑加工——营销发行，编辑是要全程参与的。尽管在流程的不同阶段，编辑的参与程度会相对递减，但图书的宣传定位、广告文案的提交、推广活动（包括新书发布、作品研讨、签售仪式等），以及对发行人员进行的新书特色宣讲，均需编辑的直接参与和指导。作为承担出版社品牌工程的编辑，更应具备策划完整的宣传推广方案的能力，要有社会活动家的热情，要有营销战略的思考，甚至不排除承担必要的营销运作的任务。

如前所述，宁夏人民出版社"跨文化书系"图书的宣传营销，通过分析目标市场，选择推广方案，成功地召开新闻发布会，借助各类比较文学学会、年会，展示形象，展示品位。目前，这套丛书已成为团购的主打品牌之一，开始走进需要它的读者，而这，才是我们图书真正的理想归宿，也是文化出版的终极目标。

2005年7月29日，中共中央政治局常委、国务院总理温家宝在亲切看望我国著名的文学家、教育家和社会活动家季羡林先生时提到了宁夏人民出版社的"跨文化丛书·印度卷"，他说：

> 我今年四月访问印度。出访前看到了《梵典与华章》一书，开卷就有您的题词："文化交流是推动人类社会前进的重要动力之一。如果没有文化交流，我们简直无法想象人类今天的社会会是一个什么样子。"
>
> ……
>
> 我们不仅要继承和发扬自己的优良文化传统，也要学习借鉴其他国家的先进文化和经验。

摘自《人民日报》2005年7月31日一版

这则发自《人民日报》的消息，无疑是对出版人最大的鼓励。坚持文化出版的理念，努力提高编辑的人文精神及理性品格，不断发现、培育、壮大品牌书之源——编辑群体中的优势力量，实施精品工程，将是我们不懈的追求。

编辑也要有代表作

哈若蕙

说到代表作，我们的脑海中会浮现出文化长廊中一簇簇独领风骚的文学艺术大作。曹禺的《雷雨》，矛盾的《子夜》，老舍的《骆驼祥子》，艾青的《大堰河，我的保姆》，戴望舒的《雨巷》，徐志摩的《再别康桥》……或者冼星海的《黄河大合唱》，乔羽与刘炽的《让我们荡起双桨》以及梅兰芳的《贵妃醉酒》，乃至黄宏、宋丹丹的《超生游击队》……大凡文化名人，其绚丽的光源莫不来自其代表作。一个国家、一个民族，正是有了这些艺术瑰宝，文化的星空才会璀璨恢宏。

联想到我们的出版，同样渴望异彩纷呈、星空璀璨，它的突破口在哪里？一言以蔽之：优秀编辑或名牌编辑及其代表作。在市场竞争日益激烈的今天，出版社最具活力、最富创新精神的生产力要素就是编辑。实力雄厚，能不断挑战图书市场的出版社往往藏龙卧虎，被称为出版界黑马的长江文艺出版社的金丽红、黎波，接力出版社白冰等是也。他们用一本本策划到位的图书，制造着现代出版的神话。

大凡出版社，要树立品牌形象，莫不仰赖图书品牌。而像样的图书品牌，说到底是靠具有优秀素质的编辑打造的，他们的代表作，成就了图书品牌，也成就了出版社。

在编辑的职业生涯中，有理想，有追求的编辑，应该常常盘点自己的编辑所为，将自己的编辑成果放在出版社整体发展框架中加以衡量，看看自己编辑的图书是否处在出版社品牌战略的平台上，或占据制高点，或开拓新视野，或彰显闪光点。编辑的代表作，体现了编辑的综合能力、创新水平以及成熟的风格。从出版社而言，品牌书、常销书、畅销书是其标志性图书，它所代表的是出版社的出书水平。编辑代表作如果有幸成为出版社的标志性图书，这种代表作必然载入社史。这应该成为我们编辑追求的目标。

编辑在形成自己代表作的过程中，首要的是给自我发展进行定位定向。人非圣贤，学识无百科。一个再有能力的人，都不可能放之四海而皆准。长于何处，因长而定位，优于哪端，因优而取向。或许，这是自我开拓发展空间的有效途径。有了一定的定位定向，精于一隅，逐步拓展，经年不息，形成个性，就可能在编辑群体中找到自我的位置，自己所编图书就会形成一种风格。无个性即无共性，编辑奋力追求代表作的个性，也是提高自身能力的一种途径。编辑在提高能力的修养中，似应注重能力与代表作、代表作与风格、风格与品牌的天然联系。如果集三者于一体，编辑能力就会有所长进。在实践中，你编辑的代表作，既是本社当年的品牌书，也是常销书，还是畅销书，这就拉近了与优秀编辑或者说名牌编辑之间的距离。名牌编辑与自己代表作的多寡和档次成正比，编辑代表作中品牌书、常销书和畅销书越多，成为出版社名牌编辑的几率越高。

优秀编辑、名牌编辑是品牌社的基础，而优秀编辑、名牌编辑又以其代表作为人倡扬。在市场竞争日益激烈的条件下，循名而择的趋向，更需要有大量的编辑代表作，为出版社张目，为编辑自身画像，为本社开拓市场增添份额尽力。

机遇与挑战共存，广阔的出版空间，为编辑的成长提供了舞台，每个人都有机会，精彩就在脚下，出版社灿烂的明天，有赖编辑群体，更有赖名编辑及其代表作。

　　出版社呼唤名编辑，呼唤编辑的代表作。

编辑原创简论

哈若蕙

图书出版看重原创作品，这早已是业内人的共识。因为原创性作品凝聚着作者对客观世界独到的领悟与诠释，作者的情感与智慧、理念与思索、灵韵与风骨在作品中汩汩流淌，熠熠生辉，无不生动地书写出属于"这一个"的精神与气度。这样的创作主体一般来说，独指作者。

燃烧自己、烛照读者的原创性作品被人所钟爱自然无可厚非。然而，当我们将观察的视角稍加转动，将之放置于图书出版物——这一特殊的文化商品的层面加以观照，我们是否会发现某种忽略，即对以编辑为主体的原创性因素的忽略？

众所周知，出版是一种文化的传播，精神文化产品可以通过它实现其价值的转换。如对这一文化传播过程做一完整的描述似应为：图书选题的确定及作家创作——科学文化作品及编辑出版——图书营销及读者鉴赏。在这一过程中，编辑的主体、中介作用是贯穿始终，不容忽视的。尤其是在当今高科技化知识密集型产业、高速率的信息化产业凸现林立的背景下，编辑的地位势必不断强化。这不仅引起了图书出版业的高度重视，也已成为现代编辑理念的重要组成部分。

图书编辑学告诉我们，所谓出版是指将作品编辑加工后，经过复制向公众发行。的确，出版物作为思想、知识和信息的载体，作为传播思想、知识和信息的媒介，作者的精神产品、作者写作活动中的所有灵动只有变成它才能为读者所接受，才能实现其实质意义上的价值转化。而编辑工作恰恰处在这一中介转换的关节点上，其对作品的策划及审理，其在这一过程中所注入的主体意识、主体作用，将在很大程度上决定作品的命运走向。

因此，笔者以为，倘若作品要成为进入市场的商品——出版物，那么以编辑为主体的创作——编辑的原创便理所当然地和作者的原创一起成为体现出版物原创的重要因素，即出版物的原创 = 编辑的原创 + 作者的原创。这应当成为一种新的共识。

一、编辑原创的内涵

原者，初始也，具体表现为原生态、独此一家；创者，创造也，具体表现为对旧事物的否定并推陈出新，形成新颖的、有社会价值的精神或物质产品。所谓编辑的原创，是指编辑将自己的知识、能力及经验与出版工作实践相结合，通过创造性思维产生出有独到见地的创造性成果，这些成果则对图书产品获得最佳的"两个效益"起着决定性的作用。编辑的这种创作活动，也同样鲜明地体现着"这一个"的特征，故我们称其为"编辑的原创"。

纵观编辑活动的全过程，编辑的原创主要体现在四个方面。

1. 发现、策划独有见地的选题

出版社的一切经营活动肇始于选题的运作，经过生产成为商品，然后实现交换与消费。选题是出版社的命脉，编辑有责任为这条命脉注入一汪活水。当编辑以强烈的历史使命感和敏锐的个性思考、文化感悟去关注文化市场，以"筚路蓝缕"的精神与毅力去开掘文化传播的深井，就有可能与高蹈超拔、立意不凡的选题相遇合。

编辑的这种通过对市场和有关学术态势的了解，结合自身的知识、能力和经验，运用创造性思维碰撞出的选题，应该是一道独特的文化景观，是柳树梢头草色遥看的一抹新绿，它应该既能适合市场的需要，又能向合适的作者提供广阔的创作空间，激活作者的灵感和创造性，为作品最终成为一部"两个效益"俱佳的图书产品奠定基础。这或可称为选题策划中的"原创"性，否则，只能属常规意义上的选题操作。

2. 组织建构、创意写作

原创性的选题策划，需要同样富有活力的组织建构与创意写作加以实现。我们说，作家永远是出版家的活水源头，而最好的作家应当是最适合我们选题的作家。从一单本书的主笔到一项具有文化积累意义的丛书或套书的主编，选择了作者就是选择了一种文化品位，就是选择了一种文化象征。这之于一些有影响的作家、学者尤其重要。作为一位有敏锐眼光的编辑，应该善于选择并组织到最适合我们的作者（包括协作精神），并具体深入地介入到文本的整体架构及写作创意中去，做好引导及把握的工作，以最大限度地实现预设的创意目标。在这一过程中，属于"这一个"的编辑的生命素质、学养修炼，出版眼光以及与作家的沟通层面，都会化作一颗颗有含蕴的种籽，对原创作品的成功架构产生不小的影响。

3. 创造性的编辑加工

经过了富有激情和卓有成效的选题策划、组织建构及创意研讨，经过了作家富有生命意义的潜心创作，当一部部沉甸甸的文稿终于摆放在编辑的案头，编辑工作从而进入了其工作流程中最核心、最富实质性的环节——审评文稿、创造加工。

在这个过程中，编辑既是一个最诚挚、最深情的读者，是作者最深得我心的朋友与知音，同时，编辑更是一个眼光锐敏而挑剔的编者，文稿中存在的瑕疵、义理的梗结、题旨的游离、发挥的失当等不足，都将一一审理，不会轻易放过，必要时还会与作者共同磋商进行修改。除此之外，编辑理念中强烈的读者意识，也将直接驱动其调动高超的编辑手段，在文本润饰、版面编排，装帧设计等各个方面传达作品的内在情韵及精神品格，以方便读者的当代阅读，提升读者的思想境界，文化品位，同时，也张扬出编辑本身所执意追求的境界与审美理想。

4.定位准确、独辟蹊径的图书营销方略

激烈竞争的图书市场的挑战，已彻底击破了原有的图书运作机制，结束了编辑只问文稿，不参与营销的沉寂。编辑从策划提出图书选题一直到文稿的审理加工，都要不间断地酝酿并完善所作图书的营销方略，这并非模糊了编辑的职能，而是市场机制下对编辑与发行在较高层面上加以结合的新的要求。这也是编辑学者不同于学院学者而具有直接用世品性的现实体现。

换一角度而言，是谁最了解我们所操作的图书？它的内容意蕴、它的写作风格、它的独特不凡……它的所有属于"这一本"的特点与长短，只有编辑策划者最清楚。那么好，无论是图书征订广告，还是具体的营销方案，你应拿出你深得真味的品评，告诉读者你编的图书"是什么""怎么样"？而你的叙说，不应是冷峻僵硬的，不应是平淡干瘪的，它应洋溢着你的挚爱，你的才情，使读者通过此走近你的书，使读者借你的慧眼，从茫茫书海中发现这一本好书；同时，有可能的话，你应有最切实可行的宣传谋略，从彩页广告到多媒体的宣传，以及其他促销活动，以使一本书的潜在价值得到淋漓尽致的发挥。

这样，当一部融入了编辑主体源自于精神活动层面的多方位、多角度的契合与磨炼的出版物，以卓然的风华跃动于图书的海洋，那么受到肯定的就不仅仅是作者，编辑原创的智慧与价值也尽在其中。

二、编辑的"这一个"与编辑的原创品格

或许，有人会说，编辑的工作本来就属于创造性的工作，为什么非要提到"原创"的高度不可？因为，创造是人类心理的高级过程，是包括知、情、意、行在内的各种心理活动最高水平的综合体现，显然，如果没有创造者个体的独特感受，就不可能有创造。所谓原生态，就是要保持其独有的感受，不能是模仿，更不能是抄袭，可以说，原生，是创造的必要条件。人类历史上优秀的科学、文化成果，无一不打着创作者个性的印记。托尔斯泰的博大，爱因斯坦的明慧，巴尔扎克的深刻，柴可夫斯基的优雅，或是巴金的真诚，冰心的纯美，陈景润的缜密，他们的魅力正在于其人格的美与科学艺术创造的鲜明特色；当然，光有"原"也是不够的，必须将"原"这点点滴滴宝贵的因子种植到知、情、意、行种种心理活动的过程中，使其接受阳光雨露、四海来风，在文化的整合中，裂变出奇彩，得到丰美而独特的创造成果。综上所述，"原"是"创"的基础，"创"是"原"的深化，原创也者，其贵在原，其精在创，二者有机结合，才能产生出优秀的创作成果。正如作者的创作倘若不是"原创"，便难以成为高质量的作品一样，编辑若不能将自己的创作提到原创的高度，便难以推出高质量的图书产品。

在出版实践中，为什么会有那么多的平庸书充斥市场，为什么会选题撞车，重复出版，究其原因，无非就是编辑或提不出有创意的选题，满足于等稿上门，自费出版；或对选题、作品作不出有见地的鉴别，"有眼不识金镶玉"，把好选题、好作品轻易放过，错失良机，怕冒风险而对一般性图书情有独钟；还有的编辑对选题、作品提不出建设性的修改意见，人云亦云，甚至屡出"臭招"，将作者折腾得苦不堪言，把有基础的作品弄得一塌糊涂，就算不中途夭折，最后印成书也是不受读者欢迎的一堆文化垃圾。以上所述，归根结底就是编辑缺乏原创或原创水平低。要克服"出版痼疾"，只有提倡在编辑主体控

制下的高水平的原创，别无捷径。

对出版社而言，编辑的原创甚至比作者的原创还要重要，因为，并非任何原创作品都适合出版，更并非任何能够出版的原创作品都会产生良好的"两个效益"，编辑对作者的引导与影响，对作品的审理与加工，运作与推动，使作家的创作成果与时代氛围、文化发展、读者需要相契合、相互动将起着决定性的作用。我们常说，占领图书市场，要做到"人无我有，人有我优"，而这正是对编辑原创的具体要求，因为只有"原"才能"人无我有"；"创"才能"人有我优"。所以，将编辑的创造与创新提到"原创"的高度，倡导并打造编辑的"原创"品格，是当今竞争激烈的图书出版业对编辑素质的呼唤。

三、提高编辑原创水平的途径与条件

编辑在书籍出版活动中，作为一种独特的文化存在，承担着一个民族的文化积累、继承和创新的建构使命，也直接推动着书籍出版业的繁荣及发展。要从整体上提高我国书业的水准，根本的一点就是提高编辑的自身素质及原创水准。我以为重要的是以下几点：

1. 学而不已，掏深一口文化的井

有人说过，人是文化的动物。以此引申，编辑则是文化动物中的文化动物，没有文化，就没有了编辑存在的前提。当然，我们在这里所说的文化是超越一般意义的一种文化之境界，或者说是一种文化品位。出版物的价值在于它的文化内涵，在于传播与积累人类优秀的科学文化成果，在于对思想道德建设和科学文化建设的推动作用。而这一切都势必要通过编辑的文化选择来实现。编辑的文化选择能力则又取决于编辑自身的文化品位，很难设想，一个文化品位低的编辑能够策划、编辑出文化品位高雅的出版物。文化品位来源于丰富而广博的文化的浸润，来源于优化合理而又不失天赋特点的个性

文化建构。因此，无论是出版社还是编辑个人都应注意营造浓郁的文化氛围，提高学养、修炼人格气质，不断丰厚文化底蕴，为高水平的编辑原创提供活水源头。

2. 热情敏感，广泛吸纳有效信息

信息价值理论告诉我们，所谓创造就是信宿——人脑通过对吸收的信息进行加工重组而产生新的信息。故编辑要提高其原创成果水平，就是提高这种"新的信息"的价值。而目标的达到则取决于信息环境的设置及信息意识的树立。

在知识经济飞速发展的信息时代，一切工作、生活都与信息有着千丝万缕的联系。作为信息产业的出版业，更是与信息密不可分。现代编辑的信息意识是现代编辑对信息的接收、加工整理和对传播活动的认识与反映，它在现代出版工作中具有重要功能，贯穿于选题策划、审读加工之中。现代编辑要对信息的重要性有充分的认识，树立没有信息就没有选题的观念，注意搜集、积累信息，养成处处留心搜集信息的职业习惯。在收集、掌握了高质量、较全面的信息的基础上，要科学、系统、全面地对各种信息进行综合、分析、研究，从浩瀚的信息海洋中发掘出有价值的信息，并把它尽快转化为良好的选题意向。

除此之外，设置良好的信息环境，便于编辑对信息进行高水平的收集、加工和整理，便于编辑对掌握的信息进行深度的思维加工、改造和重组，使产生的新信息具有更高的价值。在今天，即要求编辑学习与熟悉使用电脑和网络，作为出版社则应为编辑提供以电子计算机为中心的出版信息管理系统甚至出版决策支持系统，这似应是提高编辑原创潜能的必要条件。

3. 为编辑提供舞台，在创造中把握主动

作为一种复杂的精神劳动，编辑的原创和作者的原创相类似，同样需要不受无谓的干扰，使创造的才能得以充分发挥、个性得以充分体现。但编辑的原创毕竟不同于作者的原创，它之作为出版这个系统工程的一个环节，势必要受到出版过程一系列因素诸如出版规律、市场需求、学术态势等的影响与制约。因此，编辑的原创一定要适应这些因素，并将这些因素和具体的原创有机结合，才能完成具有社会价值的原创成果。

另一方面，作为出版社，应为编辑提供良好的创造环境，这种环境，不仅应该有助于保证编辑能坚持自己的独立见解，还应该有助于实现编辑原创目标与社会需要有机结合；有助于实现编辑的创造才能与现实条件的有机结合；有助于实现编辑的知识素质与相关的学术态势有机结合，使编辑的原创成果得到尽可能的完美，社会价值得到尽可能地提高。具体来说，就是要积极鼓励编辑的创新与尝试，树立风险意识，允许失败，使编辑在负重拼搏中，学会闯市场，最终开拓市场，为出版社实现双效。

我们面对着广袤的文化原野，我们面对着潮起潮涌的书业波澜，我们不能迟疑，愿我们张开怀抱，领受书界的洗礼，勇于吸纳，不断创新，强化编辑的内功与底蕴，以悠长的文化眼光去回溯历史，展望人类文化的未来，切准时代脉搏，适时发展与开拓，完成社会文化建构的神圣历史使命。在这一切的努力中，请别忘记——编辑的原创。

学习叶圣陶先生的语言修改艺术

山蕴栋

叶圣陶先生是我国现代史上一位很有影响的著名作家、教育家、出版家和社会活动家。叶先生的文学创作活动开始很早，18岁（1912年）中学毕业后，开始当小学教员并从事文学创作。1914年，他20岁的时候，就开始用文言文写短篇小说，"五四"运动前后改用白话文写作。1921年，他和茅盾、郑振铎等人发起组织了"文学研究会"，提倡文学"为人生"的主张，而且在自己的创作过程中，严肃认真地实践了这一主张。1923年起开始从事编辑出版工作，先在上海商务印书馆任编辑，1930年辞去商务印书馆的工作，改任开明书店的编辑，此后即以主要精力从事文艺、文教书刊的编辑出版工作。他说过，如果有人问起我的职业，我就告诉他：第一是编辑，第二是教员。确实他当编辑的年月比当教员的时间长。他所编辑的大量书籍杂志和课本都体现出叶先生处处为读者着想，特别注重教育效果和社会效果。他在二十世纪三四十年代主编的《中学生》杂志，是最受青年学生欢迎的读物，在社会上产生了极为广泛的影响。从二十世纪二十年代到三十年代，也是叶圣陶先生创作道路上的旺盛时期。这期间他写了许多论文、新诗、散文、童话和小说。这些作品充满了深厚的爱国主义精神，显示了对人民的热爱和对光明的向往。他写的小说以朴实自然的写实手法，暴露了旧社会的黑暗现象，描写了小市民和知识分子的灰色生活，刻画了各种类型的知识分子的生活面貌和性格特点，表达了改变不合理现实的要求和对美好生活的向往。1924年叶先生创作的《潘先生在难中》，是我国新文学史上描写资产阶级知识分子灰色人生的一篇代表作品。茅盾先生曾认为，这篇小说"把城市小资产阶级的没有社会意识，卑谦的利己主义，Precaution、琐屑、临虚惊而失色，暂苟安而又喜，等等心理描写得很透彻"。1929年出版了他的长篇小说《倪焕之》，作品反映了从"五四"时期到大革命时期中小学教师的思想发展过程，批判了改良主义，讴歌了革命力量。在国内文坛上引起了强烈反响，夏丏尊说这是国内文坛"划一时代的东西"。茅盾誉为完成了"扛鼎的工作"。仅新中国成立前，《倪焕之》就印了13版，1922年叶先生开始童话创作，这一年共写了《燕子》《一粒种子》等九篇，为中国新文学史上童话创作的开端。1923年出版了我国第一个童话集《稻草人》，收录童话23篇，以孩子们能懂爱看的形式描写了社会的黑暗和人生的痛苦，抒发了对劳动人民的同情和关怀及对剥削者的憎恶和轻蔑，赞美了劳动人民的聪明才智及创造精神。1929年发表童话《古代英雄的石像》，开始了童话创作的第二个高潮。这个时期写的新诗和散文，在当时的文坛上，也显示着独特的艺术个性。1933年在《文学》创刊号上发表了叶先生著名的短篇小说《多收了三五斗》，作品不仅反映了那个时代农民丰收受灾的严酷事实，而且预示了农民最终必将走上反抗的道路。新中国成立后，《多收了三五斗》一直被选为中学语文课本，教育了一代又一代中学生。同时，他还写了多篇指导语文教学方面的文章，他的作品题材广泛，内容丰富，从不同角度、不同侧面暴露和讽刺旧社会制度的黑暗，反映人民群众的悲惨命运。茅盾先生曾对他早期的作品评价说："冷静地谛视人生，客观的写实的描写着灰色卑琐的人生的，是叶绍钧。""可以当他的技巧更加圆熟时，他那客观的写实的色彩便更加浓厚"。新中国成立后先后编定出版了《叶圣陶短篇小说集》《叶圣陶童话选》《叶圣陶文集》(三卷本)《叶圣陶选集》，散文集《小记十篇》

和诗集《箧存集》等。叶圣陶先生的创作态度严肃认真，风格朴素自然，语言凝练生动，富有浓厚的生活情味和时代气息，有"优秀的语言艺术家"之称。

叶圣陶先生不仅是我国现代著名作家，又是语言研究和语文教学方面的专家，特别是长期担任过语文教学教材的编辑审定工作，有着很高的语言素养。从二十世纪二十年代起，他就十分重视语文教学的研究工作。从二十世纪二十年代到四十年代，他编辑和参与编辑了从幼儿园到大学的多种国文教科书，影响很大。这些教科书贯彻了叶圣陶进步的教育主张。新中国成立后，叶圣陶先生长期从事我国出版界和教育界的领导工作，在繁忙的工作之余，还写了不少诗歌、散文和指导文字改革、语文教学的文章及书信，十分关心祖国语言的规范化问题和文字改革，推广普通话的工作，做出了积极的贡献。几十年来，他对如何学习和运用祖国的语言，如何进行语言修改，发表过许多论文和专著，提出了许多精辟的见解。他在语言的修改中，特别重视作品中思想性和科学性上的一些重大修改，给我们树立了榜样。

古今中外，许多杰出的作家，都很重视对自己作品的修改工作，在我国老一辈作家中，叶圣陶先生是以讲究语言、修辞严谨著称的。在这方面他具有很好的代表性。从新中国成立后重新编写出版的过去作品中，同以前出版的有关于集子中的同篇小说、童话作一番对比，可以看出叶先生对一些作品中的语句所作的细心妥善的修改。

叶圣陶先生从小家境清贫，中学毕业后曾在乡村当过一段时期的小学教员，同下层劳动人民接触较多，对他们的悲惨生活深表同情，这种思想感情在他初期的小说、童话中经常反映出来，就构成了一些作品的进步性的基调。例如在1923年出版的短篇小说集《火灾》中选收的《晓行》一篇中写道："'我'（小学教员）早晨散步，遇到两个农民在车水。双方交谈时，'我'问：'添水拔草等工作你们天天要做，你们以为这些是苦楚不是？'一位年长的农民答话，原来有这么一句：'……我们从小到大都是这样，那会辨得出苦楚来？'"

修改时改为："……我们从小到大都是这样，管什么苦楚不苦楚？"同是一个反问句，但内容不相同了。从原句看，是"辨不出苦楚"，这反映的是一种麻木、愚昧的思想状态；而修改句避免了这一点。"管什么苦楚不苦楚？"——辨是辨出来了，但无可奈何的忍受着，把痛苦、不平积压在心头。这样的认识，符合二十年代初期中国农村一位普通老农民的身份。有时即使是一个标点符号的改换，也是为了突出劳动人民的形象，提高作品的思想性。例如：在《多收了三五斗》中，原来有一句："真个没得吃的时候，什么地方有米，拿点来吃是不犯王法的。"修改后，把句号改成了"！"。在丰收之年反而被迫低价粜米，遭到厄运，生路断绝的农民，愤怒在增长，酝酿着自发的反抗和斗争。原句虽然写出了这种情绪，但由于末句用了句号，语气就嫌平淡。修改时就换用成感叹号，突出了感情的强烈，语气斩钉截铁，更好地表现了贫苦农民的反抗精神。在有些作品的修改中，对旧社会劳动人民的对立面——统治阶级及其帮凶、爪牙，则是磨快笔锋，着力揭露。例如在童话《含羞草》中的两个例子，例一，原句："小草……忽见几个穿制服的警士走来，唤出那个穿短衣服的男子，喝问道：'早已关照你搬开，你为什么还赖在这里？'"改句："小草……忽见几个穿制服的警士走来，叫出那个穿短衣服的男子，怒气冲冲地说：'早就叫你搬开，你为什么还赖在这里？'"例二，原句："风趣的富人突着肚皮向我出神了……"改句："华贵的阔佬挺着肚皮向我出神了……"。例一把"喝问道"改为"怒气冲冲地说"，把"早已关照你"改为"早就叫你"。深刻地勾勒出了反动警察驱赶穷人搬场时那种气势汹汹的神态，更加揭示了他们欺压劳动人民的嘴脸。例二把"风趣的富人"改为"华贵的阔佬"，则避免了描写富人时使用带褒义的词语。叶圣陶先生在新中国成立后重新出版的作品有许多修改。显然是为了纠正先前观察认识上的偏差和表达上的疏漏，以便更准确更科学地反映客观事物。下面一些例句就反映了准确性和科学性上的修改。例一原句："洁白而镂花的上衣，露出嫩红的肤色……"（《云翳》)，改句：“洁白而绣花的上衣，露出嫩红的肤色……” 例二原句：“……铁凿一下下地凿，刀子一刀一刀地刻……”（《古代英雄的石像》)，改句：“……钢凿一下一下地凿，刀子一下一下地刻……” 例三，原句：“……断处渍着一摊紫黑的血，皮色灰白，瘦瘪得可怜。”（《金耳环》)，改句：“……断处渍着一摊殷红的血，皮色灰白，瘦瘪的可怜。” 例四，原句：“‘糖果’‘糖果’！孩子们的舌头上仿佛有甜的感觉……”（《熊夫人幼稚园》)，改句：“‘糖果’‘糖果’孩子们的舌尖上仿佛感到有点儿甜……” 例一中的“镂花”是指导在金属、木器等上面雕刻花纹，“绣花”则是在丝织品、棉织品等上面绣出图画和图案；例二中在坚硬的石头上雕刻，“铁凿”显然不及“钢凿”锋利耐用；例三中伤口冒出的血是殷红的，而不是紫黑的；例四中人虽然靠舌头感知味觉，但舌尖对甜味更敏感，这些地方的修改恰到好处，这样一改，使人感到文句在表达上显得更为精确。

一个作家要使自己的作品尽可能地完美，除了必须在选材、立意、剪裁、布局等方面下工夫外，还得注意语句的修辞。要根据写作的目的和内容，根据作品所反映的对象的特点，对所用的语言着着实实地锤炼一番，“尽可能写得准确、鲜明、生动，念起来上口，听起来顺耳。”叶圣陶先生主张写文章的人“要认真锤炼语言”。他曾把“用词要精”“造句要工”“要简洁明快”“要明晰畅达”作为修辞的基本要求。叶先生为锤炼自己作品的语言，曾付出了巨大的劳动，倾注了好多心血。他在修改作品中，在精心锤炼词语和句子方面，特别注意强调了如下方面：一是同义词的精选替换。近几十年来，现代汉语越来越趋向丰富、精密。有些词在“五四”时期可以用起来并不感到欠妥，但今天看起来就感到不那么精确了。叶先生在修改旧作时，仔细地比较了一组组同义词的细微区别，精选出各组中最确切、最富有表现力的一个，作必要的修改，曾为我们提供了“用词要精”的许多范例。特别强调注意词语词意的差别，适用对象，搭配习惯，词的类别，词的褒贬感情，词的风格色彩等。二是炼词。炼词，比一般的选择同义词要求来得高。前人有许多呕心沥血地斟酌、"推敲"的事例，传为文学史上的佳话，"为求一字稳，耐得半宵寒"，"吟安一个字，捻断数茎须"，形象地描绘了炼词的艰辛。叶圣陶先生是十分考究语言的。他善于细致地观察事物，把握事物特征，并从许多词语中挑选出最精当的一个来进行描述，把事物活灵活现地呈现在读者面前。三是句式的选择换用。琢磨句子也是一种艺术。叶圣陶先生强调"造句要工"，从作家修改自己的旧作中，我们可以学到选择妥帖、恰当的句式的一些宝贵经验。如长句化为短句，倒装句改为顺装句，肯定句和否定句的变换，整句和散句的选择等。四是具体形象地进行描写。文学作品语言的一个重要特点，就是具体形象。写人、叙事、绘景、抒情，都应当体现这一点。叶先生的作品中，出色的细腻的描写已经很多，而在语言修改过程中，他仍注意做到"出力地描写"，使表达更加具体形象，进一步增强作品的感染力。五是删削简缩，使文字洗练。叶圣陶先生在这方面也有许多论述。他说"咱们写个作品，在语言的使用上也该遵守节约的原则"。要"把文章的水分挤掉一点""要简洁明快""要用最少的字句表达必须统说道清楚的意思"。他自己在修改实践中，就充分遵守了这些原则，竭力删削简缩，使文句洗练明快、干净利落。六是添加词语，使表达精当。七是改用口语，使文句顺畅。八是调节音节，使声音和谐。在这些方面，叶先生在作品的修改中都有独到之处。

叶圣陶先生平易谦和，诚朴敦厚，谨言慎行，表里一致，坚持真理，一丝不苟。他的品德、文章、事业、言行，培养教育了一代又一代的作家、读者、教师、学生、编辑和出版工作者。在各方面都不愧为一代师表。

文化走出国门靠什么

金孝立

眼下，文化大发展大繁荣在神州大地如火如荼地进行。许多文化大省已经把文化产业作为经济发展的支柱性产业，就是一些经济欠发达的省区，也提出文化跨越式发展的目标和口号。正是在这样的背景下，文化走出国门正在成为新一轮的发展势头。要抓住这次发展机遇，"文化走出国门靠什么"是首先要理清的。

靠政策。这是不言自明的，没有政策的支持，文化走出国门是不可能的。回顾一下我们的文化和世界隔绝的时期，不要说文化走出去，就是要看看外版书，没有相当的关系也是不可能的。当前，我国的经济发展已经引起世界的瞩目，经济实力也已经跻身世界前列，经济强国的地位已经形成。于此形成鲜明对比的是，文化在世界的影响力还很有限，与经济强国的地位很不匹配，离文化强国的目标还有很长很长的距离。实际上，只有经济强大，没有文化强盛，是不可能立于世界强国之林的。正是在这样的大背景下，国家提出了文化走出国门的政策，让中华文化在世界上重新焕发青春，扩大影响力，改变中国在世界上经济文化"一手硬一手软"的形象。为此，国家出台了一系列政策，有宏观层面指导方向的，也有微观上具体措施性的，有给以政策倾斜、政策优惠的，也有给予实实在在资金支持的，其中一些具体资金支持的政策使不少文化单位和企业得到了很大的资金扶持。但是，只靠政策是不行的，正应了那句话，政策不是万能的，但没有政策是万万不能的。在国内当下的文化发展中，政策给文化单位和文化企业与其说指明了方向，不如说吃了"定心丸"，卸下了意识"禁锢"，打破了发展"枷锁"，可以使文化单位和文化人放心大胆地发展外向型文化，理直气壮地走出国门做文化。这是政策最大的"含金量"。

靠实力。实力就是经济实力，没有经济实力，文化是不可能大发展的，也不可能实现走出国门的愿望。在一段时期中，我们有一个很流行的口号和做法："文化搭台，经济唱戏。"就是用文化的形式，为经济发展搭建平台，根本没有把文化发展和经济联系起来。这是在文化发展上的认识误区，也是当时时代发展的客观限制。从本质上看，文化具有自身的特点，文化发展有自身的规律。对文化特点的偏颇认识，必然导致实践中会出现失误，重经济，轻文化，重视文化的特殊属性，轻视文化的一般属性。文化和经济，你中有我，我中有你，紧密联系，相互促进。离开经济基础和实力谈文化的发展，必是束之高阁的美好设想。文化走出国门的实力，一方面是国家的经济实力。一般而言，只有当一个国家的经济实力壮大了，文化的发展，尤其是文化的外向发展才能成为可能和现实。近几年，随着我国经济实力的壮大，以国家实力为依托的文化"走出去"工程日益强化和多样化，如在世界许多国家开设的"孔子学院"、国家出资举办的各种各样的文化展、出版展、文化演出等。这些活动，对宣传中华文化收到了一定的效果，但是也带来了一系列问题，主要是以国家行为推动本国文化外向发展带来的。另一方面是文化企业的经济实力。这是世界文化发展的通行做法，主要是依靠一个企业自己的经济实力，突出文化的特点，适应市场的需要，进行文化产品开发和营销，走出国门，走向世界，实现双赢，既为普及中华文化作出贡献，也为企业的发展提供新的增长点。从世界上文化发展好的国家看，文化本身也是很好的经济发展支柱。以文化强国美国为例，文化产业不但在国内占有重要地位，在国际上也是独占鳌头。实际上，正是美国文化在世界各地的普及，才使美国的文化企业得到了长足的发展，并为更广泛的普及提供了经济实力。例如，好莱坞大片为代表的电影文化产业、NBA 等为代表的体育文化产业、肯德基等快餐为代表的饮食文化产业，都已经深入世界许多国家，是实实在在的文化输出，是对美国文化的最大贡献，是美国文化产业盈利的重要来源，也是美国综合国力强盛的突出表现。

靠产品。这是文化走出国门的重中之重，也是文化走得出、立得住的关键。第一，要尊重文化发展的规律。文化产业和文化产品都具有两重性，一方面它具有文化的属性，内容必定是特定的价值观、主体意识、思想观念、精神面貌等的反映，具有意识形态的特点。这是文化最显著的特点，是文化产品区别于其他产品的突出品质，也是文化走出国门的要义所在。另一方面，表现形式又可以是多种多样的，古今中外的都可以。文化的这种发展规律，到哪都一样，中外古今概莫能外。眼下，美国等文化强国，文化发展得好，不是他们完全放弃了本国文化的特点，不强调他们的价值观和意识形态的东西了，而是他们把文化的内容和形式结合得比较完美，适应了消费者的心理和习惯而已。在这个方面，我们要高度防止从一个极端走到另一个极端的错误，即从过分强调文化属性到完全放弃文化属性，把文化产品简单等同于一般工业产品。体现文化属性，最难的在于内容和形式的完美结合，我们有着几千年文明发展史，又是当今正在崛起的经济大国，不缺少有自身特色的文化，真正缺乏的是包装文化的形式，是形式和内容的有机结合和完美统一。也就是说，怎样用合适的形式来诠释具体的文化是当下文化走出国门的最大难点。第二，"知己知彼，百战不殆"，对国外市场要做到心中有数。文化具有极强的地域性和民族性，而且顽固不化，对外来文化许多民族都有一种天生的抗拒心理。同时，在经济全球化的今天，世界上许多国家都把文化发展作为本国综合国力的一部分，对本国的文化市场多实行保护政策，对外来的文化产品实行不同的限制和经济壁垒。因此，要打好文化走出国门这场商战，必须做到"知己知彼"：首先，要熟悉自己的文化传统和文化优势，知道哪些是真正的民族文化，在这些文化中哪些最能代表时代特点，这些文化采用什么形式来反映和包装最合适。其次，更要了解和熟悉文化产品所要进入的国家的市场情况和读者定位，要熟悉这个国家的文化政策、市场规则，还要熟悉这个国家的文化禁忌、民族习惯等。外国人喜欢中华文化，也愿意了解中华文化。但是，他们有自己的阅读习惯，有自己的心理体验，有自己的需求想法，这是最重要的。只有做到这些，才能使我们的文化真正走出国门，并且得到那里读者的喜欢。当前，在文化走出国门中，最突出的问题，一是"想当然"，用国内的成功经验简单地套国外的情况，以为国内好销的图书、观众爱看的剧目外国人也会喜欢，认为在国内百试不爽的包装形式，国外市场也能行得通等。二是"盲人摸象"，用局部的成功代替全局性的推广，过分夸大一时一地的经验和做法，以偏概全。第三，发展形成良性循环，为文化"走出去"提供不竭动力。文化走出国门，必须要有内动力。从国家层面看，国家大量投入人力资金在世界范围推广国家文化，不可能不计成本的长期投入下去，而且会产生极为负面的作用，伤害国家长期发展战略。因此，这种发展内动力必然要来源于企业。首先，要扶持有实力的企业成为骨干，避免"一哄而上"。文化走出国门，开拓国外市场，需要政策、资金、人力、产品等多方面的综合实力，尤其在人力和资金上需要比较大的投入，而且回报周期比较长。因此，要引导有能力的企业进入这个领域，逐步形成骨干力量。否则的话，"一哄而上"，产品良莠不齐，发行不讲规则，版权上又随意授权，不但对企业的长期发展不利，还容易搞乱中华文化产品的国外市场，给长期发展带来极大的隐患。其次，要树立长期发展的观念，形成品牌，突出特色。开拓国外市场，对国内文化企业来说是崭新的领域，可能会有一时一事的成功，但总体上看，必须树立长期发展的观念和规划。主要是市场的调研和开拓，在人力、资金、产品等方面的精心准备，以及选择合适的时机和地点进入国外市场，点面结合，以点带面，并逐渐形成特色，打出品牌，真正实现走出国门，立住脚跟。再一点，要树立经营意识，突出经济效益，使之成为企业发展新的增长点。文化走出国门，有传播中华文化、扩大中华文化在世界影响力的要求，也要有文化单位和企业开拓国外市场，实现经济效益的作用。在市场经济条件下，实现经济效益要给以更多的关注和重视，只有在良好的经济效益的基础上，实现文化传播的要求才能更好地完成。因此，文化走出国门，开拓国外市场，既要算政治账，更要算经济账，要以产品为中心，适合需求，注重实用，控制成本，讲求效益，还要注意节约，把非生产性成本减少到最低，实现经济效益的最大化，成为新的经济增长点。

教育·知识·兴趣

——少儿图书编辑工作的几点体会

金孝立

少儿图书和其他图书的区别在哪里，怎样把少儿图书做得让读者喜欢，这是我们编辑少儿图书始终要思考的问题。

第一，做少儿图书要增强教育的功能。教育对青少年的身心成长是最重要的，没有了教育，这类书也就没有了"根"。要增强教育功能，首先对教育和教育方法要正确理解和认识，而且还要结合我国的传统和国情去理解和认识。在一个比较长的时期内，我们对教育和教育方式，尤其对孩子教育的理解过于片面了，把不是教育的东西，硬要贴上"教育"的标签进行灌输，而忽略了教育的本质和内在内容。近一个时期，尤其是近几年，我们在纠正过去教育的偏差时有点"矫枉过正"了，对教育的理解走到了另一个极端，产生了忽视教育的倾向，尤其在对孩子的教育方面这一点很突出。造成对教育和教育方法理解的片面性，还有一个重要原因，就是忽视了我国的传统和国情。现在有一个比较普遍的现象，对国外特别是对欧美国家的教育方法和理念特别欣赏，有的人甚至把这些方法奉为"至宝"，排斥其他的教育理念和方法。

对教育和教育方法在理解上是会有差异的，在实践上也会有不同的做法。

但是在对青少年的教育上，中外许多学者有比较一致的精辟论述。鲁迅认为，教育是要立人。儿童的教育主要是理解、指导和解放。教育家蔡元培说："教育是帮助被教育的人给他能发展自己的能力，完成他的人格，于人类文化上能尽一分子的责任，不是把被教育的人造成一种特别器具。"外国学者哈沃德·加德纳认为，什么叫教育？教育是让孩子体验发现世界是怎样一回事，教育者在其中可以起到什么作用。而另一位外国学者雅斯贝尔斯则说的更明确："教育是人的灵魂的教育，而非理性知识的堆积。"这些观点和论述都明确指出了教育，尤其是青少年的教育，对孩子人格和世界观的形成是很重要的。要实现这种教育目的，图书是一个很好的途径和方式。少儿图书出版就是要发挥图书的这个优势，把教育功能放在第一位，使孩子通过阅读，培养读书的兴趣，学到真正的知识，为人生发展打好基础。

怎样使图书承担起这样的使命，我们的少儿图书教育功能发挥的好不好，这也许是老生常谈的话题，但是在当前对少儿图书的出版来说有很强的现实意义。现在的图书尤其是少儿书有一些"泛娱乐化"的倾向，比较突出的表现是重形式，轻内容，重娱乐，轻教育。也有许多书把简单的"说教"等同于教育，这样的教育往往过于直白，不符合孩子的特点，把成人化教育模式用于孩子。例如，在儿童文学的创作上，目前就有一种比较明显的"商业化写作"的倾向，而且这种现象在市场经济的作用下表现得越来越突出。"现实是中国儿童文学正越来越从理性、深刻走向轻松和娱乐，而且这种走向正在受到来自市场的怂恿和推动。""商业化写作从某种意义上说是对作家个性的背叛，因为这种写作从一开始就受到来自市场需求的强烈制约。"①这种现象的突出特点就是忽视教育的作用，强化娱乐的效果。在教育方法上，在反思传统教育方法的同时，大量接受西方国家的教育理念和方法，有的人甚至全

---

① 汤锐.商业化趋势中儿童文学的建设[J].中国出版，2006（6）.

盘否定传统，完全"西化"。其实，教育方法是有很强的"传承性"的，离开了国情和传统，这些方法只能是"无本之木"，不可能收到好的教育效果。

正是这和真正的教育功能"南辕北辙"的两种现象使许多人对少儿图书的教育作用产生了怀疑，不能很好地坚持了。这是少儿图书出版值得注意的现象，如果长此以往，将对少儿图书出版产生不利影响。

第二，做少儿图书要增加知识的魅力。传播知识是图书的基本功能，对少儿图书来说更应该如此。这一点对大多数从业者来说是有共识的，但是对传授怎样的知识却有比较大的差异。事实上，知识的概念是最宽泛的，囊括了我们所能概括的所有方面。我们没有必要，也不可能把少儿图书的知识划出范围，"对号入座"。但是，少儿图书的知识应该有自己的特点，而且这个特点和孩子的身心发展是有密切联系的。青少年正处在吸收知识的"黄金"阶段，给予他们什么样知识，对他们来说是最重要的。从心理上看，这个时期孩子正处在人生观和世界观形成的时期，外界的教育对他们的一生都会产生不可磨灭的影响。要通过阅读，使他们接受人类最优秀的文化，感悟最深刻的历史，学到为人处世的知识。另一方面，这个时期孩子的鉴别力是比较弱的，好的教育他们接受，差的教育也会对他们有影响。从这个意义上讲，少儿图书要重科学，更要重理想，在大是大非问题上绝不能含糊。从生理上看，这个时期孩子的记忆力是最好的，这个时期接受的教育，学到的知识会记一辈子，会影响一生。适应这样的特点，少儿图书应该具备什么样的知识，不同的年龄有不同的内容，不同的时代有不同的要求。

但是少儿图书的知识要有魅力，一定要在两方面下功夫，具体说少儿图书的知识应该是真知识，大知识。所谓"真"，就是说这些知识必须是社会生活中常见的，也是容易被验证的。所有的知识都有被发现，被验证的过程，在这个过程中知识是不确定的。当今，正处在知识"大爆炸"时代，新知识不断涌现；但是也有一些伪知识打着新知识的旗号出现。另一方面，孩子的好奇心很强，对学习的知识喜欢"刨根问底"，所以少儿书的知识要容易验证，可以用身边的事例去验证。在这样的大背景下，少儿图书的知识要有真实性，不但符合孩子阅读的特点，而且更有现实必要性。所谓"大"，就是说这些知识对青少年一生的成长都能有影响，而不仅仅是一时一事的影响。知识的范围是非常宽泛的，有天文地理的大知识，也有日常生活的小知识，有教育孩子爱国做人的人文知识，还有练手练脑的技艺性知识。在选择这些知识时，不能以偏概全，把孩子的全部精力都集中在一个方面，但要时刻把学习"大"知识放在首位，使孩子真正能站在"巨人"的肩上去学习知识，去感悟人生，真正打好成长的基础。

怎样利用孩子有限的时间，选好最有利于他们成长所需要的知识，是对我们从事少儿出版事业的编辑最大的考验。有了"真"知识和"大"知识，才能使少儿图书的知识魅力光芒四射，使青少年读者终身受用。

第三，做少儿图书要增进兴趣的培养。兴趣是阅读的入口，有了兴趣阅读就是自然的了。有的孩子爱读书，有的孩子不喜欢读书，原因主要不在于是否喜欢书中的知识，而在于是不是有阅读的兴趣。这样的事例很多，喜欢踢足球的孩子不一定爱读关于足球的图书，踢足球是兴趣，而对阅读没有兴趣是其中的原因。兴趣是天生的，更是后天培养的。天生有阅读兴趣的孩子不多，更多的阅读兴趣是培养的。要养成良好的阅读兴趣，首先，家庭的阅读习惯是最重要的。"家长是孩子的第一任老师"，这句话用在阅读习惯的培养上是最合适的。家长的阅读习惯和兴趣对孩子的熏陶是最重要的，家长不能静下心来读书，而把业余时间忙于其他娱乐，对孩子阅读兴趣的培养是有致命伤害的。相反，家庭有比较好的读书氛围，孩子自然就慢慢会养成阅读兴趣。其次，要有适当的阅读条件。其中家庭藏书有一定的数量和质量是必需的。兴趣往往是在不知不觉中养成的，有了阅读条件，可以使这种偶然性变成必然性。在阅读兴趣的培养中，有目的的阅读是最好的；但是以养成兴趣为目的的博览群书也是常用的方式。在兴趣的培养上，家长不能急功近利，而是要让孩子在喜欢中去阅读，在阅读中去培养兴趣，在阅读的兴趣中去学习知识。再次，阅读兴趣的培养要有一个过程。孩子都比较爱动，很难长时间坚持良好的阅读习惯；而且孩子的兴趣稳定性比较差。所以，对孩子阅读兴趣的培养要有持之以恒的毅力和决心，要有经过长期过程的心理准备。我们经常是在出现问题了，才去想解决问题的办法，这个习惯在阅读兴趣的培养上很突出。家长经常是在孩子对读书产生了抵触情绪时，才去抓孩子的阅读习惯，其实已经晚了。

对青少年尤其对少年读者来说，读书是重要的，阅读兴趣的培养可能是更重要的。因为兴趣将伴随他们的一生。读什么书，怎样读书，可能会因人而异，在不同的境遇中和不同的年龄阶段，可能都会有不同。但是，良好的阅读兴趣的养成，将会使人终生受益。对少儿图书出版从业者来说，怎样把这类图书做的对青少年读者有兴趣，是过程，也是目的，是手段，也是结果。这就要求我们在做少儿图书时，无论是策划选题，还是装帧设计，都要把培养孩子的阅读兴趣作为重要的指标来考虑。策划和编辑充满兴趣的少儿图书，就是攀登由一部又一部这样的图书作为阶梯的高峰，虽然遥远，但是我们一天比一天更接近目标。

科技图书发稿前应检查的内容

吴月霞

科技书稿涵盖了社科类书稿应检查的全部内容，故而本文以科技类书稿发稿前的内容检查为主，总结书稿在发稿前最后一次检查时应注意的内容。

一、核红

核红是发稿前必须要做的工作之一。核红顾名思义，就是将清样与上一校样相对照，看上一校样上的错误是否完全改正。在这一过程中，还需要特别注意以下几个方面。

1. 相似汉字

如管与菅、倍与培、柽与怪等，因为字形相似很容易出现错误，因此，在发稿前，留心一下这类汉字，以减少"硬伤"。

2. 相似符号

主要包括以下几类。

小数点（.）和西文句号（.），比号（：）和冒号（：）。

英文字母和希腊字母：k 与 κ、p 与 ρ、ν 与 υ。

英文字母和汉语拼音：a 与 ɑ、g 与 ɡ。

英文小写字母与数字：l 与 1、o 与 0。

英文字母的大小写：K 与 k、P 与 p、O 与 o。

3. 简易法补的字

主要包括左右结构和半包围结构的文字，如喆是否被分成"吉"与"吉"，迴是否被分成"回"与"辶"，这项检查就是要看每一个字是否被分为不相干的两部分，或补字的字体与要求不符。

用女娲补字法补的字：注意该字在字库中是否存在，字体、字号是否符合要求，有没有空白。而且，这一检查应在发片后上机前重复一遍，以防出现漏字现象。

二、书眉

检查书眉内容是否与目录内容、是否与正文内容相匹配，尤其是单双眉不同或者带有插页的书稿更应注意，看插页前后书眉内容是否与正文相匹配。常见的错误有如下几种：

1. 全书书眉未与篇章内容相匹配，严重时甚至出现下一篇章或几个篇章整篇采用上一篇章书眉的现象。

2. 换章节时临近的几个页码书眉内容未换，仍沿用前一章节的书眉内容。

3. 只换了篇章名而未换实际内容的。

因此，在发稿前一定要仔细检查每一面的书眉，要做到目录、正文、每一面都相吻合。

三、目录

目录是读者查阅内容的工具，因此，目录内容是至关重要的。在发稿前，要对照正文一一核对目录所标注的页码与正文是否完全一致，正文中有细微变化时，是否会影响到页码，如有这种情况一定要将此面折出来，提醒印前制作人员在发片时注意，切不可出现目录页码与正文页码不符的情况。

四、标题

标题是书稿中比较繁琐的一项，尤其是层级比较多的书稿。一般二三级的标题还好核对，但超过四级以上的就要加倍小心。检查标题要注意以下几点。

1. 标题格式

一部书稿中同一级标题的格式一定要一致。比如，对于每一级标题而言，居中排还是左齐（右齐）排，上空多少行，标题文字占多少行，与正文之间空多少行都是要完全一致的，所以，检查时，要一级一级标题认真核对。

2. 字体字号

同一级标题的字体字号全书要一致，检查时，尤其要注意字体字号变化不大的标题的一致性。切记不要出现同一层级标题使用不同字体字号的现象。

3. 背题

一部书稿最怕出现背题的现象，一是影响美观，二是影响编校质量。因此，在发稿前一定要将出现背题的可能全部处理掉。其实从第一次拿到排好版的书稿就要注意这一问题，如果前几校未出现大的变动而在发稿前又对书稿采取了一些细小的删改时，就要特别小心这一问题。检查时，把可能出现背题的页面折住，提醒印前制作人员在发片前留心这些地方。也要避免"连锁反应"，即修改一处的背题影响后续若干面出现背题现象。至少要将接排的一章（节）全部查看完毕，整章（节）不出现背题才能放心检查下一项。

4. 单独成行或接排

每一级标题都有特定的排版格式，重要层级的标题一般采用单独成行的排法，层级较多时靠下一些的层级往往会采用与正文接排的方式，此时就要特别小心，哪些层级是接排的，这些接排的标题与正文空一格是否做到，字体是否已经改变。

五、表格

表格需要检查以下的内容：表格的形式全书要统一，即采用有线表还是无线表、三线表还是卡线表；表格中出现的数字，小数点后面保留一位数还是两位数，全书要统一；表格数量较少的书稿，采用全书统一标注的表格的序号，要从表1顺序检查到最后，保证序号的正确；表格数量较多的书稿，采用篇、章、节单独排序的表格的序号需要按篇、章、节的顺序仔细核对；表题的字体、字号，表格内文字的字体、字号，全书要统一；表格内容的排列形式，如文字居左（或居中）、数字居中（或以小数点为准对齐），全书要统一；表注文字的字体、字号、排列形式，全书要统一。

六、插图

插图需要检查的内容：插图的序号要准确，全书统一排序的和以篇章节排序的要核对准确；插图内说明文字的排列方式、字体字号要统一；图片说明文字的排列方式、字体字号要统一；图注的排列方式、字体字号要统一。

七、索引

索引检查最需要注意的就是页码的准确性，一定要在发稿前抽查若干索引页码，以确保微小改动不影响版面页码时也不影响索引页码；再者就是要抽查索引条目，看有没有漏掉的条目。

八、参考文献

主要就是检查参考文献的注录格式是否符合规范要求，同一类的参考文献的注录格式的统一。

科技图书审稿：审什么？怎么审？

景　岚

　　审稿是对书稿进行科学分析判断的理性活动，它不同于对图书的浏览和阅读，不是根据审稿者个人的观点和爱好情趣决定取舍，而是代表社会和读者对书稿做出理性判断。它也不同于研究者对研究资料的阅读，而是从出版专业的角度，对书稿内容由表及里、由浅入深，全面反复地进行审视，并根据问题的性质和书稿的质量，对书稿做出基本评价，决定取舍。这是决定书稿命运，保证书稿质量的重要步骤，是审稿者的一项基本任务。

　　一部书稿在选题与组稿的过程中，已经做了大量的前期工作，是否达到预期的目的，只有通过审稿来检验。科技图书审稿一般涉及内容的政治性和技术性、结构层次、文字水平、图表体例等问题，本人主要结合多年的审稿经验谈谈审稿工作中的一些重点问题。

一、审核书名、标题等基本元素的准确性

　　书名是出版合同签订之时就应该慎重考虑的问题，图书审稿工作是出版过程中的一个辅助环节，但也起到很重要的把关作用，可以弥补策划选题时的不足。例如，《高掺量粉煤灰复合水泥复合效应的研究》原书名为《高掺量

粉煤灰复合水泥的分析和研究》。原书名虽精炼，但没有突出主题，经过编辑与作者交流探讨，最终确定突出"复合效应"，去掉"分析"，修改后的书名更加贴切、简练，与主题相符。

标题要用尽可能少的文字准确概括书稿或章节的主题，使用一定要恰当合理，以便易于检索和读者识别。

稿件齐全与否与字数问题往往是编辑容易忽略的问题。有时稿件可能会缺失内容简介、序言、参考文献，审稿人要细心检查稿件的各个部分是否齐全。如有缺失，应及时提出补充。在书稿合同中对字数都有约定，审稿人要检查交来的书稿是否与合同约定相符。如果过多，是应该删减，还是有必要保留。如果过少，是否有必要增加到合同字数。字数问题如果不及时解决，会给后面的工作带来很大麻烦。

本人曾多次遇到交稿字数与合同不符的情况，例如，《中国主要产绒地区山羊绒品质研究》合同只有20万字，但实际交稿30万字，经审稿，发现很多问题，如图表比较陈旧，与主题关系不大；理论性内容过多等。作为科技图书，本应更注重先进性和实用性。因此，经建议，作者对过时的内容进行了删减，最后删至25万字，使内容更精炼。书名或编著方式与合同不符的情况也时常发生，如原合同中书名为《线性方程组的迭代方法研究》，交稿时则为《求解大型线性方程组的迭代方法》。这种情况就需要与作者核实，如有修改必要，请作者写明原因，提交修改申请，并签订补充合同。

二、审核图书结构是否合理

在审稿中，结构是否合理，重点是否突出，是否需要增加或删减，都是审稿者要重点关注的问题。对整个章节和论点进行组织虽然是作者、编者的责任，但在必要的情况下，审稿人可以提出重新组织，并提出充分理由和如何去做的具体建议。例如，在审稿《高掺量粉煤灰复合水泥复合效应的研究》时笔者发现，该书缺乏对高掺量粉煤灰复合水泥预处理工艺的综述和流程的介绍；对此技术的发展现状，企业的主要情况交代不清楚；没有说明标准稠度需水量与凝结时间试验的关系，书稿中出现关于硅酸盐水泥的内容与书名关系不大，但是却占据不少章节。因此，笔者提出建议，以上内容可以在基础篇前加上序言进行叙述。第5章关于"国内复合水泥发展趋势"内容过少，不宜作为一章，建议与第4章合并，并且改为"国内外复合水泥发展趋势"更恰当。第6章的内容过少，建议合并在第3章，变为一节。该书的结构变动比较大，主要原因是作者中有几位是技术人员，没有写作经验，对于内容的叙述和结构的整体性把握不好，而统稿对全书最初的整理也不是很到位。经过审稿者的提议，作者经过反复修改，最终提交了一份结构合理，行文流畅，论述充分的书稿。

三、审核图书有无政治性问题

任何图书都要首先保证没有政治性问题，科技图书也不例外。因为科技图书偏重技术，涉及社会科学内容相对较少，有些编辑容易忽略政治性问题。在这一点上，作为审稿人，要具有高度的政治敏锐性，对于政治、军事、外交、安全、民族、宗教等敏感问题，要时刻提高警惕性。例如，审稿中应注意对于中国台湾和香港地区的提法是否正确。地图的使用也是科技图书中比较容易忽略的问题之一。比如，农业、冶金材料等科技图书经常在介绍世界各国或地区的资源分布、产品种类、产量等问题时，偏好使用地图来说明情况，有时不经严格审核直接引用资料，甚至自己画图。本人在编辑一本能源材料方面的书时发现，书中涉及某地区铝锭产品在世界的销售范围，其中就使用了地图，且为作者手绘。经与作者商议，最后改为用表格表示而不出现地图，以避免发生差错。

四、审核图书技术内容的先进性

科技图书要体现技术创新性和时效性，编辑必须深入把握科技发展的本质和脉络，高屋建瓴，严把质量关。审稿是选题组稿与编辑加工之间非常重要的一个环节，体现先进科学技术的选题通过审稿锦上添花，可以为图书市场提供优质产品；不符合市场需要、质量低劣的选题应及时退稿，避免不必要的浪费和误导。

比如，《工程 CAD》一书，在审稿时发现，书稿内容虽好，但许多内容不完善、条理不清晰，于是在技术内容、结构等方面提出很多有建设性的意见，使图书质量得到很大提高。其中包括，个别图表的时间较早，建议提供最新的数据和标准；第2章"CAD 的方法和技术"内容只有4页，过少，建议适当增加工艺规程制定的有关内容；每章前建议增加学习重点，方便学生使用；修改前言，多介绍背景和发展趋势，为读者提供更多的信息。通过修改，提高了该书的技术内容先进性。

另外，审稿工作还要从多角度、多方面关注图书内容的正确性、准确性，避免重大的技术错误和理论错误。

五、审核内容与受众的贴近度

不同的书稿，审稿中要考虑的问题也不尽相同。对于工具书类图书，如手册等，一般要求技术成熟、准确、使用方便，审稿时要特别核实资料的应用情况，对于过于陈旧的内容和过于新颖但未经过实验的技术要进行筛选。一般科技著作要注意资料的先进性和系统性，不能以偏概全，也不能蜻蜓点水。对于普及读物，应注意内容通俗易懂，不要过多地讲原理，而要侧重于生产实践和操作，语言尽可能简练准确。对于教材，要注重理论与实践相结合，既不能过于深奥，也不能只有工艺，没有原理。

例如，在审《工程力学与建筑结构基础》一书时，笔者发现书中有大量的技术和操作方面的实践操作内容，而该书的主要读者是高职学校的学生，他们不是工厂的技术人员，他们没有任何理论基础，需要基础知识进行铺垫。因此，经与作者商议，增加了大量必要的名词解释、背景或相关知识介绍，突出了该书的主要基础内容，做到重点突出，结构紧凑。

其他小到细节如图、表、公式、参考文献等体例问题，大到改进文风，依据书稿的具体情况要酌情处理，这里不逐一讨论。总之，审稿工作本身是专业性很强的工作，是创造性劳动。审稿者通过审阅、鉴别、筛选，发现好的文稿，将最优秀的研究成果带入传播渠道，使之流传。因此，在海量信息的现代社会，重视图书审稿，特别是做好审稿中的一些重点工作，不仅是出版社提高图书质量和效益的重要环节，而且对整个出版市场的发展也有积极的促进作用。

积淀优质资源　引领品牌建设

——国家出版基金项目管理回顾

景　岚

自国家出版基金设立以来，阳光出版社陆续承担了《中国粮食问题——中国粮食生产能力提升及战略储备》等6个国家出版基金资助项目的出版工作，目前，3个项目已顺利结项，并取得了良好的经济效益和社会效益。

国家出版基金是用于支持国家重大出版项目的资金，入选项目均为体现国家意志、传承中华文明、促进文化繁荣、提高文化软实力的重大出版项目，能够入选国家出版基金项目，对我们这样一个边远地区的小规模出版社来说，既是一种荣誉，更是一种激励。国家出版基金资助项目，对我社的优质内容资源积淀、品牌建设和核心竞争力的形成，有着重要意义。下面就将我社国家出版基金资助项目情况做一回顾总结。

一、获得国家出版基金资助项目简介

1.《中国回族文学通史》：该项目是我社第一个获得国家出版基金资助的项目，也是"十二五"国家重点图书出版规划项目，同时还是宁夏回族自治区文化重点精品工程项目。它比较全面地论述了回族文学的发展历程、重要的作家作品和文学现象，概括揭示出了回族文学的审美价值和存在意义，体系完整，资料翔实，内容丰富，结构清晰。本项目入选"第三届向全国推荐百种优秀民族图书"。

2.《中国粮食问题——中国粮食生产能力提升及战略储备》：该项目是"十二五"国家重点图书出版规划项目。该项目是一部反映中国粮食生产能力的大型图书，是为确保中国粮食无忧的基础性工作的集大成著作。密切关系国情、省情，直入粮食生产能力及其战略储备主题，探讨我国水土资源紧缺条件下可能的粮食生产能力及途径。该项目数据翔实、信息量大；针对中国粮食问题，直面世界形势、中国国情，字字珠玑，句句真知灼见；言语恳切、技术科学、措施可行，是为国家和省、市、自治区各级领导建言献策的良好体现。目前图书在有限的范围已获得中央，各省、市、自治区多级领导赞许，获得良好的社会效益。该项目获得"第三届中华优秀出版物奖（图书奖）"。

3.《中国回药志》：该项目是"十二五"国家重点图书出版规划项目、民族医药文献整理精品工程项目，同时也是宁夏科技攻关项目。本项目是在考察和收集回族聚居区大众用药第一手资料的基础上，参考回医药典籍，结合现代医学研究进展编写而成。全面反映了回医药的基本状况和最新科研成果。内容系统全面，结构清晰，论述严谨，资料翔实，科学性和实用性并重，是国内第一部关于回药研究的专著，是我国回医药研究的一项重要成果，具有较高的学术价值和实用价值。该项目在结项验收时，被专家组评为优秀项目。

4.《中国回药图谱》：该项目是"十二五"国家重点图书出版规划项目、民族医药文献整理精品工程项目，同时也是宁夏科技攻关项目。本项目是在对宁夏区内回药资源进行普查和调查的基础上，增加了区外经典回药品种，考稽、编纂为首部回药图谱。全书主要分为经典回药和宁夏回药两部分，以生动直观、图文并茂的形式，介绍了300种典型回药，生动展示了回药生境、形态特征、用途等重要信息，为回医药科研、临床、教学、产业研发和生产流通提供科学、规范的指导。

5.《西夏佛教序跋题记研究》：该项目是关于西夏佛教序跋题记的文本辑录译校汇释和专题研究。文本辑录译校汇释包括佛教发愿文（跋）、佛教序文、碑铭以及题记四大类别，共收集50余篇发愿文、10余篇序文、数篇碑铭以及170多部文献中近1000多个编号的西夏题记。专题研究部分主要涉及四个方面：序跋题记文本解读及文本性质的讨论、序跋题记反映的西夏传佛教史研究、序跋题记与西夏文献学研究、序跋题记中的非佛教史料考释。

6.《回医特色诊疗技术辑要》:《回医特色诊疗技术辑要》共三册，即《回医特色诊断技术》《回医特色治疗技术》和《回医特色保健技术》。主要介绍了回医诊断疾病方法、回医辨证方法、回医民间常用适宜技术以及回族民间养生保健技术和功能锻炼保健等内容，特色鲜明，内容丰富，具有极强的实用性、操作性和指导性。

二、国家出版基金资助项目的管理

1. 在项目策划中，注重特色结合

一是项目策划与国家工作大局相结合。出版社作为国家意识形态的重要阵地，有责任和义务服务于党和国家的工作大局，这一点不仅贯穿于出版社的所有出版活动中，更是体现在重点工程的策划上。比如我们组织策划的《中国粮食问题》等项目，较好地体现了国家意志，能够回应当前重大理论问题、现实问题，具有全局性、战略性、前瞻性，从而得到了国家出版基金的支持。终审专家评审意见：《中国粮食问题》提出了应有的粮食生产能力储备等方面的新见解；既有见识独到的对国家层面粮食安全的建言献策，也有按省区类型为主产区的粮食商品生产能力提升和提升主销区粮食能力的运筹考虑。

二是项目策划与品牌打造相结合。近年来，阳光出版社依托重大项目，

着力建立品牌，打造品牌。根据这一经营战略，经过多年的努力，已在回医回药出版领域形成了自己的优势和品牌，如《中国回药志》《中国回药图谱》《回族医药文献整理丛书》《回回药方校笺》等。品牌板块的打造，不仅使出版社拥有了核心竞争力，也为重大出版文化工程项目的策划和实施打下了坚实的基础，因为这些专业板块不仅聚集了一批优秀的出版专家、一流的作者队伍，而且由于这些品牌板块本身即具有较高的学术认同度和社会关注度，因而依托这些品牌板块策划的重大出版项目在学术品质上能得到专业的认同，并与出版社的品牌建设形成良性互动。比如我社近年策划申报的《中国回药志》《中国回药图谱》《回医特色诊疗技术辑要》等项目，由于有深厚的资源积累先后获得出版基金的支持，而成为我社医药卫生图书板块中的重点项目。

三是项目策划和地域特色相结合。宁夏是实行民族区域自治的省级建制的自治区，历史上曾是西夏的故地，对回族各个领域和西夏文化历史的研究很深入，成果很多。站在全国的层面来看，回族医药、历史以及西夏研究是我们的两个特色，从项目申报来看也是我们的优势。所以，近年来，我们紧紧抓住这两个特色，策划了一批项目，如《中国回药图谱》《回医特色诊疗技术辑要》《西夏佛教序跋题记研究》等，先后获得资助。

2. 项目实施中，打造平台

好的选题是出版工作的源头活水，而规范的操作则是项目能顺利完成的重要保障。为使项目能扎扎实实落地，借鉴其他出版单位的做法，我们重点抓了四大平台的打造。

一是打造项目研发平台。根据"申报一批，储备一批"的原则，我们成立了项目策划小组，建立了阳光出版社政府项目资源库，积极打造项目研发平台。我们对入库项目，给予政策、资金、人员等方面的先期开发投入，对拟申报国家出版基金的项目实行先期培育，待条件成熟后再申报国家出版基金。

二是打造项目论证平台。为进一步精选和完善拟申报国家出版基金的选题，在对选题先行策划论证的基础上，我们也打造了项目论证平台，逐级论证：首先由项目小组对提出申报项目并进行初步论证；社领导组织各编辑部主任进行第二次论证；上报集团由总编室组织各出版社专家进行第三次论证；最后报上级部门，组织全区相关行业专家对我们的选题内容进行论证完善，通过的项目才能够申报。

三是打造项目操作平台。项目的实施主体是出版社各编辑部，甚至是具体编辑，为此，我们打造了项目的操作平台。针对每个基金项目，我们均要求项目负责人制定详细的可行的实施方案，组织专门的实施团队，在出版、发行、财务、编务等部门的通力配合下，对编辑、校对、装帧设计、印刷、营销、发行等方面进行全程管理和层层把关，以确保项目质量。

四是打造项目保障平台。针对项目实施过程中遇到的作者交稿时间拖延、编辑力量不足、项目资金有缺口等问题，出台了明确措施支持项目建设：一是建立项目作者联系时间表，定期与作者联系沟通，并采取出版社增派助手等办法帮助作者完成任务；二是打破各编辑部各自为政的局限，从各部门抽调精兵强将联合作战完成项目；三是对凡列入基金支持的项目社里全力支持。

3. 在项目管理中，建立激励机制

重大出版项目由于种种具体原因实施起来难度大。如何高质高效地按照项目计划落实，考验着每个基金项目承接单位的组织能力、执行能力。我社通过建立三种有效的项目管理机制，确保了基金项目的稳步推进。

一是建立项目工作机制。为了加强对包括国家出版基金在内的各类政府项目的领导和管理，阳光出版社成立了专门的重大项目工作领导小组，负责对包括国家出版基金在内的相关项目进行统一管理。领导小组由我社社长任组长，分管副职任副组长，下设常设的办公室负责日常工作。专门机构的成立强化了对出版基金工作的领导和管理，取得了良好效果。同时，为规范和完善国家出版基金项目的日常管理，我们结合自身实际，建立了基金项目管理制度体系。从项目策划、项目申报与审核、项目实施、项目考核与结项、项目资金使用、台账设置、奖惩等方面制定标准、明确流程，使基金项目各项工作有章可循、有制可依。

二是建立项目监管机制。为配合基金办的基金项目年检工作，由项目小组和办公室负责，每年定期对各部门的在建基金项目进行检查。同时，为规范出版基金项目的日常管理，我们建立了出版基金项目档案管理体系，对涉及项目的申报文件、申报资料、批复文件和其他相关资料进行编号管理。完备的档案管理体系的建立，为进一步做好出版基金项目的跟踪管理工作奠定了坚实的基础。

三是建立项目激励机制。集团转企改制后，编辑们面对年年加码的经济指标任务，都深感压力很大。而重大出版项目往往投入期长、经济效益不明显，这就使得编辑策划重大项目的动力不足。为此，我们建立了行之有效的项目激励机制：将重点项目的策划出版纳入年度考核体系，这样就将重大项目的策划出版与年终的绩效考核挂起钩来，使得编辑必须重视重点项目的策划出版工作；在职业发展上，对基金项目负责人和项目参与者给予重点培养，在外出培训学习、参会上给予优先考虑。

经过六年的发展，国家出版基金在我社打造精品、推动发展、提升文化"软实力"等方面发挥了巨大的作用。在这个过程中，阳光出版社项目水平也在不断提高、品牌建设成效显著。

恪守职业道德　打造诚信出版

何志明

学习不仅是一种教育方式，也是一种提高素质、自我完善的道德行为。职业道德具体到出版工作中，一要坚持正确出版导向，体现信仰信念和政治立场；二要恪守道德底线，体现学风作风和职业精神。

一、出版业双重性的再认识

出版业是一个特殊行业，它既是党的宣传思想阵地，又是先进文化的基本载体之一，也是国民经济的重要产业，我们所从事的出版工作，既要符合精神文明建设的要求，始终坚持先进文化的前进方向，又要符合市场经济规律，创造更大经济效益。

具体地讲，图书出版业是一个具有双重性的产业。它是一种文化事业，具有文化的双重性：一是它传达的是一种观念、一种思想、一种知识、一种价值观，表现为观念形态的东西（图书的最大特点在于文化信息传播的精、专、深，故有"书香"之说）；同时又是一种产品，它是一定内容的载体和形式，有一定的市场价值，它又是物质的，这决定了图书出版业一方面具有意识形态的属性，所有的纸质图书出版物都要表达一种文化观、世界观，一方面又是市场中的商品，要进入流通领域，经过交换实现经济效益，通过读者的消费实现社会效益，同时具有商品属性和产业功能。

深刻认识出版业的双重性，对我们处理好社会效益和经济效益的关系，找到两者的最佳结合点，把握政治导向，贴近实际、贴近生活、贴近群众，搞好经营，重塑市场主体，做大做强出版产业，都有着重大的现实意义。

二、把握正确出版导向，是出版人的职责所在

坚定的政治信仰信念，是考验每一名党员干部的第一标准。对于我们做出版的人来讲，把握正确的出版导向是我们工作的立足点和前提条件。

导向正确是党和人民之福，导向错误是党和人民之祸。作为出版人，要始终必须坚持为人民服务，为社会主义服务的方向，坚持以马克思列宁主义，毛泽东思想，邓小平理论和"三个代表"重要思想，科学发展观和习近平新时代中国特色社会主义思想在意识形态领域的指导地位和统领作用，宣传党的主张，传播和积累有益于提高民族素质，有益于经济发展和社会进步的科学技术和文化知识，弘扬民族优秀文化，促进国际文化交流，丰富和提高人民的精神生活。

把握正确的出版导向，大力发展先进文化，支持健康有益的文化，努力改造落后文化，坚决抵制腐朽文化，用优秀的作品占领思想文化阵地，决不能给错误思想和言论提供传播渠道。这是我们出版人的职责所在。

为此，我们要严格执行《出版管理条例》的有关出版管理规定。凡出版涉及党和国家主要领导人、中共党史、国史、军史以及民族、宗教、外交和军事等重大题材的作品，不论作者是谁，出版前要严格履行重大选题备查程序；严格履行书稿"三审"制度，特别要注意对书稿的总体基调、思想倾向和学术质量认真把关，坚决防止因为编辑工作中的差错和疏忽，导致质量低

劣的作品流入市场，更不能为错误观念提供传播渠道。出版工作事关党和国家工作大局，事关社会政治稳定和文化安全，党和政府把出版权交给了我们，我们一定要守土有责。同时，要更加主动自觉地策划出版对弘扬社会主义核心价值体系，在人民中进行爱国主义、集体主义、社会主义和民族团结教育以及弘扬社会公德、职业道德、家庭美德有重要意义的精品力作。

三、恪守职业道德，打造诚信出版，是出版人的永恒追求

目前，我国图书出版业在职业道德方面存在着不少问题。主要有忽视正确的政治导向、买卖书号、违规出版、低俗之风、摊派发行等问题，有内外勾结损害国家和单位利益的不良现象，有违反宣传和出版纪律的问题，这些都是违反出版职业道德的结果。出版职业道德是出版工作者在职业活动中应当遵循的道德规范和行为准则，我们应当严格遵守《中国出版工作者职业道德准则》，恪守职业道德，维护自身良好的社会形象。

通过学习和出版实践，不仅要树立马克思主义出版观，而且要树立对社会对事业高度负责的责任意识。出版人素有为他人"做嫁衣"和甘当无名英雄的优良传统和敬业精神，现代社会更应弘扬这种职业精神。出版产业转制期，在经济利益的驱动下，出版行业出现许多不诚信现象，引起了各方关注，不容忽视。这势必要求出版人重新树立行业新形象，大力弘扬韬奋精神，增强诚信观念，实现诚信准则，打造诚信出版。

微博时代期刊的生存之道

董宝君

微博不仅成了我们工作和生活中不可或缺的一个组成部分，同时也在深刻地改变着传媒生态。微博的交互性、偶发性、平面化和碎片化是对传统传播方式革命性的突破。面对期刊发行数量日渐萎缩的现状，期刊若能抓住现有的人才优势和品牌优势，强化其过滤和解释信息的能力，是有可能在新媒体变局下重现生机的。

一

微博，全称"微博客"，是一个基于用户关系的信息分享、传播以及获取平台，用户通过 WEB、WAP 以及各种客户端组建个人社区，以140字左右的文字更新信息，并实现即时分享。

微博不仅深刻地改变着传媒生态，而且正在重塑着我们的日常生活。"起床、吃饭、微博"已成了一部分人生活的写照。微博几乎成了我们工作和生活中不可或缺的一个组成部分。

2006年，博客技术先驱 blogger.com 创始人埃文·威廉姆斯创建的公司 Obvious 推出了Twitter（推特）服务。在初级阶段，这项服务只是用于向好友的手机发送文本信息。2006年年底，Obvious对服务进行了升级，用户无需输入自己的手机号码，而通过即时信息服务和个性化Twitter（推特）网站接收和发送信息。Twitter是一种鸟的叫声，埃文·威廉姆斯认为鸟叫是短、频、快的，符合网站的内涵，因此选择了Twitter为网站名称。作为微博概念的首创者，不夸张地说，Twitter重新定义了互联网信息传播的方式。尽管其信息传播结构与传统的SNS网站并无本质上的区别，但限制字数令信息碎片化，将莎士比亚与普罗大众安置在同一信息表达方式之中，改变了web2.0时代看客多于说者的局面，用户可以通过SMS、即时通信、电邮、推特网站或推特客户端软件多方式链接推特，并参与信息互动，使信息渠道全方位开通。

2007年，微博有了中国版。中国微博真正的春天是在2010年，国内互联网市场中，微博如雨后春笋般崛起，四大门户网站均开设了微博，《南方人物周刊》更是将年度封面人物颁发给了"微博客"这一群体。

微博全新的交互方式，如同它本身病毒式碎片化传播一样快速发展，不少政界要人、娱乐明星、文化名人、企业事业单位等都纷纷加入了微博的行列。2011年8月24日，史玉柱在微博上炮轰中国人寿意欲控股民生银行。其中提及："拜托中国人寿，别虎视眈眈想控股民生银行。中国唯一的民营的重要银行（总资产2万亿以上），不应倒退成为国有银行。"尽管立即删除，但仍引来各方关注。翌日，民生银行股价大涨6.47%，据测算，史玉柱账面浮盈达2.3亿元，一时间有关"史玉柱微博操纵股价"的说法甚嚣尘上。由此可见，名人的微博力量已经不可想象。不仅如此，微博正以惊人的速度参与到社会事务中来，众所周知的"日本强烈地震引发海啸""埃及总统穆巴拉克辞职""利比亚国内政局演变""泰国特大洪灾""本·拉登被击毙""郭美美事件""123动车事件""峰、芝婚变""李双江之子打人事件"以及"女童被碾事件"等，处处都有微博的声音。

据中国互联网信息中心（CNNIC）2011年7月发布的《第28次中国互联网络

发展状况统计报告》显示，2011年上半年，我国微博用户数量从6331万增至1.95亿，半年增幅高达208.9%。微博在网民中的普及率从13.8%增至40.2%。从2010年年底至《报告》发布之日，手机微博在网民中的使用率比例从15.5%上升到34%。在这其中，最火热的微博服务供应商就是新浪微博和腾讯微博。

不知不觉中，微博已在传媒体系里悄悄地独占了半壁江山。这种新型的沟通媒介让人们更轻松、更随意地记录生活，更简单、更便捷地交流信息，让每个人都有了成为传媒人的可能。在如此快节奏的时代里，微博这种快餐文化也越来越受到人们的推崇。微博的出现，无疑对传统媒体形成了一定的威胁，期刊出版也难逃此列。面对期刊发行日渐萎缩的数量，如何在微博时代生存下去，成了摆在我们期刊人面前的头等大事。本文试图从微博与期刊出版的优势和劣势分析一下期刊未来的生存之道供业界参考。

二

1. 以拥抱的态度接受微博是期刊人的最好选择。这是最好的时代，也是最坏的时代。在微博时代，人人都是传播者，都有信息发布平台，以前集中在传统媒体手中的力量现在分散到一般人手中。网络传播具有的及时性、交互性、海量性、多元化、小众化、多媒体形式、超文本结构等特点，突破了信息传播时间、区域、方式的界限，突破了信息传播总量的限制，突破了传者受者的界限，突破了信息准入特权的限制，突破了传播技术技能的界限，初步构建了一些新的传播理念。《南都周刊》的总编辑陈朝华在他的博客中说："通过微博，增强了我和天南地北的朋友的交流互动密度和深度，通过微博，我能第一时间获悉我所关注的人的所思所为，通过微博，各地各种突发事件和异常动向能得到最快确认。"微博的交互性、偶发性、平面化、碎片化是对传统传播方式革命性的突破，网民已成为舆论形成过程中非常重要的一部分。随着数字技术的成熟和发展，传统媒体和新媒体之间的界限与壁垒逐渐消融，多种媒体形态共生共存、相互交融，传媒产业进入了媒介融合时代。传统媒体与网络之间的关系已经成为一种互为依存、相生相克的关系。作为主流文化导向的期刊，要积极应对新媒体的挑战，要以拥抱的姿态，主动、热情迎接微博，认真学习并掌握适应这一新工具，做到为我所用，用其所长。

2. 向微博学习，把读者当成平等交流的对象。有人说，Twitter 网站的最大吸引力之一在于一种交流感，让这种媒介变得社会化、大众化。期刊必须改变之前以提供内容为中心的定位，要学会以人为中心，借助与读者之间的互动来增强传播，这样才能增强期刊与读者之间的黏性。笔者认为，《读者》杂志在这方面可以说是已经走在了前面。《读者》杂志除了在内容上追求人性化，文章坚持"适用性、建设性、持久的趣味性"之外，在包装形式上也追求以人为中心、读者就是上帝的原则，处处为受众着想。为了便于阅读，《读者》的纸张是微黄的，这样不刺激眼睛，读书时心理上会有温馨、恬静的感觉；《读者》的版面都是三栏的，这是根据人在阅读时视线和头颈部左右摆动的最佳舒适度而设定的；《读者》的开本较小、纸张柔软，是为了便于随身携带，文章短小、页码较少，是为了能在短时间内迅速阅读完毕。"以人为本"人性化的关怀从里到外充斥在整本杂志中。这也是《读者》杂志这么多年经久不衰的一个制胜法宝之一。《读者》十分注重作者、编者、读者的互动交流，通过交流与互动，期刊与读者建立了平等的、朋友般的关系，增强了刊物的亲和力。笔者曾浏览过《读者》的交流平台，在期刊中，他们的交流平台是最畅通即时的，也是信息最全的。

3. 充分利用好微博的传播效率和营销功能。微博的最大特点就是个人自愿参与群体性的话题，这给期刊提供了一个机会，我们可以提出、推出话题，引发读者议论，从而知道读者的评价，关心哪些话题等。期刊从业者都知道，每本期刊的主打首先是封面，其次是本期重点选题，微博给了期刊充分展示的机会，如果在杂志出版前，把新一期的备选封面和主要备用选题发到微博上，看看哪些会在微博上引起共鸣，我们从中可以判断受众的普遍需求，合适的内容会激发受众的阅读兴趣和实际购买冲动。网友还会将他们感兴趣的话题迅速转发，网友的每次转发都是一次有效的传播和推介，这种传播的渗透力，不亚于期刊张贴海报、发布封面广告的宣传作用。英国脱口秀主持人乔纳森·罗斯在 Twitter 上建立了他的阅读俱乐部，每周在固定时间与他的追随者讨论一本书。第一本书的消息发布之后，该书立刻跃上了销售排行榜的第一名。事实表明，未来 Twitter 与图书、期刊出版业很可能建立非常直接的联系。通过 Twitter 形成更多的针对图书、期刊的讨论，也许可以使整个图书、期刊销售市场得到新一轮的刺激。读者可以通过交流平台随时发表自己的意见和建议，获得更多的信息，作者能与读者直接交流沟通，了解自己作品的真实反馈，编辑也能在交流平台推广宣传，并在大量的交流信息中发现有潜质的选题，进而策划出受读者欢迎的图书和期刊选题。

4. 利用微博碎片化的传播方式找到好的选题，充分发挥期刊深度报道的优势。微博实际上已成为新闻信息的一个集散地，其新闻信息大部分来自媒体，又为各种媒体所公用。首先，在微博这个平台上，人们可以很便捷地搜索到自己需要的标签信息，特别是有影响的事件。所以，期刊的记者和编辑可以凭借这个功能来衡量一个事件的受关注程度，从而进行合理的主题议程设置。了解民生、还原民生、关注民生是期刊的重大责任之一，期刊可以通过微博了解民生问题，满足读者的精神需求，可以充分发挥主流文化倡导作用，可以从微博的"浅信息"中筛选出"深挖掘"的选题。但是否符合期刊的选题价值取向，这需要综合考虑。其次，微博的碎片化和随意性，消解了期刊深度报道的传播门槛，使期刊与读者的默契和深度互动大大增强了，微博对期刊的作用，不仅仅是能够提供一些选题契机，更重要的是，它能让期刊一些独特的、深度的报道内容得到各种带上个人体温和呼吸的个性化传播。

期刊比较独特的报道角度、立场观点以及文本细节，又在微博上形成二次发酵，使刊载的文章获得更深入、更延展的解读。此外，微博的碎片化信息恰恰成为期刊获取灵感的绝佳来源。有"脖友"这样形容："一个个小的碎片化的点子就像一粒粒火苗一样，在之前，湮灭掉的速度有时候比迸发出来还快，现在，有了围脖上很多不同维度的朋友添柴加油，有价值的星星之火很快就可燎原，再被整理加工之后，火苗的价值就得以升华，并永生。"要想抓住这些小火苗并发挥其最大价值，期刊必须在互联网上尽可能多地做一些尝试，无论是内容形态、产品线还是业务线，不能故步自封，要敞开怀抱。但这样做的前提是，一定要在所有新的尝试中保持和发展自己固有的期刊品质和精神气质，千万不能随波逐流，使自己也"碎片化"。

5. 与微博联姻，借势造势。微博等新媒体的反应快速以及无地域限制等特点使它在突发事件报道上有先天的优势，这种优势最终形成一种"微博力量"。许多传统媒体都看到了微博的力量，纷纷将微博作为推广和沟通平台。从国际上来看，CNN、BBC、路透社、英国天空电视台，《时代》《纽约时报》《华尔街日报》《卫报》及《早安美国》节目等都是 Twitter 上关注度很高的媒体。而国内的一些媒体也加入了 Twitter 用户的行列，如《新京报》《经济观察报》《南方人物周刊》、湖南卫视等。值得注意的是，Twitter 也成为国际大牌杂志的一个最新的推广工具。据不完全统计，目前已经有99个品牌的消费类杂志在 Twitter 上建立了自己的账号，除了3种杂志的用户比之前有所减少外，其余的大部分"跟随者"都有大幅度增加。由宁夏日报报业集团主办的创刊于2008年10月15日的《博客天下》杂志，更是一个充分利用了博客内容、打造期刊品牌的成功案例。《博客天下》是中国第一本博客新闻杂志，以"人人都是记录者"为理念，内容主要由时政、财经等类别的精彩博文构成，力图使"博客"这一终极个人媒体实现最大限度的发声，从而拓展中国社会的舆论空间，为读者提供一种既轻松又紧跟时代的阅读方式。短短的三年，这本杂志迅速走入家庭，发行量快速增至近20万册。

6.微博时代，更要坚持"内容为王，品质为先"，打造内容优势。对期刊而言，微博只是一个工具，读者对高质量的期刊内容的精神追求是始终不变的，这也就是我们常说的"以内容为王"。内容优劣决定期刊成败是始终不变的，不管用哪种形式呈现，无论用哪种媒体进行传播，都要面临一个内容选择的问题，选择的关键在内容的优劣，而不在工具。期刊多了一个传播工具就多了一条腿走路。倡导文化主流仍是期刊的办刊初衷，期刊毕竟不是微博，不能人云亦云，要有自己的主流价值观，要传递正确的思想，准确的信息，要创新编辑手段，促使期刊版面呈现崭新的形式，要发挥期刊的特长，彰显独特的思维深度和人文情怀。

7.做信息过剩时代的向导。虽然微博在很多方面都表现出自己独特的优势，但它本身存在的问题也不少，也有它的软肋。信息发布成本低，但信息接收成本过高（主要是信息甄别的复杂程度高）；微博提高了信息传播的频度和广度，却降低了信息传播的质量；微博泛滥是微博的另一个软肋，解决信息泛滥的最有效途径是道德自律，比如实名认证，但基于道德自律之上的有效机制在短期内看不到建立的希望。内容缺乏监管，信息源缺乏可信度，有时甚至成为谣言的温床；信息松散、混乱，无组织性；传播广度有限等。而传统媒体却能够克服微博的这些不足。期刊应发挥自己权威性强，人才资源充沛，版权资源质量高，传播范围广，采访机会多，可进行深度阅读等优势，将微博中有用的线索和信息加工整理，进而形成自己独到的产品。

日新月异的新媒体技术让人们能搜集的信息越来越多，可技术并不能缩短人脑消化这些信息所需的时间，大多数人还是需要专业人士作为向导，帮他们应付铺天盖地的信息，挑出其中对他们有用的部分。笔者认为，在这个信息过剩的时代，期刊若能抓住其现有的人才优势和品牌优势，强化其过滤并解释信息的能力，是有可能在新媒体变局下重现生机的。

云月八千里：新闻人王庆同杂文的良知恪守

田 燕

个体人物往往可以映射一个时代，王庆同是一个穿越特殊年代有着特殊经历的人，这种"特殊"既是动荡年代的必然，也是作为个人身份的偶然，这种"偶然"就是相对于普通大众的典型性，独特性。正是这些有着特殊经历作家的文学作品常常更能从个体文字的细致深微了解一个年代的社会环境、政治环境、生存状态、精神状态以及社会变迁等，尤其他们在历尽挫折后又重获新生，并在各自擅长的领域取得了无论是从个体角度还是社会群体都相当显赫的成就。"三十功名尘与土，八千里路云和月"，在宁夏六十年的风雨人生，看尽陋室空堂，衰草枯杨，尝尽人间冷暖，飞短流长，终在新的历史时代以顽强的毅力、豁达的心胸教书育人，笔耕不谢，不求笏满床，不慕名利场，权当他乡是故乡。窥一斑而见全豹，通过一个人物而认识一个时代，尤其是作为一位极具人文情怀的新闻人，一位从江浙至北京求学又在宁夏度过大半生的王庆同，其视角、思考、感悟都显得弥足珍贵。

王庆同是宁夏新闻界的元老，是宁夏新闻教育事业的奠基人之一。他于1958年从北京大学中文系新闻专业毕业后来到了宁夏，亦即开始了他与共和国、与自治区休戚与共一个甲子的风雨沉浮。结束了特殊年代的遭际，王庆同于二十世纪八十年代初期进入宁夏大学参与创办该校新闻专业，是年，他四十七岁,他坦言,他的人生是从"四十七岁才开始"。王庆同发表的第一篇杂文是1957年发表于《读书月报》的《小人国与大人国所见》,大学毕业工作后在《宁夏日报》上发表了一些杂文杂谈,后来被迫中断。直到八十年代平反后又开始在宁夏各大报刊零散发表杂文,《宁夏杂文集》选辑了其中3篇,《岁月风雨》收录了其中一部分,到九十年代中期退休后至今的20年间,他的杂文写作因专栏化而进入新的创作巅峰,结集出版为《话一段》和《好了集》,下文会详细阐述。1993年宁夏杂文学会成立时,王庆同曾是学会顾问。

王庆同,笔名一介、一丁、二丙、乙丁,宁夏大学教授(退休)。1936年生于南京,祖籍浙江省嵊县(现嵊州市)。1954年考入北京大学中文系新闻专业学习。1958年大学毕业以第一志愿到宁夏工作。1958年8月下旬,22岁的王庆同和同班的9名同学从北京来到了宁夏银川,被分配到刚刚创办的《宁夏日报》,开始了五年的记者编辑生涯,王庆同负责工业、交通方面的报道。1963年底,王庆同和另外两位同学在被划为"反党集团",信件和日记被查抄,在报社内部受到批判。经过一年多的审查后,被送到贺兰山下报社的农场劳动改造两年。1966年9月25日起,王庆同被开除公职迁赶到盐池劳动。1980年获平反,任青山公社党委委员、副主任,后任中共盐池县委宣传部副部长两年。1983年起,任宁夏大学中文系新闻学教研室主任11年,宁夏大学中文系党总支书记2年。1996年退休。曾获全国优秀新闻工作者、宁夏优秀新闻工作者、宁夏精神文明建设五个一工程奖获得者、宁夏大学教书育人先进工作者、2008年度中国新闻教育贡献人物、2009年度感动宁夏人物。退休后被多家媒体(部门)和高校返聘从事新闻阅评和授课,并先后担任《现代生活报》《宁夏法治报》小言论的专栏撰稿人。公开出版著作9本,撰写杂文、评论、散文和短篇小说过千篇。

王庆同出版的新闻传播专业著作有4本:《新闻写作基础二十讲》(宁夏人民出版社,1992年8月),《公关传播基础》(宁夏人民出版社,1994年8月),《公共关系与乡镇企业》(宁夏人民出版社，1996年7月)，《桥梁与手杖——外国新闻写作技巧评析》(宁夏人民出版社，1996年11月)。回忆录两本:《边外九年》(中国文联出版社，2002年7月)和《毕竟东流去——几只狗和一个人的记忆》(中国文史出版社，2011年8月)。出版的文集有:《岁月风雨——"半个西北人"散文选》(宁夏人民出版社，1998年4月)，《话一段》(宁夏人民出版社，2008年8月)，《好了集》(阳光出版社，2015年6月)。还有《〈好了集〉补遗》尚未出版。其中《岁月风雨》中《书生一得》一辑的近60篇、《话一段》《好了集》中的《今日声音》《红楼杂感》等辑的200多篇、《〈好了集〉补遗》大部分属于杂文。这些著作无论从地区新闻传播的专业课程建设还是区域杂文作家队伍的构成角度来看，都是治学严谨、勤谨努力、立言立德的佳作。

一、野旷天低:一个时代的观察和瞭望

王庆同创作的关于自身前半生被错误批判、迁赶、劳动改造、艰难成活、苦熬春秋及后半生教书育人经历的纪实类散文是《边外九年》和《毕竟东流去》两本回忆录，这两本回忆录曾获得了强烈的社会反响，这里我们主要研究的是他的杂文随笔创作，这些杂文随笔恰是其一生学识、智慧、思考和独特经历的积淀，恰是贺兰山下的两年的"劳动改造"、边外九年四野空旷的艰辛生存和八十年代走上大学讲台而重获新生、"不用扬鞭自奋蹄"夜以继日地教学备课、伏案笔耕构成了他千篇杂文作品俯首摧眉的坚守、虚怀若谷的低沉和不改新闻人良知底色的思索。本节集中梳理其大半生的创作历程，后两节分别阐述他的杂文随笔集《话一段》和《好了集》。

王庆同创作发表的第一篇杂文作品是《小人国与大人国所见》，是阅读《格列佛游记》的五条百字随感，发表于《读书月报》1957年第7期，是该期《读书札记》栏目的头条。来到宁夏参加工作后，从1959年5月到1962年8月期

间，在《宁夏日报》以"宫樵""景纪泊"等笔名发表过上百篇杂文，"景纪泊"为《宁夏日报》经济部集体笔名，那时王庆同也常使用这个笔名。这些文章中，《从"挖"谈起》《高瞻远瞩和脚踏实地》《丢掉"框子"》《事在人为》《亲近·说服·鼓励》等五篇选入《岁月风雨》。

二十世纪八十年代前期，王庆同以本名在《宁夏日报》的《杂感录》《星期谈》《谈心会》《塞上论坛》等栏目发表杂文、杂感十几篇。1988年到1996年以"一介"的笔名在《银川晚报》头版的《凤城夜话》专栏发表了46篇杂文作品。《凤城夜话》由《宁夏日报》毛弋、钱蒙年、王庆同轮流执笔，吴宣文也常在这个专栏发表文章，如第一章所言，其文集《凤城夜话》即得名于此。《凤城夜话》专栏是《银川晚报》创办时即设置的言论专栏，王庆同结合当时的社会现实，言简意赅评点社会现象，揭露不良社会之风。如《请多想着点"主人"》（《银川晚报》试刊第19期，1988年5月5日）号召各行各业多想着点"主人"惦着点"服务"，提醒人们《当心务虚名得实祸》（《银川晚报》，1988年12月29日）《"短期行为"要不得》（《银川晚报》试刊第22期，1988年5月26日），其中《多一点人情味》（《银川晚报》，1989年4月6日）《截流与拔源》（《银川晚报》，1992年5月5日）和发表于《银南报》的《危机感二题》（1992年6月24日）三篇收入《宁夏杂文集》。

1988年到2008年的20年间，王庆同以"一介"笔名在区内各大报刊专栏发表了大量杂文随笔，其中《宁夏日报·谈心》栏目和其他版发表杂文27篇，《华兴时报》的《华兴视点》《有话要说》栏目发表8篇，《宁夏广播电视报》发表7篇，《石嘴山报·快语》等栏目发表7篇，《固原报·周末话题》等栏目发表11篇，《宁夏政协报·杂文》发表2篇，《银南报·七日谈》发表3篇，《黄河工商报·黄河涛声》发表1篇，《宁夏法制报》（《宁夏法制报》是宁夏回族自治区党委政法委机关报，创刊于1982年3月，并创办《法制周末》专刊。2004年更名为《法治新报》，2015年8月15日，更名为《宁夏法治报》）的《钟楼》

《微言堂随笔》栏目发表5篇,《宁夏青年报》发表3篇。2004年王庆同应邀在《现代生活报》开辟小言论专栏《话一段》,到2010年共发表508篇（笔名"一丁"）,2010年到2014年于《宁夏法治报》（原《法治新报》）的《今日声音》发表杂文时评745篇（笔名"乙丁"）。2006年到2007年在《现代生活报·现代观点》发表69篇（笔名"二丙"）。

从1988年的《银川晚报·凤城夜话》到2014年《现代生活报》的《话一段》《现代观点》专栏、《宁夏法治报·今日声音》及《华兴时报·华兴时评》等,王庆同在26年间共创作发表杂文时评1463篇。如果从1957年算起包括发表于其他各报刊、不在上述栏目里的,总数1700多篇,除去平反前劳动和恢复工作但没有写作的17年时间,除了大学授课的工作,王庆同在40年间除了在盐池县工作和宁夏大学授课,还创作了1700多篇杂文、时评、随感。（主要集中在二十世纪九十年代中后期至今的20多年）这上千篇杂文时评随感,见证了一个时代人的荣辱浮沉,一个时期社会的滞钝和发展,一名新闻人,以自己的文字观察、瞭望、考量、记载了半个多世纪的社会历史和人的历史。

二、微言大义：新闻短评与杂议

受北京大学新闻专业严格训练的王庆同素喜书写短文章,发小言论,这自然是新闻报道的时效性和报纸专栏版面字数的客观需要,也是作者几十年的主观选择,从二十世纪八十年代末的《银川晚报·凤城夜话》到2004年以来的《现代生活报·话一段》《宁夏法治报·今日声音》专栏文章都是千字内的小文章,多数了了三五百字,虽然短小,却字字珠玑,微言大义。言其微,一是表其文章短小,二是表其言语含蓄微妙,却饱含精深切要的生活义理和人生感悟。

2004年起,时任《现代生活报》总编辑的张强邀请王庆同在《现代生活报》

开辟个人专栏《话一段》，负责这个专栏的责任编辑是时任《现代生活报》的副总编辑韦军、黎明和编委李文龙，从2004年1月19日至2010年9月间，王庆同在该专栏共发表508篇小言论，每周三四篇。在2007年下半年时选编了其中的161篇，同时选编了他在《现代生活报·现代观点》和发表在《宁夏日报》《宁夏煤炭报》（现《华夏能源报》）等报刊的文章若干篇共183篇结集为《话一段》由宁夏人民出版社出版（2008年8月）。正如后记中所说，他想为短文章"讨个地位"，也想抒发"心底的情感与诉说"：

> "2004年我已经68岁了，老了为什么还自讨苦吃？一是有话想说，二是想为短文章讨个地位，三是防止我大脑'生锈'，小脑萎缩，多活几天'明白'日子。据我的亲身经历，我国改革开放以来，人民生活确实改善了，农民不再为'吃肚子'（口粮）犯愁，城里人不再揣一大把票证生活。这两条是铁的事实。为了这两条，我们走了多么长的探索之路，作出了多么艰苦的创新努力，付出了多大的惨痛代价！这是扎根在我心里的坐标，也是我写这些文章的思想基础。在历史长河中，我只是一朵浪花，在它慢慢地回落大海的时候（晚年了），竟弄出一点声响（《话一段》）——那是浪花获得自由时心底的歌唱，抒发的是心底的情感与诉说。

> 张强在《感激与祝福》一文中阐述作为学生和专栏负责人对老师也是作者的王庆同认识和感受，也深情表达了《话一段》的客观意义，可谓入情入理：

> 从1983年我有幸成为王老师的学生起，25年间我们从来没有见到过王老师的伤感。生活给予他的磨难、惊喜、成果、幸福等全成了营养和智慧。所有的无助、困窘和尴尬都被他承接。我们从王老师身上得到的永远是体贴和善意。我们所有的努力都不会

落过王老师的眼睛，从他那儿得到的总是鼓励。王老师让我们感受到生命的无限宽度和广度，感受到生命从任何的一天或每时每刻起都可以是起点，都可以走向一个无限开放、灿烂的空间。所以，在70岁的时间，王老师依然可以串起最宝贵的'珍珠'，这就是《话一段》。"

就具体篇目来说，《话一段》具有以下几个显著的艺术特色。

开门见山，直入主题。这些短论只从题目就一目了然，态度明确，善恶清晰，爱憎分明，倡导什么，抵制什么，为什么倡导，为什么抵制，言辞平和，循循善诱。例如《服务要实》《实招比什么都强》《别拿政策开涮》《不能"坐堂监管"》《"免疫接种"好》《空话没用》《良心无价》《束身自爱》等。

洗练缜密，清新浅显。王庆同文章喜用口语，这种口语是经过精心推敲提炼的，是书面语和口语完美的结合，言约意丰，妥帖平实，使文章显得自然清新活泼。这与他多年和普通劳动人民融为一体密不可分。语言的平和往往建立在心理平和的基础上，平和的文字通常是平和、冷静、理性的心态之反映，王庆同这样的写作者，内心无疑是以普通读者的阅读为出发点。

寓理于事，言之有物。这些言论或剖析社会现象，或捕捉内心感悟，从一件事、一个人、一本书、一句话谈起，有感而发，富有机趣，貌似漫不经心，却暗含机锋，表面散漫自由，实则逻辑严密，思想深刻。

这几点不但是这本集子的基本特色，也是他大部分文章的特点。近二百篇小言论在文集《话一段》中分为两部分，一部分是短论时评杂感，另一部分辑为《又一段》，后者是作者的经历自述，不过和《边外九年》和《毕竟东流去》那种报告文学式的深度回忆散文不同，《又一段》是几十篇回忆性小杂感，以叙为主，鲜有议论，寥寥百字，一事一物，多有留白，于当止处止，风流蕴藉，余音绕梁，依然是洗练的春秋笔法，大有魏晋《世说新语》和明清笔记简约散淡之风。很有意思的是，这些文章，由张浩洋主笔配以漫画插图，使这个集子图文并茂，妙趣横生。

三、民间立场：历经挫折而贴近底层的旷达

王庆同这样的中国知识分子，始终将对国家、民众负一份道义责任、社会责任作为自己理想人格的人生追求，这是他终生不曾放弃的良知恪守，他的身心、他的文字早已与艰难岁月时遇到的底层农牧民、山川草木、一粥一饭融为一体，与从事新闻采访、专栏写作而接触的同人、读者，也与他几十年从事新闻学教育而结交的师友水乳交融。他是老一辈的北大高材生，也是学识渊博的教授，但他的文字极少传教布道式的"精英意识"，更多是秉持民间立场，为底层代言，为普通老百姓发声。这一立场决定了他们这样的知识分子不只是在笔端为苍生百姓的不幸苦难而呼告呐喊，而且由此批判揭露违背社会公平正义、损害践踏广大人民利益与权利的弊端、缺失并发掘造成这些问题的内在根源，从根本上维护社会底层的权益。这种主观倾向很明显地体现在了他们的作品里。

《好了集》是王庆同近年出版的重要自选文集。集子分为六辑，近60万字。第一辑《今日声音》选自作者在《宁夏法治报》开的《今日声音》言论专栏（笔名乙丁）的文章153篇，约为该专栏全部文章的四分之一；第二辑《思之存之》是对故人和往事的回忆散文；第三辑《读书笔记》是读书生活的缩影；第四辑《读朱镕基》是读《朱镕基讲话实录》的随感，曾在《中卫日报》连载；第五辑《红楼杂感》是作者从社会、历史的角度议《红楼梦》的短文，这些短文曾载于《华兴时报》《新消息报》《新闻老兵》等；第六辑《我与盐池》收录作者回忆在盐池劳动、工作十七年的散文，其中《边外九年》是2002年中国文联出版社出版的《边外九年》一书的主要内容。还是重点说一下文集

里的杂文部分。

2010年9月至2014年12月，王庆同在《宁夏法治报·今日声音》共发表杂文时评745篇，每周三四篇。《好了集·今日声音》选辑中的短文和其他专栏杂文时评一样，文章简短精悍，辛辣犀利，极为耐读，既有思想深度，也有艺术魅力。张强在《唯有进取才有年轻》一文中，已经对这些短文做了精辟的概括：

> 《法治新报·今日声音》专栏所刊发的王庆同教授的言论，关注社会每次铿锵有力的脚步，关注具体而微小的社会事件，关注幸运的相逢和不幸的苦楚，关注正义来迟的迷茫，关注公平彰显的进步。一篇篇饱含真情的言说，从致敬崇高到剑指丑恶，从创新品格到尊重规律，从心怀悲悯到凸显愉悦，饱含着真相的判断，甄别着善恶的尺度，放射出理想的光芒，鼓励着读者行进的脚步。这些饱含着感恩情结的文字是岁月的财富、时代的使命、时间的沉淀，是作者辛勤努力的见证。就像从一棵树木的年轮里，窥见它历经的磨难和坎坷，读出它今天的挺拔和伟岸。

《话一段》和《好了集·今日声音》都是王庆同从大学退休后完成的作品，此一时期，年轻时的苦难记忆渐去渐远，随着年龄增长，他受到越来越多学生的爱戴和社会各界的认可尊重，内心充沛而安详，生活愉悦而优渥，却依然隐忍而克制，依然保持创作的热情，不再从事教学的他有了更多精力和时间来进行专栏写作。王庆同依然是贴近现实生活贴近底层民众的视角，只是在新的时代环境和文明法治逐步完善的进程中，把笔墨聚集于法治和制度层面，这固然普法宣传教育、法制规章完善的需要不可分割，但更与作者敏锐的洞察力、高屋建瓴的全局意识有关，《制度！制度！》《法治的尊严与人性》

《法治：时代的强音》《有备无患靠制度》《人治文化是恶文化》《公道之道》《有备无患靠制度》等都是这一层面的佳作。

王庆同的作品同样体现着深深的人道主义关怀精神，从早年的《多一点人情味》（《银川晚报》，1989年4月6日），《不要让老实人吃亏》（《宁夏日报》，1990年8月8日），《视人民如父母》（《银川晚报》，1995年3月18日）到近期的收入《好了集》的《"生命是个礼物"》《把人当人看》《尊重个人意愿》《证人的良知》《人的生命标志是什么》等，都是从不同角度观照人的存在，反思人性。他也无数次将视角投向动物，有的借动物说事，有的以动物说理，更多以动物性来说人性，仅《好了集》就俯拾皆是：《活牛被注水死，惨！》《"人应该向动物学习"》《姚明家的猫》《"每条狗都有自己的时间段"》《"人无复议驴"》等。值得感念的是，作者收进《好了集·思之存之》一篇《花甲之思》。这是一篇怀念同窗的随笔，但彰显的是作者直面现实反思历史的勇气和感喟。

一个时代的价值取向貌似一直在变，但最本质的东西往往永恒不变，历经岁月的摔打洗礼而更显得珍贵。个人命运与社会背景的冲突融合，身体的磨难和摧残，精神的彷徨与挣扎及对所处环境的适应与超越，成为处于特殊年代每个人必然要经历的过程，只是程度深浅和具体经历有所不同。王庆同跨越特殊年代的独特经历和所见所思的记叙和议论，不但向曾经课堂上的学生也在向今天的读者传递一种独立坚强、从容豁达、宽怀大度的师道精神和人格力量，以他曾遭遇的苦难与温暖、暴戾与爱、彷徨与沉思向读者昭示：只要人有理想、有信念，只要努力坚持，在任何环境下都能保持人性光辉和人道主义精神，生命终将绽放异彩纷呈而不分早晚。所有走过的路、留下的文字都是人生财富厚重的积累，更是人生境界澄澈旷达的必需，虽然往往是以痛苦折磨的形式留存于身心，而以平静澹然的文字呈诸于世。

拨云见日，从不可能到可能
——记录宁夏人民出版社数字化转型探索

陈 晨

2018年5月，宁夏人民出版社全资子公司——浩海旗鱼文化有限公司（下文简称"旗鱼文化"）正式开业。这件很多次都被认为会"夭折"了的事情，终于实现了，那种心情是很难用言语表述的。在开业致辞中，社长吴月霞说："旗鱼文化是我们人民社向数字化转型迈出的第一步，我们希望她朝气蓬勃、充满活力，富有想象力和创造力，真正适应当下复杂多变的大背景下的新业态环境。同时，旗鱼文化也将秉承人民社一贯的诚信求实、坚韧稳健的办事作风，带着她的使命感与责任感，走稳每一步发展之路。"

旗鱼文化的成立，一定是带着使命感与责任感的，是在许多次不被看好的情况下，许多人坚持不懈努力的成果。"走稳每一步发展之路"，是我们在喜悦之外，对她最深的期望。

开 端

2014年8月，我正式入职黄河出版传媒集团下属宁夏人民出版社工作。入职的最重要原因，就是一台叫做"闪印王"的数字印刷设备。这是宁夏人民出版社在东风工程一期中申请到的一台数字化设备，伏案工作的编辑们面对这样一台外表"高大上"的设备，多少会有些无从下手。但对于毕业后一直在北京《数字印刷》杂志做编辑记者的我来说，深知这样一台国产拼接设备的诟病：想要用起来不是不可能，但面对设备厂家生产链、售后链断无，设备使用成本非正常之高，"用"还不如"不用"。这样一个"烫手山芋"，懂行的人都避之不及，但我们必须迎难而上，因为我们不能让设备闲置，让国有资产在我们手里无用武之地。

经过多次协调以及与相关领导的沟通，一个月的时间，我们用这台设备完成了集团200份培训材料的印制工作，初步让闲置设备使用起来；两个月后，我们取得了自治区新闻出版广电局颁发的数字印刷经营许可证，成为宁夏首个获得按需出版资质的单位；与此同时，在社长的资源引荐和全力支持下，我们不断去民营企业考察与寻找合作契机，希望借助他们丰富的市场经验，把闲置设备用起来，为人民社的数字化转型打开一条新路。

两　难

2015年3月，李克强总理在政府工作报告中首次提出"互联网＋"行动计划；5月，国务院正式发布《中国制造2025》行动纲领。"互联网＋"和"中国制造2025"的重要目标，是推动当代信息技术与传统行业、制造业的深度融合，实现制造强国。对于亟待转型的传统出版行业来说，国家新闻出版广电总局、财政部联合发布的《关于推动传统出版和新兴出版融合发展的指导意见》中明确提出："推动传统出版和新兴出版融合发展的重点任务是要运用大数据、云计算、移动互联网、物联网等技术，加强出版内容、产品、用户数据库建设，提高数据采集、存储、管理、分析和运用能力。充分利用新一代网络的技术优势，加快发展移动阅读、在线教育、知识服务、按需印刷、电子商务等新业态。"由此可见，转型已经刻不容缓，按需印刷便呼之欲出，成为出版物印刷业的转型重点。

一系列政策的推出，更加坚定了我社转型的决心。2015年，我社成立了新媒体发展事业部，先后搭建了我社的门户网站、淘宝及微店的图书销售平台，并将数字印刷业务纳入新媒体发展事业部的工作重点，希望通过与互联网的结合，寻求新的突破。

另一方面，我们与民营企业的洽谈也取得了一些进展。有两家企业提出了明确的合作方案，我们看到了可以落地的市场化实施方案，感觉见到了一丝曙光。在这个过程中，我们反反复复的汇报方案不下几十份，我社多位年轻编辑拿出他们看书稿的时间，加入到这项转型探索的工作中来。没有人有经验可以告诉我们，在宁夏，在按需出版的探索上，我们是第一家。我们只能靠时间去不断试错、不断总结，不断受阻、不断进展。

我们在互联网平台上的探索，进展飞快，短短几个月的时间，就拥有了一批固定客户并实现了盈利。但是在数字印刷方面，我们与企业的合作谈判总是遭遇各种阻力，反反复复，似乎走进了一个死胡同，很多体制上的问题无法突破、无法解决。

我们一边坚定地认为数字化的转型之路必须为之，一边又因为始终无法推进的转型合作顿足着急。在这种反反复复的过程中，很多人都开始认为，人民社的这件事，大概就会这样不了了之了。

转　机

机遇总会善待善于坚持的人。

2016年10月，由于我们有了初期的数字化转型探索，我社"民族出版物出版全流程数字化平台建设"项目获得《新闻出版广播电视基础设施建设

2016年中央预算内投资项目资金》的资助。这一次我们总结经验，找到国内最先涉足按需出版领域的代表"知识产权出版社"，帮助我们规划设备选购方案。这批设备的申请，充分弥补了我社东风工程一期核心设备中版闪印王的缺陷，为我们搭建了一间真正可直接用于生产的经济、高效的数字化生产车间。

因与民营企业在洽谈的过程中，许多细节无法达成一致，我们总结经验教训，认真学习先进出版社转型、融合发展等优质理念经验，解读国家政策方针，并结合我社目前形式进行分析，选了一条最难却是现阶段唯一可行的路——自主经营。这是对我社的考验，同样也是拓展新领域的机遇。2018年1月起，我们着手于职业经理人的考察招募、团队组建等相关事宜。

未 来

短短3个月的时间，旗鱼文化团队就初步建立，紧接着，子公司的基础建设、行政、人事管理、设备管理、业务拓展等工作有序展开。尚未正式开业的旗鱼文化，就已经开始承揽社会活件，至今，已经顺利完成了包括宣传部、交通厅、博览局等各领导单位交由的活件。

因为坚持，我社的数字化转型探索迈出了第一步。未来，我们依然会用一次次的坚持与创造，实现人民社数字化转型的更多突破，稳步前行，不负众望。

浅谈宁版图书的发行策略——零售市场

郭小琴

近几年来，我国图书零售市场逐步进入平稳发展的阶段，"多品种、大规模、低增速"成为最主要的特征。2017年，全国图书零售市场动销品种数达189.36万种，比2016年增长了8.19%。在码洋规模方面，零售市场虽然连年增长但是增长率已经出现了降低的趋势。随着人们生活水平的提高和消费观念的更新，图书市场需求不断发生变化，出现了需求多样化的趋势，国民整体购书热情不高。大部分图书表现出供大于求的状态。那么我们宁版图书的发行如何在电子图书，各大图书网站的冲击下立于不败之地呢？本文就出版社如何提升一般图书的发行量，从适应市场变化，业务工作的精细化、客户管理方面出发，结合十几年来新华书店和出版社的工作经验谈谈个人观点。

一、开发大卖场，同时服务好小客户

时下新华书店的改革可谓风起云涌，连锁化、集团化成了改革的主流。有的省新华书店集团化之后，很快就上了轨道；有的则由于配套设施没跟上，人员配置不合理等多方面的原因，业务量出现大幅下滑。可谓几家欢乐几家愁。分析原因，首先是信息渠道不畅，各分店要订什么书，订多少，总部配送中心不能够及时掌握信息，而各分店现在已没有自采权，这样总店的规模优势没有发挥，分店的积极性也大受挫伤，出版商也是意见多多。新华书店省店铺货不力，有两种情况：1.出版社的新书堆积到库房等待各市县店业务挑选品种，导致上架率不高；2.新书征订单品种数量通常是三五十本，分配到下面各市县店只有三五个复本量，进入书海中就被淹没了，即使售完也做不到及时添订。针对这种情况我认为：

1. 开发各地图书大厦

在当前形势下，书城占有越来越多的零售份额，并且象征着全品种高品质图书的集合。作为一家出版社，如果你的书进不了这些大卖场，无疑是一种损失。现列举部分在业界销量可观的大卖场：北京的西单图书大厦、广东的广州购书中心和深圳书城、上海的上海书城、重庆的重庆书城、河南的郑州购书中心、黑龙江的哈尔滨学府书店、天津的天津图书大厦、辽宁的新华书店北方图书城、大连市新华书店下属的大卖场、吉林的长春联合书城、云南的昆明新知书城、四川文轩下属的多个卖场。综合上述情况建议业务要做深做细，出差跑片时直接联系各大卖场，与各书城采购部的业务员加强沟通，随时了解市场动态，根据当地市场特点做好发货工作，同时查询该店库存情况，能够做到及时补货。有助于业务员把握好尺度，对每一品类的图书在各分店的首铺量、实销量有一个大致的了解。

2. 维护好民营客户

民营书店的发展不可小视，近几年来好多民营书店雄起，占据了相当的市场份额。就拿宁版图书来说，我最早分管的湖北、河南、陕西、甘肃、青海、新疆等地，民营书店的总销量连续三年超过了主渠道新华书店。其灵活经营，精细化管理的特点决定了零售市场销量的不断攀升。及时传递新书信息，不怕小，不嫌少，勤沟通，日积月累下来民营小店一年的销售回款竟然比某些省新华书店还要多。所以一定要维护好民营书店。

二、业务工作精细化

1. 做好终端信息沟通

做好发行的最关键之处是信息链。终端网点正是最重要的信息链条之一。这也是出差必须要做的一件事。所谓跑终端，绝不仅仅是看看货架上有没有放你的书就算完事了，还要建立客户档案。一旦有了新书，不妨先从终端开始推广，不一定要有大的广告运动，在一些主要零售网点贴上海报，都会有较好的效果。有人说，书业营销落后于其他行业（如家电行业）15年，但越来越精细化也是大势所趋。现在有一些出版社、出版公司在各大城市设办事代表，也就是信息员，专门在各终端零售网点巡查，第一时间向公司汇报本版图书的销售情况和当地客户的业务动态。我们是个小社，出书品种和经济能力达不到在各地设办事代表的标准，就意味着业务员要趁着出差到各地的机会做好这些工作。

2. 争取上卖场的重点书架

书到了零售卖场，放个好位置相当重要。如果你的新书一进卖场就被放在货架的最下端，将来的命运就很不乐观了。如果我们有完善的信息数据，可以跟踪主要书城的门市营业员，说明该书的情况，应该会有一些效果。如果没这方面的信息，那就要在出差中做好这件事。我个人的经验是先找到负责该部分卖场的营业员，询问图书销售状况及有关建议，然后再建议如何摆放。这样做，一般都能收到比较好的效果，卖场的营业员也会比较配合。当然这个在北京比较难。北京图书大厦，所有出版社都红着眼睛盯着那点好地方。北京毕竟集中了大多的出版社。在下面各市县店，这个工作比较好做一点。但如果你的书不好卖，就算你打外星来，人家也不搭理。我们无法保证所有的图书能到最好的位置，那就保证我们的重点书上好的位置。另外，还是要和卖场的人经常沟通。俗话说，做生意，先做朋友。当门市经理或者营业员把你当朋友的时候，就算你销售不好的图书，他也会尝试帮你码堆摆书花或者重点介绍给读者。有一次我去兰州出差，西北书城的主管经理是我北京印刷学院的同学，跟她吃了一顿饭叙了叙旧，聊了聊我们的书，借着当年的同学情谊我要求她把我们的书尽量往好的位置摆放，她爽快地答应了，隔天就让整理货架的营业员做了调整。尤其是我们的一本重点新书码垛摆成书花放在店堂入口处非常醒目。果然销售量大增，仅仅那年的下半年甘肃省新华书店从我们这里添订该书达到1500册。

3. 做好缺货登记

有时候，客户传来一些订单，有些品种刚好没货，就要做好缺货登记了。这些品种有的可能是绝版了，有的可能正在加印，有的可能在改版。正在加印的，等入库之后，应该通知客户，是否还要订这批货，因为时间变了，客户可能不需要了，或者要得更多。做缺货登记，还有一个好处，就是通过这个统计工作，可以了解哪些品种受市场欢迎，这也是和编辑沟通的第一手资料，作为提报重印印数的依据。

4. 针对不添货的客户，勤发书目、勤查库存

有的新华书店，从来都不添货。是他们的业务员不负责吗？未必。这一方面有体制方面的原因，另一方面是我们的书在他们那里占的市场份额太小。有一次去某市出差，跟新华书店的业务员聊天，我问她一年销售额多少，该业务员轻描淡写地说，10个亿吧。要知道，相对别的地方，那个地方不是很富裕。但是全省的教辅下来，就可到这个数。她们的主要精力肯定不在你这一般图书上面。这种情况，只能增进感情沟通，勤发书目，勤查库存，能添一点是一点。

5. 做好铺设渠道工作

《穷爸爸 富爸爸》在引用了两个年轻人运水的故事后问道，"你每天干的工作是提水的工作还是建设管道的工作呢？"做发行工作也是一样，如果

没有一个健全的"管道"，销量的提升始终是有限的。有些出版公司，出于各种各样的考虑，比如说账期问题或者增值税票问题，不愿和新华书店打交道，其实也有不少新华书店的运作是很良性的。有的发行员，做到一年以上，从未对本片区的渠道结构进行过调整，流失的客户永远流失了，也没开发什么新的客户，这样子工作，销量能得到快速提升吗？无论订单多少，一定要收集保存好所有客户资料和信息，优化渠道，健全"管道"，以后的工作会更省力，会做得更好！

三、做好团购

前两天回家，发现门上挂了一本书，是关于居民安全知识的介绍的，正规的出版社出版，定价6元钱，背面上还印有"免费赠送"的字样。不知道这本书是不是在全市进行了免费派送，如果是，就意味着该出版社接了一笔数百万册的巨额订单了。社里出过一本《为了安全——向孩子推荐的一本书》，是一本面向社会，尤其是中小学生的读物，通过图文并茂的形式，简要介绍防灾救灾知识、食品安全卫士知识、人身安全防范常识、现场救护常识等。这本书的内容形式其实很适合做团购，但是定价38元有点贵，读者群定位是面向中小学生，但是价格又决定了不适合做政府买单全民赠送的团购。

团购的关键点之一是认清时势，选对产品。比如在"非典"肆虐的日子，在北京出版社出版的《非典型肺炎预防手册》作为团购产品，取得过较好的销售业绩。团购的关键点之二是把握客户需求，量身定做。比如在学雷锋的三月份可以争取将我社《榜样的力量——新时期雷锋精神读本》让政府部门支持给各中小学发放。这样的单子显然高利润，低风险。在市场竞争日益激烈的今天，走出去，主动出击，一定会取得更多的竞争销售份额，更多的竞争优势。在当前一般图书市场环境低迷的情况下，团购的地位也将会越来越重要。在这里举个反面的例子：我们前几年有一本书《维护你的心灵——现代社会领导干部心理健康导读》一书，被中组部党员教育中心、原国家新闻出版总署出版管理司、国家图书馆评为"首届全国党员教育培训教材展示交流活动'精品教材'"。作为给党员领导干部提高党性修养的心灵鸡汤，在当时党的群众路线教育实践活动中，此书绝对应该销售火爆，非常适合各个政府企事业单位团购。结果这书入库才570册，负责网上书店的业务员给当当网铺了点货就没了，我们之前给客户大力宣传的重点新书就这样不了了之了。所以说选题好、适形势的书，还要有个合理把握印数的问题。

四、客户管理

1. 采购业务员的更换

采购业务员的流动性很大，当书店业务员更换后，你的呆坏账有了解决的希望。特别是国营机构，业务员负不负责对出版社的业务会有根本的影响。我有两个客户的呆坏账，都是国营单位的，就是因为业务员变动之后，才得以部分解决。有一个客户更换业务员之后，增加了铺货量，也很勤快，断货的情况少了，充分地发挥了卖场的作用，该客户业务量的增长非常明显，与同期相比，增长率是当地最快的，半年的回款也超过去年全年的回款。业务员更换也不全是好事。我有另一个客户，自从更换采购之后，以前几乎是每星期传订单，现在两三个星期传一次。这种情况，一方面上来的业务员是新手，对采购的理解有待加深；另一方面要熟悉你的品种也得需要一段时间。碰到这种事情，只有勤一点跟踪库存，多与对方沟通，该添哪些货，该添多少货，因为是新手，会比较容易接受你的意见。

2. 三次不守信就应该停止交易

对于客户的承诺，我有个事不过三的原则。承诺三次，三次都兑不了现，就该准备清账不做了。曾经有一个客户，我问她结款的事，她告诉我，正在银行排队呢！我很高兴。后来款并没有到账，我问怎么回事，她告诉我，银行线路坏了，没汇出去。后来出差去收，那次聊的还挺热情，又说了一定要回款云云。后来出差回来，又没下文了，打电话过去问，对方电话已转联通秘书台，这个客户终于是不做了。这样不守信的客户再做下去只会恶性循环。三次不守承诺，就停止交易，做好信用管理，避免更大的经济损失。

以上营销策略只是本人多年从事图书发行工作的一些思考，尚需进一步学习。"世界上没有两片完全相同的叶子"，每一本图书的运作模式也是不同的，出版社要充分了解市场信息，并总结分类，找到适合本出版社的图书渠道，扩大销售渠道，要根据图书的不同特点，选取不同的渠道策略。无论我国出版社向何处发展，营销在出版社的作用会越来越重要。因此我们必须立足现在，放眼未来，增强营销意识，为我社在市场搏击中更高更快更强地发展而做准备。

跋　编而优则写

　　《编辑的文》是纪念宁夏出版创立60年系列图书中之一本，经集团党委研究同意后，交由我具体负责。接到任务的时候，我是激奋而荣耀的，能为宁夏出版创立60年做一点工作是我的心愿和幸福，也是内心的一份珍重，我也庆幸能认识到此举的重要意义：1.人才，是所有事业发展的核心因素，出版业的人才主要在于编辑，编辑的能力水平甚至就是出版业的水平，与各行业专家、学者及作家打交道的编辑，其文化气象、专业素养、学术造诣、文章能力几何？不光需要检阅，更需要培养提升。2.学风即精神，一个文化单位工作人员围绕业务工作撰写的文章，体现的是一个单位的文化建设水平和层次，对于出版单位，更是体现专业精神和文化影响力的重要载体。宁夏出版几代人积累下来的专业文章，是一份重要的学术积累和精神资源，要更好地传承发扬，需要汇集、推介，我们如不及时归集继承，则会泯然于平常岁月，不复常在。于此，数番奔走、几经思虑、良多伏案之后，有了这本并不算厚亦不称薄的《编辑的文》，以集团历年来编辑人员撰写的优秀书评、审读报告、编辑手记、业务专研文章为主的著作。

　　《编辑的文》一共参与的作者有41人，辑录文章65篇，涵盖了宁夏出版业老中青三代人，文章也是每人精选几篇而出，只选历代宁夏出版人撰写的关于本版书的相关文章和业务专研文章，目的很明显，就是要聚焦主业，传承学风，聚焦本单位人才，以启后来。这里，读者可以遇见我们治学严谨、文采飞扬、影响广泛的前辈，求真务实、专业精深、善于作为的中坚力量，保有才华、敏而有行、未来可期的青年群体，文章风采书中有录，我就不一一道来了。业内同人有知，编辑工作是一份专业性很强的文化工作，书评、审读报告、编辑手记、编辑序跋等文章是编辑工作中重要的应用文体，业务专研文章也是编辑应熟稔的文体，均是编辑功力、学术水平和专业实践的基本体现之一，历来被出版编辑家们及理论研究者所重视，围绕编辑出版的专业期刊和报纸及一些综合性报刊的编辑出版板块，共同撑起来的"出版学""编辑学"即是明证。我们不能说认真的编辑都会常写些这类文章，但常写的一定是用心的编辑。此书把宁夏出版人的相关文章集中起来，展示出来，就是想实现传承精神、继往开来、资育后人、倡引治学的意义。尽管此操作微小，但再平庸的做总比不做要强出很多。特别说明的是，本书初编时，是设计了编辑序跋一辑的，我们以为编辑的序跋是很能体现编辑的行业地位与业界影响力的，但后因本次收集到的文章有限，故未单辑列，合并到了编辑书评一辑，希望下次再编时能够单独成辑。

党的十九大报告中提出，"建设知识型、技能型、创新型劳动者大军，弘扬劳模精神和工匠精神，营造劳动光荣的社会风尚和精益求精的敬业风气。""工匠精神"是一种职业精神，同时又是职业道德、职业能力、职业品质的体现，是从业者的一种职业价值取向和行为表现。工匠须具备敬业、精益、专注、创新等方面不断突破自我等优良品质。为人民、为时代、为历史的编辑出版工作恰同于此，尤须如此。但在全行业范围内，实事求是讲，编辑家越来越少，编辑人员流失，编辑地位下降，编辑队伍建设举步维艰的情况还在蔓延，而新一轮的出版领域变革中，优质内容被提到核心地位，而这需要编辑发挥更加核心重要的作用，所以对编辑的重视应达到新的高度。作为西部地区的宁夏，出版业的振兴中，编辑人才更为关键，队伍建设更为迫切，而编辑队伍的建设和培养需要从具体而微的一些事情做起，希望此书的出版，能为推动集团编辑等工作人员工匠精神、专业精神、职业理想的铸造发挥一点作用。

此书定稿的时候，喜悦升上心头之时，也是遗憾充满自己的时候。不得不说，对着宁夏出版60年的辉煌历史和前人成就，出版这样一本粗疏的《编辑的文》，遗憾是很大很多的。宁夏出版60年，出现过许多优秀的出版家、编辑家，他们抱负高远、造诣精深、功力深厚，在工作中写过大量的优质文章，一些文章在业界引起过较大的反响，获得过各种奖励，没有收录全。原因主要有三：一是因为本次组稿出版的时间短与投入精力少，未能进行细致全面深入的收集；二是宁夏出版60年来没有人专门做过这项工作，无积累和资料可以依凭，一些故去的同志的文章暂时无法辑录；三是部分在职同志平日聚焦业务，虽有所写，但未及时按规范需要整理出来。如此遗憾，不敢称小。同时，本书文章所涉及的图书，我们安排一一插入了图书封面，目的是聚焦图书作品，但因有些编辑没有保留全当时出书时的效果图，为弥补如此，我专门找总编室负责管理集团图书博物馆的王怀庆与魏爱民两位老师，逐本翻出来用手机进行了拍照，故比于原效果图，图片不甚理想。但有总比没有要强，在此也感谢以上两位老师的支持。再有，书中个别老同志的文章，因写作时间较早，一些认识和提法是当时的认识和思考，聚焦的问题也是当时的重要问题，今日看来，有过时与不尽美之处，但为了最大限度地展示全貌尊重前辈，除特别突出的敏感问题有处理之外，尽量保持了文章原貌。故而，本书不足之处自己也深有认识，也请关心关注的同人们包涵。

好在有了这个开始。但我们深深地明白，这也仅仅是个开始，我们面对的是未来。我希望纪念宁夏出版60年这个节点过后，此书还能不断编辑完善下去，收录范围就可以再向前、向中、向后拓展数番，不慕华盛，但求精良，可能会不断接近宁夏出版人骄人成绩和风采的全貌。

要有效干成任何一件事情，没有容易可言。本书的出版，得力于集团党委的高度重视，得力于新任集团党委书记、总经理薛文斌同志的大力支持，得力于集团闫智红副总经理的倾力推动，得力于书中各位作者的鼎力相助，尤其一些退休了的出版前辈给予了充分重视和关心，在此要向他们的丰富才学、敬业精神与仁爱情怀一并致敬。阳光出版社为本书的出版提供了便利的出版保障，郑晨阳同志承担了此书组稿编排整理中的大量具体工作，一并应当被我们述及。本书按说应有德高望重的集团领导或业界前辈来主持编辑和出版，但终因他们重责在肩，无暇顾及，集团党委又想抓实抓紧抓快，就将分册主编的责任落实到人。我作为这本《编辑的文》的具体和直接负责人，腾了点时间，付出了一些努力，非常感谢集团党委和同事们对我这个无名后辈的信任，给我这样一个平台让我有了一次美好而充实的阅历，学习增进了不少。

六十年一甲子，是我们中华文化的一个重要特点，中国人也特重视这个节点，宁夏出版业几乎与宁夏回族自治区同龄，我们也把之献给自治区成立60周年，作为出版人的一份见证，我们有这个情怀与担当。辞旧迎新之时，让我们以上海世纪出版集团原总裁陈昕的一句话共勉，"出版事业如高山，前辈抵达的海拔，正是我们的起点。"纵使我们登临前辈的精神海拔亦有困难，但《编辑的文》的出版，也算是我们的一份准备与积极吧。未来已来，要勇敢，继续出发。

王佐红
2018年11月14日